길고 긴 나무의 삶

길고 긴 나무의 삶

문학, 신화, 예술로 읽는 나무 이야기

피오나 스태퍼드 지음

강경이 옮김

차례

일러두기

- 이 책의 주석은 모두 옮긴이 주이다.
- 표기는 국립국어원 외래어 표기법을 따랐으나 일반적으로 통용되는 표기가 있을 경우 이를 참조했다.
- 단행본, 신문 등은 《 》로, 단편 문학작품, 그림, 노래 등은 〈 〉로 표기했다.
- 학명은 이탤릭체로 표기했다.

싹, 나무껍질, 황금가지

내 책상 위에는 참새만 한 솔방울이 하나 있다. 워낙 두툼해서 한 손에 잡히지는 않지만 거친 솔방울 비늘이 따뜻한 내 손바닥에 닿는 느낌이 좋다. 솔방울을 물에 담그면 매끄럽게 구부러진 비늘 하나하나가 거북등딱지처럼 단단히 맞물리지만 물기가 마르면 끝이 뾰족하게 오므라들었던 솔방울이 거친 공 모양으로 벌어진다. 고집 세게 닫혀 있던 초콜릿빛 갈색 비늘들이 벌어지면서 캐러멜색 V자형 무늬가 나타난다.

3년 전 크로아티아에서 휴가를 보낼 때 이 솔방울을 주웠다. 그래서 솔방울이 열릴 때면 주걱모양 비늘 하나하나가 잊힌 시간을 한 숟갈씩 퍼올린다. 더위에 허덕이며 올리브 숲길을 걷던 트레킹, 분주한 항구를 굽어보던 원형극장, 바위 밑에서 쏜살같이 튀어나와 밝

7

은색 파라솔과 짙은 우산소나무●로 둘러싸인 조용한 만에 소란을 일으켰던 검정색 문어 한 마리가 떠오른다.

솔방울 곁에는 작은 참나무 가지가 하나 있는데 마른 잎사귀 한 다발이 아직도 단단히 달려 있다. 마흔 개쯤 되는 잎들은 길이도, 색도, 돌돌 말린 모양도 제각각이다. 잎사귀 밑면은 주로 연한 갈색 종이 같다. 도드라진 잎맥이 그어져 있고 반점과 얼룩이 이따금씩 찍혀 있다. 그러나 잎사귀 윗면은 얼룩 없고 반들반들한 가죽처럼 짙은 황갈색이다. 되는 대로 생긴, 우툴두툴하고 비대칭적인 나뭇잎들의 윤곽은 꽤 무질서해 보인다. 지난번에 내가 만든 팬케이크를 떠올리게 한다. 팬케이크 반죽이 부족해서 반죽그릇을 아무리 기울여 쏟아부어도 프라이팬 위에 단정한 동그라미를 그릴 수 없었다. 바스락거리는 나뭇잎의 얇은 막에는 가을 냄새가 맴돈다. 가지를 가볍게 휙 흔들면 바람이 할퀴고 지나는 소리가 날 것이다. 이 가지는 우리 집에서 3킬로미터쯤 떨어진 다 자란 참나무에서 왔다. 그곳 땅 주인이 바뀌어 새 주인이 오랜 산울타리를 정리하고 연못을 메우기 시작할 때 내가 들고 왔다. 가지에 달렸던 도토리가 싹을 틔울지 보려고 몇 개는 화분에, 몇 개는 정원 모퉁이에 바로 심었다. 아직까지 나무는 남아 있고, 그 나무에서 나온 도토리 몇 개도 싹을 틔워서 작은 이파리 네댓 개가 달린 참나무 축소판으로 자랐다.

●   stone pine. 남유럽과 지중해 연안에 자라는 소나무로, 꼭대기가 우산 모양이며 '핀네아소나무'라고도 불린다.

심을 것들이 또 있다. 친구의 나무에서 얻어온 검은 호두들이 햇볕을 쬐는 두꺼비들처럼 나란히 앉아 있는데, 이미 말라서 반들거리는 것도 있고 색이 훨씬 진하면서 살짝 끈적거리는 것도 있다. 톡톡 두드리면 다양한 음색으로 텅 빈 소리를 낸다. 이들 중 하나라도 나무로 자라기나 할지 모르겠다. 검은 호두는 참나무 잎보다 냄새가 더 강하다. 바깥세상을 더 고집스레 떠올리게 하는 향이다. 또 어느 9월에 채츠워스 하우스*의 아름다운 정원에서 주워온 마로니에 열매도 하나 있다. 여러 해 전에 심었어야 했는데, 이제는 딱딱해지고 윤기가 모두 사라진 이 열매를 내가 훔친 다른 추억거리와 약속들과 함께 두었다. 마로니에 열매 옆에 있는 자작나무 은색 껍질은 반쯤 풀린 작은 양피지 두루마리나 속을 채우지 않은 담배 종이처럼 보인다. 한때 살아 있던 사물이 온 집 안에 가득하다. 구슬 목걸이와 대나무 책장부터 참나무 마룻바닥과 올리브나무 과일 그릇, 소나무 궤와 삼나무 연필, 삼나무 빵 보관함과 흰 목제 의자까지. 그러나 내가 직접 본 나무들에서 훔쳐온 작은 기념품은 왠지 모르게 나를 자연 환경과 더 빨리 이어준다.

내 책상 위 참나무 가지는 하나의 세상에서 또 다른 세상으로 단숨에 나를 안전하게 이끄는 황금가지다. 어느 특정한 날과 나무에게로, 또 다른 참나무와 그들이 있는 장소로 나를 데려간다. 내가 개인

* Chatsworth House. 영국 더비셔에 있는, 캐번디시 가문이 소유한 저택.

적으로 알고 있는 곳으로도, 내가 전해듣거나 시와 이야기, 사진, 그림으로 간접적으로 알고 있는 곳으로도 데려간다. 가끔은 나를 데리고 영웅 이야기부터 지역의 역사, 마법과 변신 이야기, 숭배와 저항의 이야기, 나무가 심고 베어진 우화에 이르기까지, 그리고 목각과 돛대, 악기, 가구의 숲을 거쳐 한 바퀴 돌아 결국 익숙한 사물에 둘러싸인 내 방에 다시 내려주기도 한다. 그러면 그 사물들은 결코 예전과 똑같지 않다. 탁자는 더 이상 탁자가 아니다. 다른 모든 나무처럼 참나무도 영원히 나풀거리고 열리고 자라고 시들며, 여러 겹의 의미로 바스락거린다. 내 황금가지는 마른 잔가지 끝마다 억류된 어린 싹들에서 풍성하게 솟아오르는 상상의 미래로도 나를 이끈다. 무엇보다 나를 밖으로 불러낸다. 무척 추운 날에도, 비가 무척 많이 오는 날에도 가까운 나무들로부터 생명을 들이마시고 그것들을 자세히 살펴보게 한다.

어쩌면 비가 무척 많이 오는 날에는 못 할 것이다. 8월에는 갈라지고 딱딱하게 굳어버리는 이 동네 진흙 바닥은 겨울이면 물에 잠겨서 들판으로 들어가는 문을 거의 지나지 못할 정도인 데다 차가운 진흙이 장화 위로 스며드는 느낌 때문에 자연의 아름다움을 느끼기가 조금 힘들다. 그래도 비가 온 뒤라야 나무들이 투명에 가까워지고, 나뭇가지 끝마다 작은 수정방울이 반짝인다.

1월 아침은 나무를 보기에 가장 좋은 시간이다. 잎이 모두 떨어지는 시기이니 오리나무가 우아한 대칭으로 서 있는 모습이나 자작나무가 성긴 가지를 폭포처럼 늘어뜨린 모습을 뚜렷이 볼 수 있다. 평소에는 숨어서 보이지 않던 것들을 찾아내기에도 좋은 때다. 지난해 새들이 잔가지를 모아 지은 둥지가 높은 가지에 점처럼 엉긴 모습을 발견하기도 하고, 쐐기풀이 사라진 나무 밑동에서 유령 파라솔 같은 크림색 곰팡이를 볼 수도 있다. 온통 잿빛으로 흐리고, 볼 것이라고는 거의 없는 날에도 물푸레나무들은 검정색 새순을 여봐란 듯 내밀며 색깔과 빛의 더 높은 차원을 가리키는 듯 보인다.

봄이면 벌거벗은 잔가지에 꿈틀대는 생명을 느낄 수 있고 하늘을 배경으로 모습을 드러낸 꽃차례들은 작은 오리가 하늘을 가로질러 간 흔적처럼 보인다. 어느 날 잔가지들이 굵어지고 환해지고 불룩해지기 시작한다. 이튿날쯤이면 나란히 짝을 이룬 집게발 같은 잎과 옅은 색, 미색, 분홍색이 감도는 꽃이 잔가지를 뒤덮는다. 봄기운이 조금도 망설이지 않고 폭발한다. 낮이 더 길어지면 수액과 상큼한 향, 무성해진 나뭇잎에 몸을 가린 새들의 청아한 소리가 세상을 가득 채운다. 나무껍질은 이 모든 것을 예전에도 겪었다. 그러나 늙어가는 버드나무의 앙상한 얼굴과 벚나무의 벗겨지는 껍질도 밝은 빛 속에서는 덜 초췌해 보인다. 11월 초 세상이 온통 습하고 어둑해질 무렵이면 숲은 꺼져가는 잉걸불이나 갈색 설탕 같은 낙엽들과는 그리 잘 어울리지 않는 운치를 지닌다.

나는 너무 오래 실내에 있으면 늘 숨이 막힐 것 같다. 나무를 보고 싶은 충동에 정신이 온통 밖으로, 신선한 공기로 향한다. 나무 한 그루 한 그루는 터져나오는 작은 에너지 덩어리다. 서로 어울리지 않는 듯하나 전체적으로는 놀랍도록 조화롭다. 나무 품종은 저마다 특징과 일정대로 초록빛이나 금빛 물결에 제때 합류할 채비를 한다. "참나무가 물푸레를 앞서면 우리는 철벅댈 테고 물푸레가 참나무를 앞서면 우리는 흠뻑 젖지." 이 오래된 노래를 지은 사람이 누군지는 몰라도 분명 날씨를 예측하는 일보다는 사람들의 기운을 북돋는 일에 더 관심이 있었던 모양이다. 물푸레나무 잎이 참나무 잎보다 감히 먼저 나오는 일은 거의 없기 때문이다.

숲이 그토록 매력적인 것은 계절의 순환에 따라 달라지는 색깔 때문만은 아니다. 똑같은 나무가 어제와 사뭇 달라 보이기도 하고, 같은 날도 시간에 따라 달라 보이기도 한다. 영국 시인 새뮤얼 테일러 콜리지는 끓는 우유에 작은 화상을 입은 탓에 친구들과 시골을 함께 산책하지 못하고 남겨졌을 때 피나무* 아래 정원 벤치가 감옥 같다고 생각했다. 그러나 친구들이 무엇을 즐기고 있을지 상상하자, 그가 머무는 피나무 그늘이 눈부시게 반짝이고 일렁이면서 자유와 행복을 전하는 '드넓고 환한' 잎의 세상이 되었다.

물론 나무의 변신은 보는 사람의 기분에만 달려 있지 않다. 클로드 모네는 자연의 빛깔을 제대로 포착하기 위해 캔버스 세 개를 나

---

* lime tree. 영국과 유럽에서 자라는 피나무속에 속하는 낙엽성 나무로, 하트 모양 잎사귀를 지녔으며 보통 20~40미터까지 자란다. 린덴나무나 서양보리수라고 불리기도 하며, 귤속에 속하는 라임나무와는 관계가 없다.

란히 놓고 빛을 따라 옮겨가면서 그림을 그렸다. 그가 그린 〈포플러〉 연작은 환한 햇빛 속에서나 강한 바람 속에서나 구름이 잔뜩 낀 날 더 우울해지는 빛깔 속에서나 엡트 강을 따라 구불구불 늘어선 나무들을 묘사한다. 이 나무들은 세월이 흘러도 시들지 않고 관습으로도 진부해지지 않는 매력을 지녔다. 폴 세잔이 친숙하지만 포착하기가 묘하게 어려운 형태에 결코 싫증내지 않고 되풀이해서 그렸던 생 빅투아르 산의 소나무들처럼 말이다.

모든 종류의 나무는 예상치 못했던 연상을 일으킨다. 빗속의 사이프러스 냄새나 따뜻한 봄날 무리 지어 피어난 꽃들은 비에 젖은 보도나 반쯤 잊힌 오래된 배나무 아래를 지나던 순간들로 우리를 실어간다. 사진이나 이야기로 기록되지 않고 남은 개인의 역사에서 지울 수 없는 지점들로. 나는 몸통에 주름이 지고 낮은 가지를 씩씩하게 뻗은 마로니에를 보면 어린 시절에 올라가서 천천히 달리는 말이나 파도를 가르는 배처럼 타고 놀았던 마로니에가 생각난다. 이사를 자주 다녀서 아직 그 나무가 그곳에 있는지는 모르겠다. 그러나 그 이전과 이후에 만났던 많은 나무처럼 그 마로니에도 내 마음에 씨를 뿌렸고, 지금도 내 마음에 남아서 부추기기만 하면 언제라도 상상력의 잎사귀를 내밀 준비가 되어 있다. 하지만 나는 옛 추억을 떠올리기 위해 나무를 찾는 일은 드물다. 나는 나무를 그 자체로 좋아한다. 특히 흔한 나무일수록 자라야 하기 때문에 그냥 자라는 —이게 바로 나무들의 일이다— 것들의 강렬한 매혹을 지니고 있다.

나무들은 그들의 영향 아래 잠깐 삶을 살다 가는 사람들의 기분에 무심하다. 그렇게 무심히 서 있는 덕에 몇몇 나무들은 인간 사회에서 특별한 자리를 차지했다. 어떤 문화는 기원과 중심을 나무로 표시한다. 생명의 나무와 지식의 나무(선악과)는 에덴동산 한가운데 있었다고 한다. 뉴질랜드 원주민 마오리족의 문화에서 숲의 신이자 하늘과 땅의 아들인 거대한 카우리 소나무, 타네 마후타*는 2천 년이 지난 지금도 와이포우아 숲에 우뚝 서 있다. 바이킹 신화에서는 우주 전체가 거대한 물푸레나무 위그드라실Yggdrasil로 그려진다. 신들은 위그드라실의 몸통에 거주하며 여러 갈래의 뿌리가 거인들의 땅 요툰하임과 그 아래 죽은 자들의 땅 니플하임까지 뻗어나간다(아이슬란드 여행을 다녀온 뒤로 이 신화는 나를 늘 어리둥절케 한다. 고대 북유럽 신화에 깊은 인상을 받아서 아이슬란드로 여행을 갔는데 나무라고는 한 그루도 보지 못했다). 고대 유럽의 드루이드**들은 거대한 참나무 숲의 자연사원에서 신성한 의식을 치르기 위해 겨우살이 가지를 모았다. 고대 그리스에서도 제우스를 모시는 사제들은 도도나 신전의 참나무 잎이나 너도밤나무 잎이 바스락대는 소리를 듣고 신탁을 해석했다. 요즘도 여전히 크리스마스 시장에서 팔리는 겨우살이 가지들과 장식용 관목에 매달린 풍경은 선조들의 신성한 숲을 떠올리게 한다.

- Tane Mahuta. 마오리말로 '숲의 제왕'이라는 뜻이다.
- Druid. 고대 켈트문화에서 의식을 주관하고 통치했던 사제들로, 참나무에 기생하는 겨우살이 가지를 황금 낫으로 잘라 의식을 올렸다고 한다.

가우타마 싯다르타는 보리수 아래에서 조용히 명상하다가 깨달음을 얻었고, 그 뒤로 싯다르타를 따르는 사람들은 불교 수도원에 보리수*Ficus religiosa*를 심었다. 나는 네팔에서 하트 모양의 보리수 잎사귀 하나를 받은 적이 있다. 안나푸르나 산 옆에 있어서 상대적으로 낮아 보이지만 결코 낮지는 않은 가파른 언덕에 심어진 통통한 관 모양의 보리수에서 떨어진 잎사귀였다. 그 나무가 네팔 지진을 무사히 견뎌냈기를 빈다. 신성한 나무들은 그들을 소중히 여기는 사람들의 도움으로 살아나곤 한다.

예수는 올리브 산에서 당나귀를 타고 종려나무 가지가 흩뿌려진 길을 따라가 어느 뜰에서 체포되었고 나무 십자가에서 처형되었다. 예수의 이야기에는 무화과나무와 겨자씨, 포도덩굴 비유가 가득하다. 중세 교회의 신랑*은 다 자란 나무의 매끈한 나무줄기와 높게 뻗은 나뭇가지를 본떠 만들었다. 유럽의 장인들은 이런 교회의 칸막이와 성가대 접이의자 바닥에 신약성경에서 영감을 얻은 뒤엉킨 나뭇잎들을 새겨넣었다. 안토니 가우디는 바르셀로나에 우뚝 솟은 현대적인 사그라다 파밀리아 성당을 설계할 때 성경, 유럽의 건축 전통, 그리고 카탈루냐의 풍요로운 초목에서 영감을 얻었다.

나무들은 보편적 형태의 언어를 말하는 것 같지만 고유한 토양과 기후, 식물군을 지닌 지역에 뿌리를 내리고 있다. 나는 큰언니가

●　　　nave. 바실리카식 성당의 내부 중앙 부분으로, 예배를 위해 신도들이 모이는 공간이다.

지구 반대편에서 들고 온 작은 초록색 문진 덕택에 처음으로 이 사실을 깨달았다. 그 문진은 소라 종류를 닮은 듯했다. 하지만 몇 년 뒤 내가 언니를 방문했을 때 동그랗게 말린 나무고사리 잎사귀 ―뉴질랜드에서 새로운 생명의 상징으로 여기는― 모양이라는 것을 알게 됐다.

　인도의 보리수나무부터 아프리카의 바오밥나무까지, 성경의 생명의 나무부터 찰스 다윈의 보편존재의 진화계통수에 이르기까지 나무는 연결과 생존, 지식의 수많은 패턴을 제시한다. 한 방향으로 움직임을 보여주는 순서도*와는 달리 나무는 다양한 가능성을 제공한다. 위로도 움직일 수 있고 아래로, 앞으로, 뒤로, 위계적으로, 무질서하게도 움직일 수 있다. 가계도family tree는 늘어가는 여러 세대에 걸쳐 혈연관계를 연결하는 일종의 직관적 은유다. 구성원은 저마다 나뭇가지나 잎, 뿌리로 그려질 수 있다. 오래전 가계도를 보면 대체로 튼튼한 참나무 줄기를 따라 수직으로 왕이나 족장을 대대로 배열하고 그들 주위에 잎 모양으로 아내와 딸, 어린 아들을 그린다. 요즘 가계도의 '줄기'에는 온라인 기록을 뒤지며 가계도를 그리는 어려운 과제를 수행한 사람이 그려질 가능성이 크다. 새롭게 발견한 출생증명서나 결혼증명서와 더불어 새로운 자아의식이 싹튼 셈이다. 내 외삼촌이 그린 확대가족 가계도는 200년에 걸친 가족 나무의 몇

●　　　flow chart. 일의 흐름과 순서를 기호와 도형으로 표시한 도표.

몇 가지를 찾아냈지만 내게는 모두 외가이므로, 누군가 아버지의 조상을 조사하는 일을 시작할 때까지는 다소 한쪽으로 치우진 모양새일 것이다.

가족과 민족은 건강하고 균형 잡힌 나무들처럼 자란다. 어쩌면 우리가 그렇게 자란다고 상상하고 싶은지도 모른다. 나무가 번성하듯 우리도 번성한다. 그래서 나무의 성장이라는 자연적이며 친숙한 현상이 집단 정체성을 표현하는 인기 있는 상징이 되었다. 다 자란 나무는 온갖 어려움을 견뎌낸 장수의 상징으로 종종 쓰이지만 이런 상징도 인간의 새로운 필요에 맞춰 놀라운 적응력을 보인다. 새로운 부수적 의미가 접목되고 차츰 중심 의미로 자리 잡으면서 오래된 의미들은 떨어져나간다. 레바논은 오스만 제국의 몰락으로 다시 자유롭게 국기를 선택할 수 있게 되자 흰색 바탕에 푸른 삼나무의 이미지를 채택했다. 뒤이은 프랑스 지배 시기에도 삼나무는 여전히 레바논 삼색기의 가운데에 있었고 프랑스로부터 독립한 뒤에도 위아래에 가로로 그려진 빨간 띠 사이에 놓여 현대 레바논 공화국의 상징으로 계속 쓰였다. 캐나다가 독립 국가가 되었을 때는 영국 제국의 문화적 흔적을 극복해야 한다는 생각이 널리 퍼져 있었다. 새로운 이미지가 필요했던 이 시기에 독립을 표현하고 싶은 마음과 오랜 안정을 바라는 마음이 하나가 되었다. 이를 표현하는 데는 토종 나무이면서 끊임없이 재생하는 습성을 지닌 나무들이 적합했다. 상당한 논의 끝에 조지 스탠리가 그린, 빨간색과 흰색의 대비가 인상적인 깃발이 새로운 국기로 공식 채택되면서 단풍잎이 캐나다의 공식 상징이 되었다.

나라의 상징들은 지역의 고유한 종을 토대로 삼는다. 레바논의 유명한 토착 식물인 삼나무는 그 위엄 있는 자태로 전 세계에 널리 알려져 있으며 구약성경에도 두드러지게 등장한다. 레바논 사람들에게 삼나무는 평화와 영원을 뜻하며, 오랫동안 전쟁과 침략에 시달린 이 무척 작은 나라에서 꺼지지 않는 희망을 상징한다. 캐나다에는 적어도 열 개의 서로 다른 토착종 단풍나무가 있다. 그러니 캐나다 사람들은 국기뿐 아니라 너른 땅 곳곳의 숲에서도 캐나다를 상징하는 나무를 볼 수 있다. 모든 단풍나무 품종이 가을에 선명한 붉은 빛으로 변하지는 않지만 사탕단풍과 붉은단풍은 숲이 우거진 산비탈을 눈부신 주홍색, 선홍색 구름으로 물들일 수 있다. 그 모습은 가장 빼어난 일몰 못지않다.

영국 사람들은 국민이라는 근대적 개념이 싹트기 오래전부터 지역 식물에 따라 고향 이름을 지었다. 노퍽에 있는 노스엘멈North Elmham과 사우스엘멈South Elmham은 예전에 느릅나무elm tree가 자라던 마을이고, 솔Salle(고대 영어에서 버드나무를 가리키는 단어 '살salh'에서 비롯)은 버드나무willow가 자라던 곳이다. 물을 좋아하는 버드나무는 링컨셔의 윌러비Willoughby, 베드퍼드셔의 윌든Wilden, 슈롭셔의 윌리Willey, 요크셔의 윌리토프트Willitoft에 영향을 미쳤고 좀 더 넓게 보면 데번의 사우스 질South Zeal(고대 영어 '살salh'의 또 다른 후손)에도 흔적을 남겼다. 잦은 비 덕에 수목이 무성하게 잘 자라는 레이크 지방*에 가면 유데일Yewdale(주목 골짜기), 벅스 브리지 Birks Bridge(자작나무 다리), 더웬트Derwent(참나무 강), 애플스웨이트 Applethwaite(사과나무 들판)라는 이름을 찾을 수 있다. 더비셔의 헤이 즐우드Hazelwood나 론다의 마운틴 애시Mountain Ash(마가목 산), 그 레이터 런던의 포플러Poplar 같은 지명이 어디에서 왔는지는 그다지 어렵지 않게 알아차릴 수 있으나 에지코트,** 복스테드*** 같은 지 명이 오래전의 참나무와 회양목과 관련 있다는 것을 알아차리기는 쉽지 않다.

이런 장소들 가운데 많은 곳에서 나무들이 이미 오래전에 집을 짓기 위해 베였지만 사라진 장소의 기억은 종종 남아 있다. 우리 집 에서 멀지 않은 어느 현대식 주택단지에 가면 호손 웨이Hawthorn Way(산사나무 길)에서 출발해 시커모어 크레센트Sycamore Crescent(시 커모어 초승달 모양 길)를 거쳐 혼빔 클로즈Hornbeam Close(서나무 막다른 길)까지 간다. 그물처럼 얽힌 비슷비슷한 길을 걸으며 길을 찾는 것이 숲속 산책과 그리 다르지 않게 느껴진다. 나는 길 이름이 자연적 형 태와 관계 있다고 생각하기를 좋아한다. 초승달이라는 단어를 쓴 이 유는 시커모어 씨앗의 대칭형 날개의 모양에 착안한 것이고, 막다른 길****은 다 자란 서나무의 풍선 같은 모양에서 나온 표현이 아닌

- Lake District. 잉글랜드 북서부의 호수가 많은 지역.
- • Edgcott. 고대 영어로 '참나무 오두막'을 뜻한다.
- • • Boxted. '회양목이 자라는 곳'이라는 의미를 가졌다.
- • • • cul-de-sac. 한쪽만 열린 자루나 관을 일컫는 프랑스어에서 유래.

가 싶다. 신축 부지의 이런 길 이름들은 안타이오스*처럼 대지와 닿아 있어야 하는, 깊은 욕구에서 나왔을 것이다.

사람들은 늘 나무 주위에 모이지만 특히 범상치 않은 나무 주위에 모인다. 키가 크거나 몸통이 굵거나 나이가 들었거나 어떤 식으로든 형태가 기이한 나무들이다. 그런 나무들은 뚜렷한 자연의 랜드마크가 된다. 쉽게 알아볼 수 있고 어느 지역이든 그 지역을 구성하는 필수 요소가 된다. 한때 시골의 주요 일정은 나무로 표시되었다. 오래된 느릅나무 둘레에서 5월 무도회가 열리고 교구의 경계를 두드리는 연례행사**에서는 '복음 참나무'에 멈춰 기도를 바치곤 했다. '양털깎기나무clipping tree'는 초여름 양털 깎는 노동에 그늘을 충분히 제공해줄 만큼 잎이 넓은 느릅나무나 떡갈나무, 밤나무, 플라타너스 같은 나무일 때가 많다. 나무는 공동체의 일원이었다. 모두에게 친숙했고, 거의 가족 같을 때도 있었다.

지금도 그렇다. 켄트 카운티 크리켓 구장은 독특한 특징 때문에 특별한 규칙이 있는 것으로 유명하다. 그 특징은 바로 세인트 로런스 피나무The St Lawrence Lime Tree다. 최근까지도 타자들은 단지 구장 경계선이 아니라 피나무 위로 넘어갈 만큼 공을 세게 쳐야 하는 어려움이 있었다. 1999년 늙은 피나무가 결국 병에 걸리자 어린 나

---

* Antaeus. 대지의 여신 가이아의 아들로, 대지에 발을 딛고 서 있어야 힘을 쓸 수 있는 장사다.

** beating the parish bounds. 잉글랜드와 웨일스의 몇몇 지역에서, 교구 주민들이 교구 사제를 따라다니며 교구의 경계선을 나뭇가지로 두드리며 기억하는 행사.

무를 키우기 시작했지만 큰 나무가 고작 5년 뒤에 폭풍으로 쪼개지는 바람에 어린 묘목이 강한 타구에 쓰러지는 일이 없도록 구장 경계선 밖에 심어야 했다. 그러나 경기장에 고고하게 서서 햇빛에 반짝이는 잎과 조그맣고 환한 꽃들을 뿜내던 피나무의 매력은 오랫동안 기억에서 떠나지 않는다. 슬로베니아에 있는 거대한 나예브니크 린덴나무Najevnik linden tree는 후퇴하던 터키 침략군이 금수저를 놓고 갔다는 전설적인 곳으로 여전히 큰 행사가 열리는 현장이다. 매해 열리는 정치인들의 회합 장소이기도 하다.* 드레스덴 근처 카디츠의 오래된 피나무는 괴테가 방문했을 무렵에도 이미 기념물 같은 존재였지만, 드레스덴 폭격**과 화재를 견뎌내고 캐럴 부르기와 민속 축제를 위한 모임 장소가 되었고 2010년에는 다 같이 모여 월드컵 경기 중계를 시청하는 곳이 되기도 했다.

예부터 문화 경관 곳곳에 의미 있는 나무들이 있었다. 이를테면 현지 안내인들은 이렇게 자랑하길 좋아한다. "이게 바로 윌리엄 월리스***가 추종자들을 모았던 참나무입니다… 로빈 후드가 노팅엄 지방관을 속인 곳입니다… 딕 터핀****이 금 한 자루를 빌려갔다

- 1991년 슬로베니아 독립 선언 이후 정치인들이 이곳을 방문한 것이 전통으로 자리 잡아 연례행사가 되었다.
- •• 제2차 세계대전이 막바지에 이른 1945년 2월, 영미 연합군이 독일의 도시 드레스덴을 무차별 폭격한 사건. 폭격과 뒤이은 화재로 수많은 민간인이 생명을 잃었다.
- ••• William Wallace. 13세기 스코틀랜드를 직접 통치하려 했던 잉글랜드의 에드워드 1세에 저항하다가 처형되어 스코틀랜드의 전설적 영웅이 된 인물.
- •••• Dick Turpin. 영국의 전설적인 노상강도.

가 (다소 믿기지는 않지만) 나중에 되돌려준 곳입니다…." 조금 먼 곳에서 사례를 찾자면 벨기에에 있는 커다란 주목, 카이사르나무Caesar-boom다. 유럽을 정복하던 율리우스 카이사르가 이 나무 아래에서 잠시 쉬어갔다고 알려져 있다. 이외에도 갈리폴리* 파괴의 기억을 간직한 론파인Lone Pine도 있고, 처음 해방된 노예들이 시에라리온에 도착해서 감사예배를 올렸던 프리타운 코튼 트리**도 있다.

무언가를 증언하기 때문이 아니라 누군가가 심었다는 이유로 유명해진 나무도 있다. 백악관 남쪽 잔디밭에는 앤드루 잭슨 대통령이 심은 목련이 있고, 매사추세츠에는 초대 주지사 존 엔디콧***이 심은 훨씬 유서 깊은 배나무가 있다. 스코틀랜드 남동부에 있는 스코티시보더스Scottish Borders 곳곳에는 월터 스콧Walter Scott이 심은 나무들이 있다. 그는 펜 못지않게 삽으로도 왕성히 일한 작가였다. 이처럼 지역의 특색이 된 나무들은 전설적 인물의 잘 알려지지 않은 모습을 기억하기도 한다. 이를테면 클레어 카운티에 있는 참나무는 아일랜드의 왕이자 최고 전사였던 브라이언 보루Brian Boru가 심었다고 알려져 있다. 나무를 심는 것은 토대를 닦는 일이고 미래의 번

- ● Gallipoli. 터키 서쪽 끝 다르다넬스 해협과 에게 해 사이에 있는 반도로, 제1차 세계대전 당시 호주와 뉴질랜드 병사 수천 명의 목숨을 앗아간 비극적인 갈리폴리 전투가 있었다.
- ●● Freetown Cotton Tree. 미국독립전쟁에서 영국에 맞서 싸운 공로로 해방된 노예들이 1792년 서아프리카의 시에라리온에 정착하면서 기도를 올렸다고 알려진 나무.
- ●●● John Endicott. 17세기 초반 미국 북동부에 있는 뉴잉글랜드에 식민지를 개척하고 매사추세츠만 식민지 주지사를 지냈다.

영을 널리 약속하는 일이다.

사라진 지 오래인 나무도 여전히 기억에 남는다. 추장 로건이 학살된 그의 부족을 위해 감동적인 애도사를 전했던 오하이오의 로건 느릅나무Logan Elm는 네덜란드 느릅나무병에 걸리고 1960년대에 결국 폭풍에 쓰러진 뒤 기념석으로 남았다. 잉글랜드 북서부 지방 펜리스 근처에 있는 사슴뿔나무Hart Horn Tree 줄기에는 두개골 두 개와 사슴뿔 한 쌍이 박혀 있다. 사냥개에 쫓겨 국경 건너 스코틀랜드까지 갔다가 되돌아온 수사슴의 기억을 몇 백 년 동안 간직하고 있는 나무다. 결국 사냥개와 수사슴 둘 다 윈펠 숲에서 탈진해서 죽었다. 워즈워스는 "무자비한 자부심으로 전리품이 높이 걸려 있다"며 이 죽음에 책임 있는 사람들을 탐탁지 않게 여겼지만, 오래된 나무가 지역의 기억을 그토록 오래 간직하고 있는 모습에 깊은 인상을 받았다.

특히 늙고 텅 빈 나무들은 그 안에 숨었던 용감한 인물들의 이야기로 가득 차 있을 때가 많다. 그리고 세월의 흐름과 함께 속이 빈 나무는 신성한 나무가 된다. 아니면 귀신 들린 나무가 된다. 머리 없는 기병이나 유령사냥꾼들이 말을 타고 달리는 곳도 어두컴컴한 숲속이다. 그리고 그 숲에는 강간당한 처녀, 살해된 신부, 길 잃은 아이들의 유령도 돌아다닌다. 늙은 참나무와 상록수가 빽빽한 독일의 거대한 숲에서는 전나무 방울과 뾰족한 가문비나무 잎만큼이나 동화도 쉽게 싹을 틔웠다. 독일의 그림 형제는 이런 동화를 모아서 곳곳의 아이들을 두려움에 떨게 할 만한 이야기를 남겼다. 유령 이야기는 그보다 무성하지 않은 숲에서도 잘 자랄 수 있다. 개암나무와 귀룽나무와 물푸레나무가 뒤섞인 노퍽의 웨이랜드 숲에는 봄이면 블루벨* 꽃의 바다가 펼쳐질 만큼 햇빛이 잘 들지만 '숲속의 두 아이'**와 그들의 슬픈 운명의 기억이 여전히 맴돈다. 맨해튼에서 가장 오래된 나무는 워싱턴 스퀘어에 있는 교수형 집행인의 느릅나무 Hangman's Elm로, 19세기에 있었던 교수형 집행지와 가깝다. 스코틀랜드 퍼스셔의 지명 크리프Crieff는 나무를 뜻하는 게일어 '크리브 craoibh'에서 나온 이름이다. 이름을 빌려준 문제의 그 나무는 악명 높은 소시장에서 몹쓸 짓을 하던 사람들을 처형하고 본보기로 걸어 두었던 교수대였다.

전기톱 사고로 부상을 입은 적이 있거나 갑자기 떨어진 무거운 나뭇가지에 깔린 적이 있는 사람, 산불로 삶이 피폐해지거나 도로변 나무와의 충돌사고로 삶이 무너진 사람들에게 나무는 트라우마를 의미하기도 한다. 사람들은 사망 사고가 일어났던 곳 근처에 어린 나무를 심어 사고를 기억하기도 한다. 교통사고가 있었던 교차로 옆에 어린 버드나무를 심기도 하고 안전사고가 있었던 건축부지 근처에 서어나무를 심기도 한다. 삶이 중단된 사람을 대신하지는 못하지만, 나무는 기억을 간직하고 조용히 생각에 잠길 장소를 만들어서

●　　　　bluebell. 흰색이나 파란색의 작은 종 모양 꽃이 피는 다년생 풀.
●●　　　The Babes in the Wood. 웨이랜드 숲속에서 길을 잃은 두 아이의 운명을 그린 민요.

살아 있는 사람들에게 위안을 준다. 이런 살아 있는 기념물들은 미래에 대한 믿음을 조용하고 겸손하게 표현하는 형식이기도 하다.

제1, 2차 세계대전 동안 병사들은 전쟁터에서 죽은 전우의 이름을 나무껍질에 새기며 남은 시간을 보내곤 했다. 너도밤나무 줄기의 회색 껍질은 주머니칼로 새기기가 돌보다 쉬웠다. 나무에 새겨진 글자와 날짜는 나무와 함께 자랐고 세월이 흐르면서 부드러워졌다. 챈틀 서머필드가 최근에 발견한 솔즈베리 평원의 전시 '목각 기호arborglyphs'—또는 나무 그래피티—에서 알 수 있듯 병사들은 곁에 없는 아내와 여자친구를 떠올리기도 했다. 병사들은 이들을 기억하고 만나기를 소망하며 이름 머리글자와 수식어들을 부드러운 나무껍질에 새겼다.

셰익스피어는 《뜻대로 하세요As You Like It》에서 주인공 올랜도가 사랑하는 로절린드의 이름을 아덴 숲의 나무마다 새김으로써 자신의 좌절감을 고통스럽게 드러내는 장면을 무척 재미있게 그렸다. 올란도와는 달리 시인 앤드루 마블은 사람보다 나무가 더 좋다고 주장했다.

철없는 연인들, 그들의 정염만큼 잔인하게
이 나무들에 애인의 이름을 새겼네.
아, 그러나 그들은 조금도 알지 못하거나 알려고 하지 않지.
이들의 아름다움이 애인의 아름다움을 얼마나 뛰어넘는지!

아름다운 나무여, 너의 껍질 어디에 내가 상처를 남기든
오직 너의 이름만 남을 것이다.

마블은 왜 사람보다 나무가 더 좋은지 설명하지 않았지만 그에
게 영향을 미친 본보기로 그리스 신들을 언급한다. "아폴론은 다프
네를 그렇게 쫓아가서 / 결국 월계수로 자라게 했을 뿐." 이런 묘사
는 불행한 젊은 여성이 종종 나무로 변해버리는 폭력적인 구애를 그
린 옛이야기에 대한 인상적인 해석이라 할 수 있다. 물론 전투에 나
가기 전에 나무줄기에 좋아하는 여자의 이름을 새겼던 20세기 병사
들의 구애는 이와는 거리가 멀겠지만 말이다.

18세기가 되자 사람들은 나무의 초상화까지 의뢰하기 시작했다.
3대 뷰트 백작은 공직에서 은퇴한 뒤 루턴 파크의 소유지를 정비하
면서 폴 샌드비*를 초청해 자신의 훌륭한 나무들을 그리게 했다. 샌
드비가 그린 루턴 파크에 있는 윗가지를 쳐낸 나이 든 물푸레나무의
빼어난 초상은 나무를 그 자체로 묘사한 초기 작품에 속한다. 이 그
림에서 나무는 배경도, 액자 장치도, 인물을 위한 장식품도 아니다.
하나의 줄기에서 매끈한 가지들이 기이하게 많이 솟아난 나무가 화
면 한가운데를 차지하고서 관심을 독차지하고 있다.

새순이 많이 자라도록 줄기를 잘라내는 맹아갱신과 가지치기 같

●　　　Paul Sandby. 18세기에 활동한 영국의 화가로 '수채화의 아버지'라 불린다.

은 오랜 숲 관리 방법은 막대와 말뚝, 소 사료를 제공해주는 실용적
인 이득이 있었다. 또한 나무의 수명도 연장한다. 에핑 숲에는 가지
치기로 풍성하게 자라난 나무들 가운데 수백 살 된 것들도 있다. 나
무는 잘린 몸통에서 줄기 여럿이 솟아나 굵게 자라면서 독특한 아름
다움을 지니는데 그 모습이 조선공이나 가구공, 건축가 못지않게 예
술가와 작가 들도 사로잡는다.

　웅장한 나무들은 소득이나 교육에 상관없이 모든 사람이 볼 수
있는 자연의 경이로움이다. 상상력이 풍부한 사람들은 가장 평범한
나무에서 신성한 것을 불현듯 감지하기도 한다. 윌리엄 블레이크*
가 어린 시절 페컴 라이Peckham Rye에서 인생을 바꿀 만한 경험을
했고, 화가 스탠리 스펜서가 쿠컴의 집 주변 들판을 거듭거듭 그린
것처럼 말이다. 평범한 나무의 비범함은 데이비드 호크니**의 〈베
싱비 로드를 따라 브리들링턴 학교와 모리슨 슈퍼마켓 사이 큰 나무
스물다섯 그루, 반이집트 스타일로〉(2009)에 훌륭하게 포착되었다.
따로따로 찍은 나무들의 사진으로 이루어진 거대한 프리즈*** 형
식의 이 작품은 나무가 줄지어 서 있는 길을 걸어가는 느낌을 준다.
현대인들의 삶을 나무가 얼마나 변화시킬 수 있는지 강력하게 증언

- 　William Blake. 영국의 시인이자 화가로 신비주의 경향의 시를 썼다. 여덟 살 무렵
  페컴 라이에 있는 커다란 참나무에서 천사의 환영을 보았다고 한다.
- ● 　David Hockney. 영국의 화가이자 사진작가, 무대연출가.
- ●●● 　frieze. 서양 건축에서, 주로 천장에 가까운 벽에 긴 띠 모양으로 조각이나 그림으로
  장식한 부분.

하는 작품이다. 누구든 베싱비 길을 걸을 수 있다. 사실 많은 사람이 매일 걷는다. 혼자 걸어도 걸음걸음마다 기품이 함께한다. 날씨에 따라 초록색, 황금색, 회색 형상들이 웅장하게 행진한다. 어느 도시에서나 나무가 늘어선 길들에서 자연은 매끄럽게 끊임없이 순환한다. 모두가 알아차리지는 못하지만 모두가 그 순환에 함께한다.

사람들은 지역의 나무들이 사라질 위기에 처했을 때에야 그 나무들이 그들에게 얼마나 많은 의미가 있는지 깨닫곤 한다. 에드워드 토머스는 이를 〈잃고 나서야 처음 깨닫는First Known when Lost〉이라는 시에 담았다. 그는 동네의 작은 버드나무 숲을 나무꾼이 잘라내는 광경을 보고 이 시를 썼다. "그것이 사라질 때까지 / 나는 그것을 보지 못했네."

나무가 베어질 때 느끼는 상실감은 여러 세기에 걸쳐 영국 문화에 되풀이되었다. 건물 신축 계획이 녹지를 위협하는 것으로 알려지면 늘 열정적인 저항에 부딪힌다. 새 길이나 고속철도, 슈퍼마켓, 식물병원균이 나무들을 위협할 때 환경을 보호하고, 오래된 권리를 지키며, 미래 세대를 위해 나무들을 구해야 한다는 정서가 널리 퍼진다. 2012년 영국의 숲들을 없애는 법률 초안이 반대에 부딪힌 사건을 보면 얼마나 많은 사람이 나무에 오랜 애착을 느껴왔는지 알 수 있다. 옛날처럼 가정에서 연료로 쓰기 위해 땔감을 모아야 할 필요는 줄었지만 나무가 우거진 땅에서 살고픈 마음은 여전히 크다. 숲과 나무는 잠재의식에 조용히 잠들어 있거나 빨리 의식으로 깨어나기도 하는, 모든 사람의 깊은 감정을 자극한다.

영국의 역사학자 토머스 파케넘의 《세계의 나무 — 경이로운 대자연과의 만남Meetings with Remarkable Trees》이 1996년 처음 출판된 이래 여러 쇄를 찍은 것을 보면 나무에 대한 관심이 뜨겁다는 사실을 알 수 있다. 2002년 엘리자베스 2세의 재임 50주년을 축하하는 행사에는 '위대한 영국 나무 50'을 선정하는 것도 있었다. 선정된 나무에는 잘 어울리는 초록 명판이 달렸다. 영국 정부의 '시간 기록자' 정책●의 지원으로, 영국 제도의 의미 있는 나무를 기록하는 '오래된 나무 찾기The Ancient Tree Hunt' 활동이 시작되면서 나무를 찾으러 다니는 사람들이 많이 모였다. 영상으로 자연을 쉽게 가상체험할 수 있는 시대가 될수록 진짜 자연을 보고, 냄새 맡고, 만지고 싶은 마음이 더 강해지는 것 같다.

인공적인 현대 도시의 대량생산 경제에서 목재와 삼림지대는 점점 줄어들고 있지만 나무들은 여전히 삶에 꼭 필요하다. 도시는 더 이상 서어나무 장작으로 오븐을 데우지 않고, 참나무 재목으로 집의 뼈대를 짓지도 않으며, 버드나무 목재로 마차를 만들지도 않지만 살아남으려면 모두 산소가 필요하다. 이산화탄소를 들이마시고 산소를 내뱉는 나무의 호흡기관은 사람의 호흡기관을 무척 잘 보완한다. 따라서 모든 나무는 사실상 생명의 나무다. 열대우림에서 벌어지는

●　　'Keepers of Time'. 영국의 토착종 나무를 되살리기 위한 정책.

무분별한 벌채 때문에 나무가 사라지고 있다는 불안감은 전 세계로 확산되었다. 지구 곳곳에서 삼림이 파괴되리라는 무시무시한 전망이 퍼지자 너무 늦기 전에 행동에 나서야 한다는 공감대가 이루어지기도 했다. 지구 온난화의 달갑지 않은 영향에 대한 인식이 싹트면서 요즘 세계는 지속 가능한 자원으로 다시 관심을 돌리고 있다. 우리의 오랜 친구인 나무보다 인간에게 더 좋은 자원이 있을까?

이 책은 나무의 의미에 대한 개인적 탐구다. 이 책의 영감은 내가 운 좋게도 직접 보았던 나무들로부터 얻었지만 주로 어린 시절의 무의식적인 만남에 뿌리를 내리고 있다. 가을이면 커다란 모닥불을 피우는 할아버지를 '돕던' 어린 시절 나는 눅눅한 갈색 잎들이 어느 나무에서 떨어졌는지 조금도 생각해보지 않았다. 마찬가지로 우리가 개를 데리고 걸어다녔던 숲에 어떤 나무들이 있는지도 생각해보지 않았다. 엄마가 내게 준 목걸이 펜던트에 어떤 나무가 들어갔는지도 몰랐다. 그저 매끈하고 반짝이는 표면을 손가락으로 어루만지길 좋아했을 뿐이다. 그래도 어쩌면 이 모든 경험들이 일종의 정신적인 부엽토가 되어 조용히 내면에 쌓였는지 모른다.

개인적 의미는 종종 예상치 못했던 사건의 영향을 받는다. 할아버지 할머니가 피우던 멋진 모닥불을 떠올릴 때면 생생하게 떠오르는 기억이 있다. 모닥불을 지피기 조금 전에 우리 집 불테리어가 발견해서 잔디밭에 정중하게 내려놓았던 고슴도치 가족. 어린 나는 고슴도치와 개 중에 누가 더 상처를 입었는지 확실히 알지 못했다. 하지만 정작 아무도 다치지 않았다. 그 뒤 여러 해 동안 나는 낙엽이 쌓인 곳을 무척 조심하게 됐다. 내 첫번째 (그리고 여러 해 동안 유일한) 나무 심기 경험은 십대 자원봉사자로 생태농업 활동에 참여했을 때였는데 무척 축축한 기억을 남겼다. 쓸쓸한 어린 나무들을 익사라도 시킬 듯한 진흙과 웅덩이 때문이 아니라 집에 돌아오는 길에 겨울 강물이 차문으로 밀려들어오는 바람에 바닥이 얕은 여울 한가운데에 차를 버리고 와야 했기 때문이다.

책이 도움 되는 한 가지 이유는 이것이다. 이야기와 시는 다른 사람들의 경험을 응축해 보여준다. 그래서 우리는 이야기와 시를 읽으며 우리의 경험을 다듬고 수정하며 더 낫게 만들 수 있다. 시인과 산문 작가, 화가들의 강렬한 반응 덕에 나는 사물을 새로운 시각에서, 대체로 더 밝은 시각에서 볼 수 있었다. 따라서 이 책은 나뭇잎 한 장한 장뿐 아니라 책장 한 장 한 장에서도 자랐다. 내가 좋아하는 저자들에게 진 빚을 여기에서 하나하나 늘어놓지는 않겠지만, 이 책의 장 하나씩을 차지한 서로 다른 나무 종류를 내가 알아보는 데 도움을 준 책들이 많다.

나무의 의미는 신화와 역사로 나이테를 그리며 세월과 함께 두터워지지만 그 중심을 이루는 속나무는 여전히 단단하며 현실에 존재한다. 나는 나무의 물리적 사실을 알기 위해 올리버 래컴, 리처드 메이비, 로저 디킨, R. H. 리친스, 가브리엘 헤머리 같은 현대 숲의 여러 거인들로부터(존 이블린, 윌리엄 길핀, 존 런던, 월터 잭슨 빈 같은 옛 권위자는 물론이고) 헤아릴 수 없을 만큼 많은 도움을 받았다.

이 책은 내가 BBC 라디오 3의 프로그램 〈에세이The Essay〉를 위해 대본을 쓰고 방송했던 '나무의 의미The Meaning of Trees'라는 세편의 시리즈에서 출발했다. 보나 브로드캐스팅Bona Broadcasting의 튜런 알리와 에마 호럴, BBC 라디오 3 편집자 매튜 도드, BBC에 특별한 감사를 전한다.

이 책을 준비하는 동안 의미 있는 나무들을 무수히 찾아다녀야 했다. 잦은 여행과 여정에 없던 탐험을 참아주었을 뿐 아니라 이 책을 쓰는 일을 도와주고 숲과 관련된 책들도 선물해준 가족에게 고마움을 전한다. 이 책에 큰 영감을 준 우드랜드 트러스트●의 활동을 처음으로 내게 알려준 로빈 로빈스에게도 감사한다. 이 책을 쓰는 동안 많은 사람에게 다양한 도움을 받았다. 앤 블랜처드, 벤 브라이스, 존 쿡, 제프 카우턴, 피터 데일, 제시카 페이, 린다 하트, 대니얼 쿠로스키, 캐런 메이슨, 앤드루 맥닐리, 케빈 드오넬러스, 프랭클린 프로차스카, 조스 스미스, 질 스태퍼드, 샌털 서머필드 한 사람 한 사람에 대한 고마움을 기록하고 싶다. 그리고 히더 맥캘럼, 멜리사 본드, 레이철 론스데일, 스티브 켄드를 비롯한 예일대학교 출판부의 모든 이들의 열정과 지식, 훌륭한 감식안과 안내에 감사를 전한다.

이 책은 나무라는 자연 형상의 물질적 아름다움과 여러 세기에

●   Woodland Trust. 영국의 숲 보호 단체

걸친 그들의 생존, 나무에게서 자라난 문화적 의미에 대한 경탄에서 싹트긴 했으나, 오늘 심은 어린 나무가 미래 세대의 위대한 나무들로 변할 시간을 고대하기도 한다. 이 책을 읽는 독자 누구라도 마음이 움직여서 책을 내려놓고 나무나 삽을 찾으러 간다면 이 책은 할 일을 다 한 셈이다.

누군가 '나무'라고 말할 때 맨 처음 떠오르는 종류는 아니다. 우리에게 친숙하지 않아서가 아니다. 우리가 세상에서 무엇이 무엇인지를 배우던 어린 시절에 주로 내면화하는 갈색 몸통에 둥근 초록 방울을 얹은 소박한 나무의 모습과 전혀 다르기 때문이다. 주목은 정수리부터 바닥까지 줄기가 거무스름하고 온갖 형태와 크기로 자란다. 나는 거대한 초록 말미잘처럼 땅에서부터 부풀어올라 윗가지의 잎들을 하늘로 내뿜는 주목을 본 적도 있고, 오래된 낡은 우산처럼 가지를 축 늘어뜨린 주목을 본 적도 있다. 단단하게 돌돌 말린 우산 다발 같은 나무들도 있고 지나치게 빽빽이 모인 초록색 교회 첨탑들처럼 보이는 나무들도 있다. 이런 나무들은 아일랜드 주목(탁수스 바카타 '파스티기아타'*Taxus baccata* 'Fastigiata')이다. 아일랜드 주목은 항상 아래보다는 위를 향하는 경향이 있다. 더 흔한 유럽 주목(탁수스 바카타)은 형태가 대개 더 다양하다. 부드럽고 매끈한 팔다리가 다정하게 뒤엉킨 형태도 있고 울퉁불퉁하고 독립적인 가지에 거친 바늘 모양 잎이 단단히 달려 있는 형태도 있다. 워낙 잎이 빽빽해서 햇살 한 줌 스미지 않는 주목도 있지만 우거진 나뭇가지 아래가 벌어져서 느슨한 파이프 다발 같은 줄기가 드러난 나무도 있다. 어리고 가는 주목은 춤이라도 추려는 듯 가지를 우아하게 펼치지만 이들의 늙은 친척들은 몸통이 워낙 옆으로 퍼져서 안으로 완전히 무너져내릴 듯 위태로워 보인다. 주목은 그들의 부드러운 녹슨 융단을 감추며 둥글게 함께 모여 서기도 하지만 높은 석회암 절벽이나 고요한 들판 귀퉁이에 음산하게 홀로 서 있을 때도 있다. 아주 친숙하지만 아주 다양하다. 그래서 주목이 우리 마음을 그토록 불편하게 하는 걸까?

로마인들은 주목을 초록 오벨리스크 모양이나 곧은길을 따라 차렷 자세로 서 있는 여윈 동물처럼 다듬어 흐트러짐 없이 줄 맞춰 키웠다. 르네상스 시대 유럽은 로마를 따라서 주목으로 울창한 미로를 만들거나 주목을 기하학적 문양으로 심어 장식정원을 만들었다. 주목은 살아 있는 건축 소재가 되기도 해서, 정원에 키워 담장으로 만들거나 빼어난 실외 조각으로 장식할 수도 있다. 비를 맞으면 부식되는 게 아니라 생기를 되찾는 건축 소재인 셈이다.

영국 컴브리아 주 레벤스 홀Levens Hall의 토피어리* 정원은 1690년대에 처음 만들어졌는데, 차츰 환상적 형상들이 즐비한 거울

나라 같은 곳이 되었다. 거대한 실크해트와 나선형 미끄럼틀도 있고, 깜짝 놀란 버섯, 포개놓은 고리들, 새, 벌집, 피라미드, 체스 말, 언제나 푸른 다과회를 벌이는 찻잔들, 원뿔들, 짙은 초록색 도넛들, 울퉁불퉁한 젤리들도 있다. 모든 것이 신중하게 다듬어지고 통제되는 초록빛 꿈의 세상이다. 엄청나게 고된 노동에 의존하는 상상 속 자유의 환영이다. 주목은 자연적으로 매우 이상한 형태를 지니지만, 이 정원에서는 튼튼한 에메랄드 색 왕관을 꼭대기에 얹은 건장한 아치형 구조물을 이루는 것도 볼 수 있다. 하지만 오래된 주목 산울타리 안으로 들어가서 얽히고설킨 철사 같은 나뭇가지와 뿌리를 보면 이 근사한 장면 뒤에 숨은 진짜 에너지의 근원을 알 수 있다.

18세기에는 길들여지지 않은 풍경을 선호하는 쪽으로 취향이 바뀌면서 큰 사유지의 정원들이 더욱 자연스러운 풍경을 닮아갔다. 조각이 있는 대칭형 정원은 인기가 시들해졌고, 정교한 토피어리는 대개 뿌리째 뽑혔으며, 오래된 주목 산책길은 탁 트인 전망을 위해 정리되었다. 하지만 더러 살아남은 것들도 있다. 러우샴**에는 손님들을 탁 트인 풍경에서 외딴 화단으로 슬며시 인도해주는 주목 산울타리가 있고 사이렌스터 파크Cirencester Park의 절벽 같은 산울타리, 포이스 캐슬Powys Castle의 웅장한 주목 폭포도 있다. 로킹엄 캐슬

● topiary. 식물을 인공적으로 자르고 다듬어 새나 동물 등의 모양을 만드는 기술 또는 작품.
●● Rousham. 영국의 건축가이자 화가, 정원사였던 윌리엄 켄트가 조성한 영국식 풍경정원.

Rockingham Castle에 있는 거대하면서 일그러진 형태의 '코끼리 산울타리Elephant Hedge'는 너무도 유행에 뒤떨어져서 더욱 심란해 보인다. 이 산울타리는 찰스 디킨스의 소설에서 레스터 데들록 경의 체스니월드*에 자리한 구식 시골 저택의 유령의 길에 영감을 주었다.

모든 나무 중에서도 불편함과 두려움, 심지어 불안까지 일으키기 쉬운 나무가 바로 주목이다. 로버트 그레이브스는 《하얀 여신The White Goddess》에서 주목을 "유럽의 모든 나라에서 죽음의 나무"로 여긴다고 단언했다. 왜 그런지 이해하기는 어렵지 않다. 주목의 독성은 널리 알려져 있다. 주목은 작고 빨간 가종피**를 뺀 모든 부분에 독성이 있다. 개똥지빠귀와 검은지빠귀는 이 가종피를 안전하게 먹고 날아가면서 씨앗을 떨어뜨려 자기도 모르게 주목의 번식을 돕는다. 부드럽고 반짝이는 술처럼 달린 진초록 잎은 치명적이다. 이런 주목을 교회 담장 안에 심는 한 가지 이유는 이웃 들판의 소들이 먹음직스럽지만 독이 있는, 늘 푸른 주목 잎을 먹는 걸 방지하기 위해서다.

셰익스피어는 주목을 "이중으로 치명적인" 나무라고 묘사했다. 가지에 독이 있을 뿐 아니라 이 가지로 만든 활은 전쟁터에서 치명적 무기가 되기 때문이다. 아쟁쿠르 전투***는 영국 역사에서 열세

●   Chesney Wold. 찰스 디킨스의 소설 《황폐한 집Bleak House》에서 레스터 데들록 경의 사유지가 있는 곳.
●●   씨의 겉부분을 둘러싼 껍질. 주목 열매는 컵처럼 생긴 가종피에 싸여 있다.
●●●   1415년 헨리 5세가 프랑스의 영지 반환을 요구하며 노르망디에 상륙하여 북프랑스의 아쟁쿠르에서 프랑스군과 벌인 전투.

를 극복한 승리로 유명하다. 수는 적지만 강력한 잉글랜드와 웨일스 궁수들이 대규모 프랑스 군대를 격파했다. 양쪽 군대의 상대적 규모는 나중에 과장되기는 했지만 이 신화 같은 이야기의 핵심은 주목으로 만든 롱보우*의 파괴적 위력이다. 천천히 자라는 습성 때문에 다 자란 주목 목재는 놀랍도록 튼튼하다. 하지만 유연하기도 하다. 중세 시대에 활 만드는 사람들에게 가장 좋은 부분은 밀도가 높고 색이 어두운 심재가 색이 옅고 유연한 변재와 만나는 부분이다. 이런 부분은 활을 제작하는 데 꼭 맞는 강도와 탄성을 지닌다. 이처럼 강력한 활에서 발사된 수백 개의 화살이 폭우처럼 떨어지며 중세 유럽의 전장을 어둡게 했다. 그런 폭우를 견뎌낼 만큼 튼튼한 갑옷을 입지 못한 사람들에게는 분명 무시무시한 광경이었을 것이다. 돗바늘 화살**은 바늘 모양 잎으로 뒤덮인, 치명적인 주목을 생생하게 떠올리게 한다.

롱보우에 대한 공포가 널리 퍼지면서 궁수들이 군사적 표적이 되기도 했다. 배녁번 전투***에서 스코틀랜드의 로버트 1세가 승리할 수 있었던 이유도 잉글랜드 궁수들이 포위당해 전멸했기 때문이다. 그 덕에 스코틀랜드 병사들이 군마를 달리며 적의 최전선을 무너뜨릴 수 있었다. 전장이 아니더라도 중세 궁수의 삶은 그다지 부

-         longbow. 중세 시대 영국에서 쓰이던 긴 활.
- ••   bodkin arrow. 갑옷을 뚫을 수 있는 뾰족한 화살로, 중세 시대에 널리 쓰였다.
- •••   배녁번은 스코틀랜드 중부 스털링 남쪽에 위치한 곳으로, 1314년 스털링 성을 차지하기 위해 스코틀랜드와 잉글랜드가 이곳에서 격전을 벌였다.

러워할 만한 것이 못 됐다. 그들은 자신들이 사용하는 롱보우의 독성을 늘 두려워했다. 지금 보기에는 그다지 근거 있는 걱정은 아니지만 주목을 둘러싼 불안이 얼마나 널리 퍼져 있었는지 알 수 있다. 그래도 주목 목재는 오랫동안 귀하게 여겨졌고, 근사한 적금색과 나뭇결이 드러나게 다듬어서 고급 수납장의 재료로 쓰였다. 하지만 의혹은 여전히 남아 있었다. 몇몇 장인들은 주목으로 술잔을 만드는 것만은 몹시 경계했다. 고급스러운 금빛 목재가 아무리 매혹적이어도 혹시 독이 있는 잔여물이 음료로 스미지 않을까 두려웠기 때문이다.

주목은 학명만으로도 두려운 느낌을 준다. 탁수스*Taxus*(주목속)라는 단어를 들으면 영어권 사람들은 tax(세금), taxing(매우 힘든), toxicity(독성)가 떠오른다. 《옥스퍼드 영어 사전》은 '탁신taxin'을 "주목 잎에서 나오는 수지성 물질"이라 정의하며, 이 단어가 처음 기록된 사례로 1907년 12월 21일자 어느 신문기사를 제시한다. 원인 모를 죽음을 다룬 이 기사는 부검 결과 죽은 이의 위에서 바늘 같은 주목 잎이 많이 발견되었다고 전한다. 정확히 1세기 후인 2007년 12월 아일랜드공화국 경찰은 더블린에서 일어난 자살 방법을 알아내지 못해 어리둥절했는데, 분석 결과 사망자가 마신 차에서 주목의 독성 성분인 탁신 B의 흔적이 나왔다. 실비아 플래스*가 코트 그린에

·   Sylvia Plath. 미국의 시인으로 사후에 퓰리처상을 수상했다. 영국 시인 테드 휴즈를 만나 두 아이를 낳고 코트 그린에 정착했으나, 휴즈의 외도로 이혼한 뒤 31세에 자살로 생을 마감했다.

머물던 시절은 그녀의 짧은 생애에서 가장 어두운 기간에 속하는데 근처 교회 뜰에 있던 주목은 그녀의 어두운 마음과 일치하는 이미지인 듯했다. 잊히지 않는 그녀의 시 〈달과 주목The Moon and the Yew Tree〉은 이렇게 끝을 맺는다. "주목의 메시지는 어둠 ─ 어둠과 침묵."

단테는 자살한 자들을 어두운 숲*에 두었다. 물론 단테는 그 숲을 은유로 생각했겠지만 현실의 숲을 토대로 이미지를 표현했다. 단테는 폰테 아벨라나의 수도원에 머물던 시절에 요즘도 그곳에 서 있는 나이 든 주목들을 분명 보았을 테고, 중세 이탈리아의 드넓은 주목 숲도 여행했을 것이다. 《신곡》〈지옥〉편에는 어둡고, 무성한 나무 가운데서 단테가 하나의 가지를 부러뜨리니 검붉은 피와 말을 급류처럼 쏟아내는 장면이 있다. 유럽 나무들 가운데 피를 흘리는 것처럼 보이는 것은 주목뿐이다. 주목은 놀랍도록 피와 닮은, 짙은 붉은색 수액을 흘릴 수 있다. 식물학자들을 여전히 곤혹케 하는 이 현상 덕에 네번의 작은 펨브룩셔 마을에 있는 성 브리타크 교회 마당의 '피 흘리는 주목'은 오랫동안 방문객을 끌어모았다. 이 오래된 나무의 피 흘리는 선홍색 상처는 많은 이야기를 낳았다. 천상의 환영에 대한 이야기도 있고 오래전 일어났던 부당한 일이나 애국심, 세계 평화에 관련된 이야기도 있다.

주목을 죽음과 연결 짓는 가장 명백한 이유는 나뭇잎의 독성 때

●　　　단테의 《신곡》〈지옥〉편 13곡에서 자살한 사람들의 영혼은 하르피아들이 사는 숲에서 나무에 갇혀 고통을 당한다.

문이겠으나, 그만큼 유독하면서도 음울한 명성을 얻지 않는 식물도 많다. 사람들은 도싸리laburnum, 디기탈리스foxglove, 은방울꽃을 위해 정원에 기쁘게 자리를 내준다. 약간의 상식이라는 보호장치만 갖춘 채 말이다.

그렇다면 주목은 어떤 점에서 더 깊은 공포를 일으키는 것일까? 나무의 독성보다는 생김새와 위치 때문이 아닐까 싶다. 묘지에 서 있는 주목의 어둑한 모습은 유럽 문화의 오랜 일부다. 주목은 짙은 어둠에서 자란다. 오래된 교회 건물의 그림자 아래에서도 무성하게 자란다. 한편 옹이 지고 뒤틀린 주목 줄기를 보면 비틀린 인간 형상이 쉽게 떠오른다. 풍부한 상상력으로 그리거나 촬영했을 때 주목은 음울한 분위기를 어김없이 창조한다. 유령 이야기에도, 고딕 호러에도, 시대극의 우울한 무덤 장면에도, 범죄 시리즈의 긴장감 넘치는 순간에도 등장한다.

토머스 그레이의 시 〈시골 묘지에서 쓴 비가Elegy Written in a Country Churchyard〉에는 짙어지는 어둠 속에서 근엄한 모습을 어슴푸레하게 드러내는 주목이 등장한다. 토머스 하디가 아내를 위해 쓴 시 〈애도Lament〉의 주목은 '주목 아치 아래의 침대'에 영원히 잠든 아내 에마 위로 그림자를 드리운다. 테니슨은 절친한 친구 아서 핼럼의 비통한 죽음 앞에서 슬픔을 표현하기 위해 교회 묘지의 '늙은 주목'에 직관적으로 눈을 돌린다. 갑작스러운 사별로 충격에 빠진 시인에게 묘지의 주목은 비석을 움켜쥐고, 그 아래 묻힌 시신을 질긴 뿌리로 에워싼 괴물처럼 느껴진다. 젊은 시인은 사랑하는 명석한 친구 핼럼이 요절한 반면 '늙은 주목'이 여전히 왕성하게 살아남은 모습에 분노한다.

테니슨이 친구의 때 이른 죽음이라는 남다른 슬픔으로 괴로워할 때 그를 둘러싼 사회는 예전에 추정했던 것보다 지구가 훨씬 오래되었으며, 이 지구의 긴 역사에서 인간은 무척 최근에 등장한 존재라는 사실을 막 깨닫고 동요하는 중이었다. 거대한 공룡 화석이 발견되었고 예전에는 인간의 역사라는 관점에서 이해했던 이 세상이 사실은 수백만 년 동안 존재했으며, 인류에게 잘 알려지지 않은 생물들이 한때 살았다는 사실이 분명해졌다. 사람과 지구의 수명이 엄청나게 불균형하다는 새로운 깨달음은 테니슨의 개인적 상실감을 더욱 깊게 만들었다. 나무는 천 년을 살 수 있는데 왜 그에게는 그렇게 짧은 순간만 주어졌단 말인가? 테니슨은 깊은 슬픔의 시간을 통과하는 동안 주목도 결코 늘 음울한 모습으로 서 있는 것은 아니며 '황금 같은 시간'을 누릴 때도 있다는 것을 깨닫는다. 봄이 돌아오자 테니슨의 우울도 차츰 가벼워졌고 암울한 늙은 주목도 금빛 햇살을 듬뿍 맞으며 싱싱한 생명의 계절에 합류했다.

어쨌든 주목의 긴 수명은 자연의 불공정함을 보여주는 것이 아니라 경이로움의 근원이자 희망의 상징으로 자주 예찬되었다. 오스트리아에서는 행운을 부르기 위해 마을 광장에 주목을 심었고, 독일에서는 가문비나무가 크리스마스트리로 자리 잡기 오래전에 주목

가지를 크리스마스 장식에 썼다. 고대 켈트인들에게 주목은 신성한 나무였다. 로마인과 색슨 부족들에게는 안전한 저승길을 보장해주는 나무였다. 영국에서는 실용적인 이유 때문에 교회 묘지에 꾸준히 주목을 심었지만 기독교가 도래하기 오래전부터 이미 많은 주목이 그곳에 있었다. 컴브리아 주 워터밀록의 오래된 주목은 성 베드로의 '옛 교회'보다 더 나이가 들었을 것이다. 마찬가지로 와이의 머치 마클에 있는 1,500년 된 나무는 그것이 서 있는 성 바르톨로뮤 교회보다 수백 년 더 나이를 먹었다. 초기 교회들은 이미 그 자리에 있던 주목 옆에 지어진 경우가 그 반대의 경우보다 더 많았다.

노스 요크셔의 파운틴스 수도원Fountains Abbey이 12세기에 지어질 때 그곳에는 이미 수도사들에게 쉼터가 될 만큼 크고 오래된 주목들이 무리 지어 있었다. 기독교가 들어오기 이전 사회에서 신성한 대상으로 여겨졌다는 것도 주목의 위협적인 특성들 가운데 하나다. 새로운 종교는 주목의 이런 특성을 신중하게 통합시켜야 했다. 그러나 수도사들은 이 오래된 나무들을 경건하게 대했고 그 뒤 수백년간 나무들은 요크셔 수도사들과 주목 사이의 화합의 상징으로 살아남은 듯하다. 이 수도사들에게 오래된 주목은 하느님이 제공한 피난처이자 자연의 기도소였다. 그러니 군사적 이유로 주목 목재의 수요가 치솟았을 때에도 수도원의 주목들은 안전했음이 틀림없다. 현재가 아니라 영생을 중요하게 여기는 사람들에게 주목은 든든한 동반자였다. 주목은 수의와 장례 행렬을 장식하는 초록 가지를 제공했

다. 겨울의 약탈에도 상관없이 피처럼 붉은 열매와 반짝이는 잎을 지닌 이 변함없는 상록수는 영원한 생명의 상징이었기 때문이다.

　주목은 유럽에서 가장 오래된 생물에 속한다. 오래된 성당과 성, 로마 유적지가 받는 숭배를 생각하건대 지금도 살아 있는 이 고대의 생존자가 훨씬 덜 알려졌다는 게 이상하다. 러니미드의 템스 강둑에 있는 앵커위크 주목Ankerwyke Yew은 1215년 대헌장*이 서명될 때

●　　Magna Carta. 잉글랜드의 존 왕이 귀족들의 강압에 굴복하여 서명한 문서로, 왕의 전제적 권력을 제한하는 조항들을 포함하고 있어 입헌정치의 출발점으로 여겨진다.

이미 우람한 고목이었다. 300년 뒤 헨리 8세가 앤 불린에게 구애할 때도 이 오래된 나무는 말없는 증인으로 서 있었다. 스킵턴 성의 뜰에 서 있는 키 큰 주목이나 스토온더월드의 교구 교회 문 양 옆을 지키고 선 웅장한 한 쌍의 주목처럼 건축물의 일부가 된 듯한 주목도 있다. '웨일스의 위대한 주목 길'*에는 네번에 자리한 피 흘리는 주목 Bleeding Yew도 있고 애버글래스니의 아치형 주목 터널, 낸트글린에서 존 웨슬리가 설교를 하기 위해 거대한 몸통의 계단을 올라갔다고 알려진 설교단 주목Pulpit Yew도 있다.

이런 큰 나무들은 숭배의 대상이라기보다는 기존 교회와는 다른 교의를 따르는 사람들이 자유롭게 모이던 자연적인 모임 장소이기도 했다. 조지 폭스**는 1653년 코커머스를 방문했을 때 거대한 로턴 주목Lorton Yew에서 동료 퀘이커 교도들을 만났다. 토머스 파케넘은 워즈워스가 "로턴 계곡의 자랑Pride of Lorton Vale"이라고 예찬한 이 전설적인 나무를 찾아 호수 지방으로 갔다가 이 거대한 주목이 낡은 양조장 뒤 들판에서 관심을 거의 못 받고 서 있는 모습에 깜짝 놀랐다. 1902년 메수엔 출판사에서 발행한 《메수엔 호수지방 가이드*The Methuen Guide to the Lakes*》가 이미 이 나무를 한물갔다고 표현한 것을 보면 여행자의 레이더망에서 사라진 지 오래인 게 틀림

- The Great Yews of Wales Trail. 영국의 숲 보호단체인 우드랜드 트러스트가 웨일스의 오래된 주목 열두 그루를 둘러볼 수 있도록 만든 걷기 여행 코스.
- ● George Fox. 퀘이커파의 창시자.

없다. 무척 거대한 나무들조차 시야에서 —아니면 적어도 대중의 의식에서— 사라지기도 한다. 이 나무가 죽었다는 소문이 아마 1840년대부터 돌았던 모양이다. 그 무렵 이 거대한 나무의 반쪽은 거센 폭풍에 쓰러졌고, 남은 반쪽도 목재로 쓰기 위해 거의 베여나갔다.

로턴을 방문하면 여전히 호프 백 옆에서 먼 언덕을 배경으로 서 있는 이 주목을 발견할 수 있다. 이제는 코팅된 표지판이 서 있어 나무를 찾아냈다는 성취감은 조금 덜하겠지만 어쨌거나 나무의 미래를 안전하게 보호하는 데는 도움이 될 것이다. 나무는 여전히 조금 기우뚱하지만 반쪽만 가지를 온전히 펼쳤는데도 웅장하다. 200년 전 도러시 워즈워스*는 이 유명한 로턴 주목을 보고 이제껏 보았던 것 중에 가장 큰 나무라고 묘사했다. "이 나라에는 큰 나무가 많지만 내가 이제까지 본 나무들은 이 나무의 가지 하나만 했을 뿐이다." 이 '주목 족장'은 한때 나이로나 높이로나 어마어마했다.

영국에 살아 있는 주목 중에는 스톤헨지보다, 피라미드보다 오래된 나무들도 있다는 사실을 제대로 이해하려면 잠시 시간이 필요하다. 소읍과 시골에서 흔한, 평범하고 눈에 띄지 않는 풍경의 일부로 여겨졌던 나무가 갑자기 크게 보일 것이다. 그 나무 아래에서 이미 일어났던 일들을 생각하거나 그 나무가 주변 건물과 도로, 마을보다 오래 살아남을 수도 있다는 사실을 떠올리면 그렇다.

●   Dorothy Wordsworth. 영국의 시인이며, 윌리엄 워즈워스의 여동생이다.

2천 년이나 3천 년 전에 어린 나무였던 것들이 로마인이 영국 제도에 도착할 무렵에는 이미 거대한 나무로 자라나 있었다. 그래서 카이사르 황제가 파견한 외교사절의 아들이었다고 알려진 폰티우스 필라투스*가 스코틀랜드 퍼트셔의 포팅걸Fortingall에 있는 거대한 주목 아래에서 놀았다는 전설이 생겼다. 이 전설에서 가장 설득력 있는 부분은 이 거대한 나무의 나이지만, 다른 미심쩍은 세부 배경도 이 나무가 얼마나 예사롭지 않은 자연 현상인지를 잘 보여준다. 포팅걸 주목에 뒤질세라 웨일스에도 영국에서 가장 오래된 생명체 자리를 놓고 겨룰 만한 나무가 있다. 브레컨 비컨스의 데비녹 주목Defynnog Yew과 훨씬 북쪽인 콘위의 랑거뉴 주목Llangernyw Yew 둘 다 5천 년쯤 살았다. 폰티우스 필라투스가 브레컨 비컨스에 있었을 가능성은 없지만 카락타쿠스**가 로마의 점령에 저항할 때 데비녹 주목은 이미 새 뿌리를 내리며 거듭 새 삶을 살고 있었다.

그러나 이런 가장 오래된 주목들이 정확히 몇 살인지는 아직 아무도 모른다. 혼란스럽게도 추정 연령이 수백 년, 심지어 수천 년까지 차이가 난다. 랑거뉴 주목은 아마 5천 살은 됐을 테지만 기껏해야 1,500살밖에 되지 않은 어린 나무라는 반론도 있다. 비교적 수명이 짧은 이웃 나무들과 달리 주목은 재생력이라는 드문 능력이 있다.

-      Pontius Pilate. 로마 제국의 제5대 유대 총독. 예수에게 사형을 언도했다고 알려진 인물로, 스코틀랜드에서 태어났다는 전설이 있다. 한국어 성경에는 '본시오 빌라도' 또는 '본디오 빌라도'로 표기된다.
-    Caractacus. 서기 1세기 브리튼의 카투벨라우니족 족장으로 로마군에 저항했다.

그러다보니 나이테로 나이를 판별하는 게 특히 힘들다. 성장도 무척 느려서 나이테의 간격이 1밀리미터가 되지 않을 때도 잦다. 일부를 확대해서 봐도 갈색 표시가 정연하고 규칙적으로 이어지기보다는 단단하게 제본된 책의 가장자리처럼 보인다. 이런 어려움 때문에 오래된 주목은 더욱 불가사의한 존재로 여겨진다.

주목은 나이가 들면서 속이 비기 시작한다. 무척 오래된 주목 중에는 살아 있는 껍데기나 다름없는 것도 더러 있다. 거의 나무로 만들어진 선사유적에 가깝다. 이것이 주목이 오래 생존하는 또 다른 비결이기도 하다. 관처럼 속이 비고 뚫려 있으면 단단한 나무 기둥보다 강풍에 쓰러질 위험이 훨씬 적다. 하지만 나무 안에 완전한 나이테가 없으니 나이테연대측정법으로 나이를 알기 힘들다. 게다가 성장 패턴이 불규칙하므로 나무줄기나 가지 일부로는 정확한 나이를 가늠하지 못한다. 주목을 영속적인 생명과 연결하는 오랜 전통은 주목의 자연적 습성을 보면 충분히 이해할 수 있다. 주목은 독특한 재생 방식을 지녔기에 몇몇 나무들은 수백 년 뒤에 부드러운 나무껍질이 얇은 조각으로 벗겨지긴 하지만 여전히 잘 자랄 수 있다. 왜냐하면 안으로 수관*에서부터 새로운 뿌리가 땅까지 뻗어내린 다음 새로운 껍질이 자체적으로 성장하기 때문이다. 안으로 생긴 관 모양의 뿌리 다발은 주름진 원가지와 구분하기 힘들어 나이라는 미묘한

●   crown. 나무의 원줄기에서 가지와 뿌리가 나오는 부분.

질문을 더욱더 대답하기 어렵게 만든다.

　서식스 탄드리지의 거대한 주목처럼 오래된 주목은 위대한 신판Pan이 그의 피리를 홧김에 패대기쳐서 온통 다른 방향으로 흩어지게 놔둔 모습처럼 보인다. 반면에 앵커위크 주목은 흑갈색 종유석 동굴과 석화된 덩굴식물을 천천히 드러내는 울퉁불퉁한 바위 표면에 더 가깝다. 오래된 주목은 자기보다 큰 힘에 굴복해야 할 때도 쉽게 생명을 포기하지 않는다. 18세기 박물학자 길버트 화이트Gilbert White가 햄프셔의 셀본 마을에서 매일 관찰했던 교회 묘지의 주목은 1990년 1월에 강풍으로 쓰러졌다. 거의 밑동밖에 남지 않아서 오래된 나무의 묘목을 근처에 심긴 했으나, 늙은 주목의 남은 밑동은 지금도 그곳에 그 자체로 온전한 세상으로 —벌거벗은 나무 절벽과 무성한 잎과 초록줄기가 자라는 협곡으로— 서 있다.

　주목의 나이를 알아내려면 과학적 분석만큼이나 문자 기록도 필요하다. 수백 년간 박물학자들이 주목의 둘레를 측량했으므로 우리는 초기 기록과 요즘 크기를 비교할 수 있다. 웨일스의 골동품 연구가이자 박물학자인 토머스 페넌트가 1769년 스코틀랜드를 여행했을 무렵 글렌 라이언의 포팅걸 주목은 둘레가 '17미터 정도'로 굵었다. 오늘날에도 둘레가 그쯤 된다. 하지만 워낙 쪼개져 있어서 더 작은 나무들이 모인 군락처럼 보이기도 한다. 주목의 성장 도표를 보면 영국 국민의료보험의 인간 성장기준표가 새롭게 보인다. 수목학자 앨런 메러디스는 둘레가 10미터가 넘는 주목은 적어도 2,500살은 되었을 것이라 추정한다. 그녀의 말이 맞는지도 모른다. 오랜 수명을 주목의 가장 뚜렷한 특징으로 꼽지만 역설적이게도 이 수수께끼 같은 나무의 연령을 측정하기는 여전히 힘들다.

옛 소묘와 그림, 시, 산문에 등장하는 오래된 나무들의 이야기를 살펴보면 중요한 사실을 깨달을 수 있다. 워즈워스의 시 〈주목〉은 로턴 주목에서 시작하지만 곧 호니스터 패스*로 이동해 보로데일의 오래된 주목들을 바라본다. 시에는 보로데일 주목들이 이렇게 묘사돼 있다.

> 거대한 몸통들! ― 그리고 몸통 하나하나는
> 뱀처럼 구불구불 서로 뒤엉킨 가지들이
> 위로 똬리를 틀고 깊숙이 휘감기며 자라난다.

이 시는 스스로 재생하는 이 오래된 나무들을 그에 어울리는 웅장하고 고풍스러운 언어로 무척 정확히 묘사했다. 마찬가지로 워즈워스는 "초췌해지는 무성한 나뭇잎들이 떨어져" 언제나 "적갈색을 띠는 풀 없는 바닥"에도 주목한다. 여기에서 그가 사용한 '초췌해지는pining'이라는 단어는 식물이 마르는 과정을 일컫는 지역 사투리이기도 하지만, 더 넓은 의미로 갈망하거나 몹시 초조히 바라는 것을

●　　　Honister Pass. 잉글랜드 북서쪽 호수 지방에 있는 산길.

뜻하기도 한다. 시인으로서 워즈워스는 나무의 뚜렷한 물리적 특성 뿐 아니라 나무에 축적된 문화적 의미에도 응답하고 있다.

워즈워스는 동생 존과 함께 1799년과 1800년에 보로데일을 여행했지만, 이 시를 발표한 1815년에 존은 이미 10년 전에 세상을 떠난 상태였다. 존은 상선 선장이었는데 1805년 도싯 해안의 웨이머스 앞 바다에서 배와 함께 가라앉았다. 워즈워스가 보로데일 주목들을 회상하면서 '사형제'라는 표현을 쓰는 것에는 가슴 아픈 개인적 의미가 있다. 그가 바로 남은 삼형제 가운데 하나가 되었으니 말이다. 그러니 그가 주목의 '검은 지붕'에서 '기뻐하지 않는 열매'만을 보고 '죽음이라는 해골'과 '그림자라는 시간'이 이 자연의 사원에서 만나는 것을 상상할 만도 하다.

워즈워스가 묘사한 주목 '사형제'는 그가 방문했던 시절처럼 사각형 모양으로 더 이상 서 있지 않다. 한 그루가 1883년 강풍에 쓰러졌다. 이 나무들의 위치는 영국 국립지도원의 북부 레이크 지방 지도에 계속 표시돼 있지만, 아마 스카펠 산이나 그레이트게이블 산으로 걸어가는 사람들은 대개 더윈트 강 위쪽 비탈에 숨은 나무들을 보지 못하고 지나쳐갈 것이다. 사람이 드물게 거주하는 이 골짜기에서 오래된 주목들은 여전히 가장 신비로운 존재다. 돌처럼 말이 없지만 희망적이지도 그렇다고 우울하지도 않은 기운을 내뿜으며, 너무나 깊어서 숨 쉬기도 조심스러운 고요에 둘러싸여 있다. 나는 8월 오후의 밝은 햇살 아래 서 있는 보로데일 주목을 사진에 담으려고

크로허스트 주목.

애쓰다가 그만 사진기를 망가뜨리고 말았다.

사진은 종종 주목 하나하나의 역사를 그 무엇보다 잘 보존한다. 이제는 오랜 엽서의 이미지로만 남은 주목도 있다. 옛날 사진들에는 오래된 나무가 큰 가지를 잃기 전이나 중요한 변화를 거친 뒤의 모습이 남아 있다. 빅토리아 여왕 시대에 서리의 크로허스트 주목을 찍은 사진을 보면 이 나무의 가장 두드러진 특징—나무줄기에 달린 작은 문—이 이미 이 시대에도 있었음을 알 수 있다. 나무가 지금보다는 덜 기우뚱하긴 하지만 말이다. 내가 크로허스트 나무를 찾아갔을 때는 마치 지난번에 살던 사람이 서둘러 나간 것처럼 문이 열려 있었지만 일단 문을 닫자 나무는 곧 위엄 있는 모습을 되찾았다. 문 위쪽으로 언제쯤엔가 가지 두 개가 떨어진 게 분명한 텅 빈 공간이 있었는데 큼직하게 나 있는 괴이한 눈구멍을 닮았다. 초점 없는 시선으로 소란스러운 현재 순간을 지나쳐 훨씬 더 멀리 볼 수 있는 눈 먼 눈구멍 같았다. 현대 예술가 타시타 딘은 그녀의 아름다운 나무 초상에서 크로허스트 주목의 기이한 모습을 포착했다. 옛날 엽서를 수정한 이 작품은 모든 배경을 지워서 주목에서 전형적으로 느껴지는 영원성timelessness을 창조했다.

하지만 주목에는 대대로 이어지는 사람 친구들의 변덕스러운 충동이 남아 있을 때도 많다. 19세기 초반 사람들이 크로허스트 주목의 울퉁불퉁한 내부에 근사한 탁자와 의자들을 갖다놓고 나무줄기에 작은 문을 달아 집처럼 만들 때 대포알 하나가 발견됐다. 영국 내전(1642~1651) 시기에 그곳에 박힌 뒤 내내 그대로 남아 있던 대포알이다. 주목은 살아 있는 기념물이다. 인간의 역사에 의해 형태가 만들어지며 온갖 놀라운 사실들로 가득하다.

탁솔*의 의학적 발견은 주목의 비밀이 얼마나 서서히 드러나는

●   Taxol. 주목에서 추출하는 항암제.

지 보여주는 좋은 사례다. 1960년대 미국 과학자들이 주목에서 특정 종류의 암을 효과적으로 막을 수 있을 듯한 화합물을 발견했다. 긴 시험을 거쳐 탁솔은 1992년에 항암 화학치료제로 승인되었다. 갑자기 주목이 죽음의 나무와는 거리가 먼 생명의 나무로 불리기 시작했다. 미국에서는 서부 해안의 주목을 책임 있게 관리하기 위해 '태평양 주목법The Pacific Yew Act'이 통과되었다. 그때까지만 해도 목재상들이 '쓰레기 목재'로 여겼던 나무들이었다. 1990년대 초반 이후 연구가 더 진행되어 주목을 재료로 난소암과 유방암, 전립선암 치료제를 만들었다. 주목의 치료제로서의 가치는 지금도 여전히 연구되고 있다.

새로운 항암치료 개발은 뛰어난 의학적 쾌거이나, 제약회사의 주목 수요가 갑자기 증가한 데는 어두운 면이 있다. 오래된 주목의 껍질을 벗겨내면 효과적인 항암제를 만들 수는 있지만 나무는 죽는다. 네팔과 아프가니스탄, 인도의 여러 지역에서 수백 년간 자라던 히말라야 주목은 이제 멸종 위기에 이르렀다. 탁산taxane은 주목의 바늘 같은 잎에서도 추출할 수 있으므로 정성 들여 잎을 재배하고 수확한다면 전기톱으로 나무를 베는 식의 빠른 해결책보다 더 오랫동안 지속 가능한 의료 자원을 얻을 수 있다. 하지만 경제적 위기에 처한 나라들의 생명줄인 빠른 이윤은 줄어든다는 문제가 생긴다. 주목을 재료로 한 치료는 무척 필요하며 합당하다. 이렇게 주목을 채벌하려는 동기에는 경제적 차원뿐 아니라 인도적 차원도 있기 때문에 이 문제에 대한 정책을 세우는 일이 한층 복잡해진다. 하지만 이 문제를 생각하다보면 주목에 대한 근시안적 사고의 오랜 역사를 떠올리지 않을 수 없다.

중세 유럽의 주목 숲은 롱보우의 수요 증가로 파괴되었다. 무기 거래의 초기 버전인 셈인데 무기 거래에 뒤따르는 얄궂은 결과까지 닮았다. 프랑스 숲에서 수입된 주목 목재로 만든 활과 화살이 다시 프랑스로 돌아가 그 나무를 벤 사람들에게 치명적인 화살을 날렸을지도 모른다.

주목 거래는 유럽 경제의 큰 부분을 차지했지만 자원이 급격히 줄었다. 일단 나무들이 사라지자 무기와 사냥 도구를 만들 재료도 사라졌다. 요즘 프랑스에 오래된 주목이 남아 있지 않은 것도, 위풍당당했던 궁수부대가 역사의 뒤안길로 사라진 것도 아마 그 때문인 듯하다. 주목 묘목을 심었다 해도 여러 해 동안 군대에 무기를 공급할 수 없었다. 리처드 3세(1483~1485년 통치) 때 묘목을 심으면 조지 3세(1760~1820년 통치) 때가 되어서야 활을 공급할 수 있었을 텐데, 그 무렵에는 잉글랜드 중부 지방의 강철 용광로가 훨씬 파괴력이 큰 무기 재료를 공급하고 있었다.

주목의 풍경에 마음이 심란해지는 이유는 음울한 겉모습이나 다양한 형태, 독이 있는 바늘 모양 잎 때문이 아니라 주목이 너무 오래 살기 때문인지도 모른다. 그토록 많은 정권과 정책이 뜨고 지는 과정을 지켜보았고, 우리의 모든 소망이 잊힌 미래에도 계속 살아남을 무언가를 감당하는 것은 우리 인간에게 어려운 일이다. 우리의 유서 깊은 나무를 심은 사람들의 자취라고는 이제 깨진 그릇과 컵밖에 남지 않았다. 그렇다면 요즘 주말에 작은 산울타리를 심기 위해 원예용품점에서 주목 화분을 수레에 싣고 가는 커플들은 2천년 뒤에 어떤 자취로 남을까? 아마 그들이 남긴 자취 가운데 그 울타리가 가장 오래 남을 유산이 될지 모른다. 하지만 우리가 산울타리만큼도 오래 살지 못한다고 생각하면 우리 자신이 너무 작게 느껴지기도 한다.

그러나 주목이 인간 존재의 찰나성을 우울하게 상기시키는 상징이 될 필요는 없다. 사실, 주목은 우리를 좁은 시야로부터 해방시켜준다. 우리가 지닌 것 중에도 수백 년간 살아남을 것들이 있으니 말이다. 포팅걸과 랑거뉴, 크로허스트, 앵커위크의 오래된 주목들처럼 말이다. 주목 안에 또 다른 무엇이 숨겨져 있는지 우리는 알지 못하지만 언젠가는 알게 될지도 모른다.

그렇다면 주목은 인류에게 어떤 의미일까? 지금 말하기에는 너무 이른 것 같다.

| 벗나무 |
| Cherry |

웝스네이드 나무 대성당The Tree Cathedral at Whipsnade은 제1차 세
계대전이 끝난 뒤 심겼다. 전쟁의 살육에서 살아남은 다른 여러 생
존자처럼 에드먼드 블라이스 대위도 전사한 동료들을 기억할 기념
물을 만들고 싶었지만 그토록 어마어마한 규모의 죽음에 조금이라
도 어울릴 만한 것을 생각해내지 못했다. 정전협정이 체결되고 몇
년 뒤 블라이스는 아내와 함께 리버풀을 방문했고 건축 중이던 리버
풀 대성당을 보러 갔다. 이 성당은 1904년부터 건축이 시작되었고
축성을 받기는 했지만 그 무렵엔 반밖에 지어지지 않은 상태였다.
건축 중이던 그 성당은 건축가 자일스 길버트 스콧의 일생일대 프로
젝트이자 신앙 실천이었다. 그의 상상력이 리버풀 사람들을 위한 기
념비적인 표현으로 서서히 실현되고 있었다. 블라이스는 코츠월드

를 거쳐 집으로 돌아가는 길에 나무들 사이로 갑자기 햇살이 부서지는 광경을 접하고 걸음을 멈췄다. 그렇게 햇빛에 반짝이지 않았다면 평범했을 나무들이었다. 자연의 변신인 동시에 놀라운 환영의 순간이었다. 블라이스는 자신도 위대한 성당을 창조할 수 있음을 깨달았다. 그것은 벽돌과 유리 대신 나무와 하늘로 만들어질 것이다. 그 어떤 건축물보다 아름다운 그의 옥외 성당은 결코 완성되지 않을 것이다. 성당 기둥들이 점점 자라나며 새순이 가득 돋은 나뭇가지 아치를 끊임없이 뻗을 것이기 때문이다. 그의 성당은 그의 친구들을 비롯해 너무 일찍 쓰러진 한 세대의 젊은이들을 기리는 기념물이 될 뿐 아니라 희망과 화해의 정신으로 심은 나무들로 미래에 대한 믿음을 함께 나누는 살아 있는 표현이 될 것이다. 블라이스는 1927년에 던스터블 구릉지대의 웝스네이드에 농장을 하나 구입해두었는데 이제 그 농장으로 무엇을 해야 할지 깨달았다.

블라이스 대위가 심은 묘목들은 80년 뒤 그가 바랐던 높이에 이르렀다. 키 큰 나무들로 이루어진 신랑과 반짝이는 자작나무 성단소 옆에 블라이스가 맨 처음 만든 기도실이 있다. 바로 벚나무로 이루어진 부활절 기도실이다. 헐벗은 나무줄기와 늘어진 나뭇가지가 드문드문 있는 이 고요한 명상의 장소에 해마다 옅은 봄 하늘을 배경으로 눈부신 하얀 구름이 가득 내려앉는다. 1년에 한 번 일어나는 이런 변신은 부활절이 늦게 오는 해에 무척 인상적이다. 기도실이 부활을 기리며 환해진다. 하지만 부활절이 3월에 오는 해에는 헐벗은 나무들이 여전히 영광의 순간을 끈기 있게 기다리며 말없이, 그러나 확고하게 서 있다.

야생 벚나무도 돌아오는 봄의 전령처럼 숲길을 밝힌다. 흰 꽃들이 돌연 숲길을 가득 덮었다가 사라진다. 벚나무를 "가장 사랑스러운 나무"라 부른 A. E. 하우스먼의 말에는 논란의 여지가 없었다. 경쟁이 될 만한 나무들이 더러 있긴 했으나 벚꽃이 활짝 핀 광경은 숨막히게 아름다워서 단 며칠 동안이라도 그 아름다움과 견줄 나무가 없다. 영국의 계관시인 테드 휴스는 벚꽃의 당도를 봄의 파티 초대장 같다고 봤다. 하지만 결국에는 조금 실망스러운 초대다. 손님이 도착할 무렵이면 "그녀는 해지고 더러워져 흐느끼며 우리를 지나쳐 급히 달려가버린다." 예쁜 꽃들은 봄을 어김없이 따라다니는 비바람에 종종 망가져버리곤 한다. 누군가 그들을 예찬하기도 전에 말이다. 야생 벚나무—서양 벚나무mazzard나 양앵두gean라고도 불리는—의 환한 꽃을 영국 봄의 진수로 여긴다면 다른 곳을 둘러볼 필요가 있다. 산뜻하고 순간적이며 금세 달아나는 벚나무는 '세계'에서 가장 인기 있는, 그리고 가장 덧없는 나무에 속한다.

워싱턴 D.C.는 3월 마지막 주가 되면 흥분이 고조된다. 타이덜 베이슨Tidal Basin 둘레 수많은 벚나무가 꽃을 피우기 때문이다. 꽃봉오리가 꿈틀대자마자 사진기들이 등장한다. 벚나무는 자연의 스타다. 그러니 아무도 놓치고 싶어하지 않는다. 3주만 지나면 꽃이 핀다. 처음에는 부드럽게 날리는 눈가루처럼 등장해서 곧이어 연분홍

화려한 안개로 피어오른 다음 수천 개의 꽃비로 떨어진다. 미국인들이 꽃을 구경하는 방식은 자연과 조용히 교감을 나누는 것과는 거리가 멀다. 열정적이고 사교적이며 놀랍게도 활동적이기까지 하다. 벚꽃이 멋지게 만발하는 시기에 맞춰 '벚꽃 보기 10마일 달리기 대회'가 해마다 열린다. 모여든 사람들은 헐떡이며 지나가는 수많은 선수를 응원하면서 벚꽃을 한껏 즐긴다.

벚나무들은 집단으로 움직이는 듯하다. 마치 소문이 돌아서 아무도 뒤처지기를 바라지 않는 것처럼. 일본 사람들에게 벚꽃은 영국 사람들에게 날씨와 같다. 한 해의 특정 시기에 모든 사람이 온통 사로잡히는 집단적 집착의 대상이다. 일본에서 봄은 꽃 축제, 곧 하나미*와 더불어 시작된다. 황홀하게 아름다운 나무들과 더불어 음악회와 소풍, 다과회가 열린다. 완벽한 대칭형의 후지 산이 해마다 보름 정도 흰 거품 바다 위에 섬처럼 솟아서 수많은 아마추어 사진가의 사진에 담긴다. 벚꽃은 세상을 떠들썩하게 하는 풍자희가극의 순회공연처럼 이동한다. 기온이 오르기 시작하면 1월에 남쪽 섬 오키나와에서 꽃이 피기 시작하고, 꾸준히 북상해 5월 무렵이면 일본 군도의 끄트머리에 다다른다. 벚나무가 무리 지어 있는 곳마다 매해 몇 주씩 스포트라이트를 받는다.

워싱턴의 그 유명한 벚나무들도 사실 일본 벚나무로, 1912년 도

---

* は な み. 일본말로 꽃구경, 꽃놀이를 뜻하며 여기서 꽃은 보통 벚꽃이다.

쿄 시장의 선물로 워싱턴에 도착했다. 미국의 대통령 부인 헬렌 태프트와 일본 대사 부인 친다 자작부인이 화합의 의례로 한 그루씩 심었고, 남은 벗나무 묘목 3천 그루는 워싱턴 시 관리인들이 심었다 (사실, 이 일은 워싱턴에 일본의 벗나무를 심으려는 두번째 시도였다. 일본에서 처음 보낸 벗나무들은 질병에 감염되어 모두 폐기되었다). 처음 심긴 두 어머니 나무는 수많은 예쁜 후손들과 함께 서 있다. 제2차 세계대전이 끝난 뒤, 미국과 일본의 관계가 손쓸 수 없을 만큼 나빠졌을 때에도 결국 또 한 무리의 벗꽃 외교단이 화해와 회복을 위해 도착했다.

　　일본 천황이 좋아하는 나무로 지정된 관상용 벗나무는 일본 문화를 대표하는 형상이다. 분홍색과 하얀색의 완벽한 일본 벗나무는 직물과 도자기, 종이에 근사한 형태로 찍혀서 세계 곳곳으로 퍼져갔다. 벗나무는 적합한 땅에 심으면 뿌리를 내리고 번성한다. 그래서 작고 예쁜 벗나무들은 가는 곳마다 선의와 화합을 퍼트린다. 아니, 거의 모든 곳이라고 해야겠다. 전후 한국은 일본 점령군이 심었던 모든 벗나무를 뽑고 토착종 나무로 대체했다. 벗나무들이 일본의 군사력을 상징했기 때문이다. 이런 상징적 의미는 벗꽃이 삶의 강렬함과 찰나성을 표현하는 형상으로 일본군 폭격기에 그려진 탓에 더욱 강화되었다. 나중에 한국의 식물학자들이 관상용 벗나무가 원래 한국의 토착종 식물이었다는 의견을 밝혀서 벗나무를 더러 다시 심기도 했다. 그러나 식민 지배의 잔혹한 역사와 연결된 이 문제에는 여전히 논란의 불씨가 남아 있다. 최근 들어 중국이 자기 나라가 벗나무 원산지라는 반론을 제기했기 때문이다. 벚나무의 아름다움은 분명 보는 사람의 눈에 달려 있지 않은가보다.

벚나무 고유의 아름다움이 사람들의 개입을 부추기다보니 벚나무 계보를 추적하기가 더 힘들다. 교배육종으로 미묘하게 다른 꽃을 피우는 무수히 다양한 벚나무가 생겼기 때문이다. 일본의 사토 벚나무는 20세기 초까지만 해도 국가 기밀처럼 여겨졌지만, 일본 원예학자들이 워낙 여러 해 동안 이국적인 품종을 개발하다보니 어느 것이 토착종이고 어느 것이 교배종인지 구분하기 힘들어졌다. 속속들이 일본적인 요시노 벚나무는 다섯 장의 옅은 꽃잎 가운데 금빛을 띤 꽃을 풍성하게 피우므로 한눈에 알아볼 수 있는데, 19세기에 탄생한 교배종이 틀림없다. 국제우주정거장의 최근 실험으로 볼 때, 벚나무는 급속히 진화하는 것 같다. 몇 년 전 우주로 보낸 씨앗에서 자란 나무가 놀랍도록 빠르게 성장해 보통보다 4년 빨리 봉오리를 맺었다. 벚나무는 분명 가장 덧없는 나무라는 자리를 지켜낼 듯하다.

일본 벚꽃은 유럽 벚꽃보다 대개 훨씬 풍성해서 빅토리아 시대 말기 영국에 처음 소개됐을 때 꽤 큰 반향을 일으켰다. 일본 벚나무의 호리호리한 잔가지에 달걀 거품처럼 피어오르는 흰 꽃은 정원을 사랑하는 영국인들이 이제껏 보았던 어떤 꽃보다 더 밝고 하늘하늘했다. 양산과 기모노, 〈미카도The Mikado〉 상연이 갑작스레 유행하던 그 무렵에 사쿠라나무는 시대의 흐름에 대한 조경 디자이너의 응답이었다. 얼마 지나지 않아 밝은색 줄기에 아름다운 줄무늬가 있는 이 벚나무들이 가장 음울한 거리에서도 줄지어 행진했다.

동양에서 온 관상용 벚나무는 눈길을 끄는 진기한 식물이었지만 토착종 벚나무도 여전히 그들만의 은근한 매력을 유지하고 있었다. 그들은 '숲속 승마도로 주변에 서서 / 부활절 계절을 위해 흰옷을 입은' 모습으로 잘 알려져 있지만 7월이 오면 초록과 붉은색으로 완전히 옷을 갈아입는다. 벚나무가 영국인들의 가슴에, 아니 더 정확히 말하면 영국인들의 입과 위에 항상 특별한 자리를 차지하는 이유는 아마 이런 여름 벚나무의 장관 때문일 것이다.

중세 시대의 성과 수도원은 과일의 소중한 공급원으로 벚나무를 키웠다. 중세 시대의 과수원은 한때 로마 점령기가 남긴 풍부한 유산으로 여겨졌다. 하지만 아일랜드 오펄리 주의 청동기 시대 유적에 대한 고고학 조사에서 벚나무 잔해가 발견되었다. 로마인들이 지중해풍 요리와 함께 잉글랜드에 도착하기 오래전부터 아일랜드의 고대인들도 벚나무 열매인 버찌를 즐겼던 게 분명하다. 벚나무 열매는 요리의 보고다. 단 버찌는 나무에서 따서 바로 먹어도 맛있고, 신 버찌도 파이와 푸딩으로 요리하면 그만큼이나 맛이 좋다. 버찌로 브랜디와 케이크를 만들 수도 있고 클라푸티,* 크레이프, 키르시토르테**를 만들 수도 있다. 벚나무가 친숙한 토착식물인 많은 나라에서 버찌

-     clafouti. 그릇에 과일, 주로 버찌를 넣고 반죽을 부어 오븐에 구워 먹는 프랑스 디저트.
- ••   kirschtorte. 초콜릿 스펀지케이크에 생크림과 버찌를 사이사이에 넣은 음식.

는 주요리에도 쓰인다. 오리구이의 기름진 육즙을 상쇄하거나 사프란 라이스에 과일 풍미를 더하는 데 쓰이기도 한다. 키르시*와 마라스키노 리큐어**는 모렐로 버찌와 마라스카 버찌의 오묘한 정수를 잘 포착해서 그 상큼한 맛을 여러 해 유지해낸다.

끈적대는 선홍색 버찌 설탕조림은 슈퍼마켓 시대의 화신 같지만 설탕에 보존된 버찌는 튜더 왕실에도 올려졌다. 헨리 8세는 이 즙 많은 작고 동그란 열매를 워낙 좋아해서 왕실의 과일 상인에게 거대한 과수원에 벚나무를 심으라고 명령했다. 그 명령에 따라 켄트가 잉글랜드의 정원으로 탈바꿈했다. 켄트는 에덴동산 같은 모습을 몇 백 년 동안 간직했고 나이 든 켄트 주민들은 우람한 벚나무들과 여름마다 버찌를 따기 위해 동원됐던 큼직한 사다리들을 아직도 기억한다. 그러나 제2차 세계대전 뒤에 영국의 버찌 과수원은 비극적인 쇠락의 길을 걸었다. 요즘 세계 시장을 점령한 터키와 미국, 독일 같은 거인들의 전진이 이들 과수원에 도움이 되지 않았다. 놀랍게도 영국 버찌 과수원의 90퍼센트가 20년 안에 사라졌다. 1970년대 대부분의 사람들은 이 버찌 나무를 심기보다는 닷선 버찌 자동차Datsun Cherry를 몰고 다닐 가능성이 훨씬 많았다. 도시화된 요즘 세상에서 사다리는 손해보상 청구를 일으킬 소지가 있는 위험한 물건이 되다 보니 공식적으로 승인된 체리피커cherrypicker만이 잉글랜드 과수원

●   kirsch. 버찌를 양조, 증류하여 만든 증류주.
●●   maraschino liqueur. 신맛 나는 마라스카 버찌로 만든 술.

의 서글픈 기억과 계절의 자연적 리듬을 떠올리게 할 뿐이다.

이처럼 우울한 변화에 대응하여 벚나무의 운명을 되살리려는 진지한 시도가 최근 이루어지고 있다. 이런 시도는 왜성나무dwarf tree와 비닐하우스의 개발로 힘을 얻었다. 이런 혁신이 벚나무의 전통적 매력을 키우지는 못하겠지만 벚나무 자원을 되도록 많이 활용할 수 있도록 해준다. 고급가구 제작자들이 밀도가 높고 색상이 고급스러운 벚나무 목재를 꾸준히 원한 덕분에 지속 가능한 재배가 장려되었다. 사실 벚나무 목재는 워낙 비싸서 목재용 나무가 자라는 장소를 비밀에 부칠 때도 많다. 그러나 다행히도 벚나무의 사교성을 완전히 억누르지는 못한다. 켄트에서 우스터셔에 이르는 오래된 재배지에서 전통적인 여름 버찌 축제가 되살아나 지역에서 생산된 버찌에 대한 뜨거운 애정이 새로 자라고 있다.

몇몇 독창적인 재배자들은 벚나무 대여 사업을 시작했다. 나무를 빌려간 사람은 봄에 벚꽃을 감상하고 7월에는 가지에서 반짝이는 열매를 신선하게 즐길 수 있다. 이런 벚나무 대여 사업은 지나치게 정신없는, 파트타임 생활방식의 또 다른 징후일까? 그러니까 사람들은 벚나무 한 그루를 키울 시간도 없을 만큼 너무 바쁘고 너무 조급해서 대여료를 내고 다른 사람의 나무를 얼른 빌려오는 것일까? 아니면 농부와 소비자, 냉동 포장된 과일과 살아 있는 나무, 인간과 어머니 지구 사이의 끊어진 관계를 다시 잇는 탁월한 방법일까?

벚나무의 다양한 치료적 특성도 과소평가하지 말아야 한다. 헨리 8세가 벚나무의 건강효능을 알리는 최고의 광고가 될 수는 없겠지만 버찌는 통풍과 열, 바이러스 감염 후유증을 고치는 민간요법으로 쓰였다. 아마 비타민과 붉은 안토시아닌이 가득하고 섬유질이 많이 함유되었기 때문일 것이다. 최근에는 연구자들이 산화 방지와 항염증 효과뿐 아니라 비만 방지에도 버찌가 도움이 되는지 연구하고 있다. 일찍이 벚나무 줄기는 기관지염과 빈혈, 설사를 치료하는 약물로 쓰였고 최근에는 아프리카 벚나무 껍질 추출물에 전립선 질환을 치료하는 효능이 있는 것으로 나타났다. 안타깝게도 이 발견 뒤에 껍질이 지나치게 채취된 탓에 이 치료법은 더 이상 쓸 수 없게 되었다. 반면에 버찌씨는 여전히 풍부하며 이제 통증완화 찜질팩에 넣는 속 재료로서 상업적으로 팔린다. 버찌에는 멜라토닌 성분도 많아서 잠자리에 들기 전에 몇 개를 먹으면 푹 잘 수 있다.

벚나무는 건강한 몸뿐 아니라 건강한 영혼과도 항상 연결되었다. 기독교 전통에서 버찌는 천국의 과일이며, 하늘이 덕 있는 삶에 내리는 보상이다. 벚나무의 깨끗한 하얀 꽃이 분명 순결의 상징이 될 만했지만 르네상스 시대 성모 마리아 그림에서 더 자주 등장하는 것은 버찌 열매다. 16세기 이탈리아 화가 카라치의 온화한 그림 〈성모 마리아와 잠든 아이The Virgin and the Sleeping Child〉에서 성모 마리아는 아기가 자는 동안 한 손가락을 자기 입술에 갖다대며 토실토실한 어린 세례자 요한에게 조용히 하라고 이른다. 이 그림에서는 근처 탁자에 놓인 버찌 몇 알이 아기의 신성한 운명을 상징한다. 티치아노의 더 유명한 그림 〈버찌를 든 성모The Madonna of the Cherries〉에서 마리아는 비교적 수수한 버찌 가지를 쥐고 있지만 같은 주제를 그린 레오나르도 화파의 다른 그림에서는 배경 전체에 반짝이는 초록 잎과 더 반짝이는 빨간 열매가 그려져 있다. 스코틀랜드에서 쓰인 오래된 시 〈버찌와 야생 자두The Cherry and the Slae〉에서 영적 순례자는 지상의 야생 자두에 닿는 일이 훨씬 쉽지만 천국의 버찌와 그 버찌가 약속하는 영생에 더 끌린다.

버찌의 신성함을 생각하면 조지 워싱턴에 관한 유명한 일화에 이런 벚나무를 일부러 손상시키는 장면이 있는 게 다소 이상해 보인다. 모든 아이가 아는 이 이야기에서 어린 조지는 아버지가 아끼

티치아노 베첼리오, 〈버찌를 든 성모〉, 1515.

는 벚나무에 도끼질을 했다가 그만 들키고 만다. 이 미래의 대통령은 자신의 죄를 숨기는 대신 용감하게 자백한다. "아버지, 저는 거짓말을 할 수 없습니다." 이 이상한 이야기에서 용감하게 진실을 말하는 행동 앞에 죄 없이 희생된 나무는 재빨리 잊히고 만다. 물론 이 교훈적인 이야기의 또 다른 문제점은 이것이 거의 확실하게 사실이 아니라는 것이다. 요즘 이 이야기는 워싱턴의 초기 전기 작가인 파슨 웜스Parson Weems가 지어냈다고 여겨진다. 그래도 벚나무는 중요한 캐릭터이다. 벚나무의 순수하고 아름답고 유익한 특성 때문에 어린 조지의 파괴 행동이 더욱 충격적으로 보인다. 그냥 다른 '나무'를 베었더라면 그렇게 충격적이지는 않았을 것이다. 벚나무라는 소품 덕에 꽃잎이 눈사태처럼 정원에 쏟아지는, 신성모독에 가까운 끔찍한 장면을 떠올릴 수 있다. 하지만 현대 미국 책들은 대개 이 장면을 묘사할 때 꽃잎보다는 빨간 열매가 폭포처럼 쏟아지는 모습을 그린다.

어쨌든 버찌는 벚나무의 가장 두드러진 특징이다. 거꾸로 된 V자 모양 줄기에 빨간 동그라미 두 개가 달린 모습은 금세 알아볼 수 있는 버찌의 약호가 되었다. 이 약호를 보면 도박장과 해변 상점가가 떠오른다. 버찌가 줄줄이 나오면 대박이다. 종교화에 묘사된 천상의 약속과는 다른 종류의 보상이다.

물론 순수한 벚나무에는 다른 면도 있다. 버찌 무늬 드레스는 축제와 가벼운 연애 분위기를 자아내며, 버찌처럼 빨간 입술은 '이리 와서 놀자'고 유혹하는 듯하다. 노래 짓는 사람들은 잠시 열렸다 떨어지는 탓에 더욱 매력적인 버찌를 노래에 담았다. "버찌가 익었네, 버찌가 익었네." 노점상은 소리를 지르며 "어서 사세요, 어서 사세요"* 하고 오가는 모든 사람을 부추기며 얼른 버찌를 즐기라고 강조했다. 결코 표현에 거리낌이 없는 D. H. 로런스의 《아들과 연인Sons and Lovers》에서는 남자 주인공의 오랜 구애가 위기에 이른 장면에서 주인공이 '주홍색과 선홍색 열매가 무성하게 달린' 벚나무에 오르

●   〈버찌가 익었네〉라는 영국 노래의 후렴에 등장하는 구절.

는 장면이 있다. 주인공 폴 모렐이 '매끄럽고 서늘한 열매'를 한 움큼씩 뜯어내자 버찌들이 그의 귀와 목을 건드렸고 '그들의 차가운 손끝이 번쩍이는 섬광을 그의 피에 전했다.' 버찌는 신성한 사랑을 위한 나무이기도, 세속적인 사랑을 위한 나무이기도 하다. 동그랗게 잘 익은 매혹적인 버찌는 영혼뿐 아니라 감각에도 기쁨을 준다.

체리씨마저도 행복한 결혼을 떠올리게 한다. 아니면 적어도 괜찮은 남편감에 대해 생각하게 만든다. 사람들은 최소 300년 동안 〈땜장이, 양복장이, 군인, 선원Tinker, Tailor, Soldier, Sailor〉이라는 노래에 —또는 변형된 주제로— 맞춰 버찌씨를 셌다.* A. A. 밀른** 은 아이들에게는 다른 직업이 조금 더 흥미 있을지 모른다고 생각했다.

카우보이는 어때?

경찰, 교도소장,

기관사,

또는 해적 두목은?

우체부는 어때? 아니면 동물원 관리인은?

사람들을 통과시켜주는 서커스맨은 어때?

---

* 영국에서, 버찌 타르트나 버찌를 먹고 난 뒤 노래에 맞춰 씨를 세면서 자신의 미래나 남편감을 예상해보는 놀이.
** A. A. Milne. 《곰돌이 푸》를 쓴 영국의 소설가이자 극작가.

20세기 중반에 오래된 직업 목록에 의문을 품었던 사람은 밀른만이 아니었다. 젊은 여성들에게 시대에 맞는 남편감 목록을 제공하기 위해 오래된 동요는 새 단장이 필요했다. '용감한 군인, 진실한 선원, 맵시 있는 항공병, 옥스퍼드 대학생, 유능한 의사, 부목사, 유식한 판사, 너무도 완벽한 대지주'.

독일 공군의 위협에 대응하기 위해 왕립공군기지가 영국 곳곳에 생겨날 때 벚나무도 함께 심겼다. 공군기지와 어울리는 벚나무들은 대개 여전히 군대처럼 가지런히 서 있다. 물론 허리둘레는 더 이상 날씬하지 않고 가로로 난 껍질눈lenticle들도 조금씩 넓어진다. 그래도 벚나무들은 공군기지의 맵시 있는 하얀 연석과 정문에 어울리게 해마다 깃털장식 투구를 쓰고 행진을 벌인다. 이 나무들은 잉글랜드라는 정원에서 무엇이 위험에 처했는지 보여주는 상징으로 심겼을까? 아니면 젊은이들에게 구름 속으로 날아오르라고 격려하기 위해? 그 시절에도 버찌는 천국의 보상을 상징하는 나무로 여겼을까? 아니면 곧 지고 마는 벚꽃의 아름다움이 삶의 지독한 찰나성을 상기시켰을까? 인생은 체리가 담긴 그릇 같은 것일까, 아닐까?* 이것은 실로 오랫동안 우리를 고민하게 만든 질문이다.

---

* '인생은 단지 체리 그릇일 뿐이다Life is just a bowl of cherries'라는 1930년대 대중가요 제목에서 나온 표현으로, 인생은 근사하고 즐거운 것임을 뜻하는 표현이지만 반어적인 용법으로 쓰이기도 한다.

마가목
Rowan

마가목은 정원 전문가들이 추천하는 나무다. 키우기 쉽고, 모든 토양에서 잘 자라며, 손이 덜 가고, 지나치게 크게 자라지도 않는다. 마가목은 모든 계절마다 거의 어느 정원에서나 만화경처럼 변하는 다채로운 색깔로 제 몫을 한다. 크림색 봄꽃에서 연두색 여름잎을 거쳐 주홍색의 환한 열매 송이를 풍성하게 달았다가 진분홍색, 산호색, 심홍색의 가을 장관으로 대단원의 막을 내린다. 새 애호가들도 마가목을 좋아한다. 검은지빠귀와 개똥지빠귀들이 마가목을 무척 좋아해서 새벽의 활기찬 합창을 좋아하는 사람들이 키우기에도 훌륭한 나무다. 그러니 정원 가꾸기를 조언하는 실용적인 안내서와 수업들이 마가목을 '쓸모 있는' 나무라 묘사할 만도 하다.

봄에는 슈퍼마켓에서 작은 마가목을 구입할 수도 있다. 어떻게 심는지 알려주는 안내문과 일반적인 조언뿐 아니라 '작은 정원에 이상적'이라는 글귀까지 들어 있다. 너무나 많은 것을 제공하지만 너무나 적게 요구하는 마가목을 영국과 아일랜드 곳곳의 교외 도로와 정원에서 볼 수 있는 것은 놀랄 일이 아니다. 그보다 더 우리를 어리둥절하게 만드는 것은 아마 이 나무에 붙은 반짝이는 이름표에 대개 '산 물푸레mountain ash'라는 이름이 적혀 있다는 사실이다.

이 단정하고 예쁜 관상수가 우리에게 아무리 친숙하다 해도 마가목의 속칭인 '산 물푸레'에는 야생에서 자라던 조상들의 기억이 담겨 있다. 마가목은 북부 구릉지대 태생이다. 해발 600미터가 넘는 스코틀랜드 고지에 가면 울퉁불퉁한 바위 면을 꼭 붙들고 서 있는 마가목을 여전히 볼 수 있다. 혼자 서 있을 때도 많다. 맑은 겨울 하늘을 배경으로 산등성이에 홀로 서 있거나 광활하고 음울한 산비탈에 홀로 서서 도발적인 열매 송이들과 불타는 듯한 단풍잎으로 시선을 끌기도 한다. 이런 황량한 산 지형이 마가목의 형태를 만들었다. 호리호리한 줄기 끝에서 고르게 퍼져가는 마가목의 가지는 그토록 위태로운 고지대에서 균형을 잡는 데 도움이 되는 듯 보인다. 마가목은 새콤하고 붉은 마가목 열매를 실컷 먹기 위해 가지에 사뿐히 내려앉는 여새나 콩새만큼이나 우아하다.

마가목은 이중의 정체성을 지닌 나무다. 한편으로 마가목은 안전하고 품위 있는 교외 주택지구의 장식물이다. 지저분한 열매들을 빨리 치우기만 하면 이웃의 기분을 지나치게 상하게 할 일은 없다.

하지만 동시에 마가목은 자유로운 영혼이기도 하다. 번쩍이는 선홍색 구슬로 몸을 덮었다가 벗을 때면 진홍색으로 몸을 붉히곤 한다. 셰이머스 히니*에게 마가목은 '립스틱을 바른 소녀처럼' 보였다. 또 이언 크라이튼 스미스**는 아우터헤브리디스Outer Hebrides의 고향을 회상하면서 '이 초록 교구에서 빨간 드레스'를 입은 '순진무구한 마가목'을 묘사했으며, 같은 시에서 '마가목 옆에서 토끼의 목을 핥는 족제비'를 그리기도 했다. 아일랜드 해 양안의 두 시인은 놀랍도록 선명하고 마음을 산란하게 하지만 살짝 불온하기도 한, 이 거칠고 신비스러운 나무의 아름다움에 주목했다.

아일랜드와 스코틀랜드 고지가 공유한 켈트 신화에서 마가목은 신들의 나무이며 마가목의 열매는 천상의 별미다. 옛이야기에 따르면 마가목 열매가 실수로 지상에 떨어져 나무로 자라나서 인간들의 손에 닿게 되자, 신들은 외눈박이 괴물을 보내 나무를 지키면서 다가오는 사람들을 위협해 쫓아내도록 했다. 그러나 이 마가목은 너무나 매혹적이었다. 그러니아 공주***와 데르맛이 사랑에 빠져 핀 막 쿨을 배신했을 때, 데르맛은 공주와 함께 이 신비한 마가목에 몰래 숨어 지내려고 그 괴물을 살해해야 했다. 다른 이야기에서 위대

●   Seamus Heaney. 1995년 노벨문학상을 수상한 아일랜드 시인.
●●   Crichton Smith. 스코틀랜드 시인이자 소설가.
●●●   켈트 신화에 등장하는 영웅 핀 막 쿨의 약혼녀였으나, 핀의 사촌 데르맛에게 반해 함께 도주했다.

한 영웅 쿠 훌린*은 세 마녀가 마가목 꼬챙이로 개를 굽는 모습을 우연히 목격했을 때 다가오는 죽음의 전조를 보았다. 마가목은 조심히 다루어야 하는 나무다. 어떤 힘을 풀어놓을지 두렵기 때문이다.

마가목은 여러 이름으로 불린다. 각 이름마다 매혹적인 암시가 있지만 마가목의 의미를 제대로 담고 있는 것은 하나도 없다. '마가목rowan'이라는 이름은 켈트의 영향이 아니라 스코틀랜드와 북부 지역에 남긴 바이킹의 영향을 떠올리게 한다.** 이것은 고대 노르드어에서 빨강을 뜻하는 '라우드르raudr'에서 온 단어다. 이유는 상당히 분명하다. 발음은 지역마다 다르며 '루언ruan'에서 '로언rowan'과 '로언트리rowan tree'뿐 아니라 '로운트리roan tree' '론트리rauntry' '라운드트리round tree' '랜트리rantry' '라운트리rowntree'도 나왔다. 19세기 이후 단것을 좋아하는 소비자들이 라운트리Rowntree*** 제품 덕에 누린 기쁨은 핀치새들이 그 제과업체의 어원적 조상인 마가목 덕택에 누린 기쁨 못지않다. '라운드트리'라는 이름은 마가목의 동그란 장밋빛 열매와도 어울리지만 매끈하고, 종종 완전히 동그래서 손으로 한번 잡아보고 싶어지는 마가목 줄기와도 어울린다. 앤드루 맥닐리는 자신의 시 〈마가목〉에서 교외의 어느 정원에서 마가목의 줄기를 손으로 감싸 쥐었을 때 떠오른 머나먼 섬들의 산악지대가 사무치

●   아일랜드에 전해지는 켈트 신화에 나오는 영웅으로, 수많은 전설 속의 주인공이다.
●●   8세기 말 영국 제도를 침략하기 시작한 바이킹들이 사용했던 고대 노르드어는 영어에 많은 흔적을 남겼다.
●●●   요크에 본사를 둔 영국의 초콜릿 회사로, 킷캣 같은 초콜릿 바로 유명하다.

게 그립다고 노래했다.

'산 물푸레'는 북부 구릉지대의 유산을 떠올리게 하는 이름이지만 요즘에는 더 평평한 지역인 남부에도 마가목이 워낙 흔해져서 부적절한 이름처럼 들린다. 게다가 마가목은 물푸레와 관계가 없다. 두 나무의 깃털 모양 잎이 비슷한 까닭에 혼동이 일어난 듯하다. 마가목 잎은 물푸레 잎만큼 대칭적이지는 않지만 가운데 잎줄기에서 작은 잎들이 연달아 펼쳐지는 모습이 닮기는 했다. 하지만 두 나무는 종이 서로 다르다. 물푸레나무의 속명은 프락시누스*Fraxinus*이고 마가목의 속명은 소르부스*Sorbus*이다. 혼동은 과거에도 꽤 있었다. 갈피를 못 잡은 식물학자들이 마가목을 배나무, 사과나무와 함께 배나뭇속*Pyrus*으로 분류한 적도 있었다. 현재 마가목의 라틴명은 소르부스 아우쿠파리아*Sorbus aucuparia*다. 아우쿠파리아는 새잡이를 뜻한다. 맛있는 즙이 많은 마가목 열매 때문에 붙여진 이름이다. 몇몇 지역에서 마가목은 '새 사냥꾼의 서비스 나무Fowler's service tree'로 널리 알려져 있고, 비슷한 이유로 독일에서는 포겔비어바움*Vogelbeerbaum*(새들의 열매 나무)이라 불린다.

잉글랜드 남서부에서 마가목은 퀵빔quickbeam, 퀴큰quicken, 퀵베리quickenberry, 퀴큰빔quickenbeam이라 불리는데 모두 산이나 새와는 아무 관계가 없는 표현이다. 퀵빔은 게르만어에 뿌리를 둔다. 이 표현은 옛 앵글로색슨 잉글랜드에서 마가목이 생명과 살아 있음, 곧 '퀵quick'과 연결되었음을 보여준다. '퀵'은 '산 자와 죽은 자the quick and the dead'라는 표현으로 여전히 우리에게 친숙하다. 색슨인들은 퀵빔을 불모의 땅을 치유하는 부적처럼 썼다. 독일의 민속 전통에서 생명력을 상징하는 마가목으로 소를 축복했던 것처럼 말이다. 마가목의 핏빛 열매와 심홍색 잎은 햇빛이 희미해지고 밤이 길어지는 음울한 가을날을 생명의 약속으로 붉게 물들인다.

어린 마가목은 쑥쑥 잘 자라기 때문에 참나무처럼 느리게 자라는 나무의 묘목을 보호하기 위해 키우기도 했다. 이처럼 묘목을 보호하는 특성도 생명과 보호를 상징하는 마가목의 명성에 도움이 됐을 것이다. 게다가 마가목에는 열매도 열린다. 마가목 열매는 눈으로 보기에도 활기차 보일 뿐 아니라 양치할 때 쓰면 인후염과 편도염을 치료하는 효과가 있고, 괴혈병 예방과 치질 치료에도 효과가 있다. 마가목 열매는 톡 쏘는 맛이 강한 데다 구연산과 천연당이 가득하다. 마가목은 스스로 생명으로 가득 찬 동시에 생명을 지켜준다. 마가목 열매를 모아 요리에도 쓴다. 타르트를 만들기도 하고 빨간 젤리로 만들어 고기와 함께 먹거나 말려서 가루로 만든다.

마가목 열매를 발효시키면 술이 된다. 웨일스 사람들은 비밀 양조법에 따라 마가목 열매로 특별한 맥주를 만든다. 이 비밀 양조법의 원조는 마거릿 그리브가 그녀의 훌륭한 저서 《현대 약초*Modern Herbal*》에서 알려준 것처럼 안타깝게도 이제 사라져버렸다. 이보다 훨씬 강한 술로는 북유럽의 술들이 있다. 덴마크의 마가목 슈냅스와 폴란드의 마가목 보드카 같은 술이다. 이런 술의 비결은 마가목 열매가 잘 익었을 때 따는 것이다. 첫 서리가 마가목 열매의 알알하고 시큼한 맛을 누그러뜨린 다음에 따서 언 상태로 놔두었다가 알코올에 담가 어두운 곳에 둔다. 연붉은 마가목 슈냅스 한 잔이면 춥고 긴 긴 북유럽의 겨울날에도 심장이 세차게 뛴다.

그러나 퀵빔이라는 이름은 아마 마가목의 다른 특징에서 나왔을 것이다. 마가목의 섬세한 가지에서 부드러운 초록 이파리들이 가느다란 손가락처럼 쉼 없이 흔들리는 모습은 언제나 생명을 떠올리게 한다. 이처럼 이파리가 흔들리며 내는 들릴 듯 말 듯한 소리는 또 다른 속칭을 낳았다. 바로 '속삭이는 나무the whispering tree'라는 이름이다. 이런 이름은 더 거칠고 외진 환경 못지않게 교외 주택지구에 자라는 마가목에도 적절하다.

마가목을 보면 첫눈에 들어오는 것 말고도 또 다른 특징이 있다. 이는 마가목을 일컫는 다른 이름들 —'위첸witchen' '위큰wicken' '위근wiggen' '위치우드witchwood'— 에서 분명하게 드러난다. '위큰'은 아마 '퀴큰'이 잘못 전해져서 굳어진 표현인 듯하지만 '위첸'과 '위치우드'라는 이름은 신비롭고 초자연적인 힘을 암시한다. 켈트 지역에서 마가목은 마법사의 나무다. 어두운 힘을 발휘하는 사악한 도구로 여겨졌다는 말이 아니다. 오히려 마가목이 악으로부터 사람을 보호해준다고 여겼다. 스코틀랜드와 아일랜드에서는 초자연적인 힘의 위협으로부터 가족을 보호하기 위해 집 가까이에 마가목을 심었다. 일찍이 웨일스에서는 교회 묘지마다 마가목을 심었는데 죽은 이의 영혼이 이 세상에 남아 산 사람들 곁에서 서성대는 걸 막고 저승길을 가도록 돕기 위해서였다.

18세기 말 영국 나무들이 자라는 장소를 연구했던 윌리엄 길핀은 스톤 서클* 주변에 마가목이 있을 때가 많다는 사실에 주목했다. 아마 이런 사실 때문에 마가목이 오래전 드루이드 문화와 관련 있다는 믿음이 생겼을 것이다. 하지만 스톤 서클 주변의 마가목들은 훨씬 최근에 심겼을 가능성이 높다. 마가목은 수천 년을 살지 않는다. 그러니 선사시대 유적에 드문드문 보이는 마가목들은 상대적으로 신참임이 틀림없다. 어쩌면 여러 세기에 걸쳐 자연스럽게 씨를 계속 뿌렸을 수도 있지만 에이브버리Avebury나 그레이트 롤라이트Great Rollright, 캐슬리그Castlerigg**에 혹시라도 남몰래 남아 있을지 모를 고대의 초자연적 힘을 걱정하는 사람들이 심었을 것이다.

마가목이 사악한 힘을 막아준다는 믿음이 한때 얼마나 널리 퍼졌는지는 오래된 스코틀랜드 동요에서도 드러난다. "마가목과 붉은 실은 마녀들을 온통 겁에 질리게 해"라는 구절도 있고, 살짝 변형된 "마가목과 붉은 실은 마녀들을 꽁무니 빼게 해" 같은 구절도 있다. 훗날 잉글랜드 왕 제임스 1세가 된 스코틀랜드 제임스 6세의 많은 관심사 가운데는 마법도 있었다. 그는 자신의 연구서 《악마학

-       stone circle. 거대한 돌을 둥글게 줄지어놓은 고대 유적으로, 주로 서유럽에서 발견되며 환상열석이라고도 불린다.
-      에이브버리, 그레이트 롤라이트, 캐슬리그는 모두 스톤 서클 유적이 있는 곳이다.

Daemonology》에서 마가목 잔가지를 다양한 소지품에 달아서 악마의 눈을 물리치는 데 자주 쓴다고 기록했다. 이는 오랫동안 지속된 관행이었다. 마가목 가지를 벽난로 위 선반과 상인방에 붙여두기도 했고, 아이와 젊은 여인들은 마가목 열매를 꿰어 목걸이를 만들기도 했다. 농부의 가족과 말, 심지어 가축들까지 마녀로부터 해를 입을 위험이 무척 크다고 여겨지는 시기에는 마가목으로 만든 장식 고리를 달기도 했다. 이를테면 오월제 전야나 하지와 동지, 춘분과 추분처럼 켈트 달력에서 위험한 과도기로 여겨지는 날들이다.

정원에 심은 수호자는 가족과 함께 자라며 여러 세대를 평화로운 안정감으로 결속시켜주었다. 민요에도 이런 고마움이 잘 드러나 있다.

오! 마가목, 오! 마가목
너는 내게 늘 소중하리.
집과 어린 시절의
많은 매듭이 네게 엉켜 있지.

캐럴린 올리펀트*가 쓴 이 민요는 매일 기도하고 찬송가를 부르는 독실한 가정에 위안을 주는 마가목이 불어넣은 '신성한 생각'을 회상한다. 마가목으로 만든 십자가를 걸고 다니는 관습에는 민속 신앙과 기독교가 뒤엉켜 있다. 언제 닥칠지 모를 위험에 두 겹으로 대비하는 셈이다.

마가목이 사람들을 보호해준다는 믿음 때문에 마가목은 요람과 지팡이 재료로도 자주 쓰였다. 가족 중 가장 힘없는 구성원에게 더 많은 도움을 주려는 마음에서다. 마가목 목재는 단단하고 탄력이 좋아 작은 돛단배의 돛대로 안성맞춤이다. 이런 실용적 장점은 마가목이 사람들을 보호해 안전한 항해를 보장하리라는 희망으로 더욱 강조됐다. 젖소들은 특히 사람들이 걱정하던 또 다른 대상이었다. 그

●   Caroline Oliphant. 18세기에 활동한 스코틀랜드 시인으로, 스코틀랜드 민요를 수집하고 가사를 다듬었다.

마가목

래서 사람들은 버터를 만들 때 마가목으로 만든 도구로 우유를 젓기도 했고, 마녀의 저주를 막을 수 있도록 우유통을 마가목으로 만들거나 우유통에 마가목을 묶어두기도 했다. 옛날에는 비상하게 손재주가 좋은 마녀가 소털로 만든 밧줄을 교묘하게 사용해서 다른 사람의 젖소에서 우유를 훔쳐 자기 치즈를 만든다는 두려움까지 있다. 이런 도둑질을 막기 위해 외양간 위에 붉은 실로 마가목 잔가지를 매달아놓기도 했다.

마가목을 둘러싼 민속 전통은 대부분 이런 전통을 흥미롭게 여긴 관찰자들의 기록으로 전해진다. 그런데 이들은 이런 전통을 이상하고 조금 우스꽝스럽고 촌스러우며 완전히 고루한 관습으로 묘사할 때가 많다. 농사법에 대한 기념비적인 연구서《스코틀랜드 통계보고서The Statistical Account of Scotland》에서 울브스터의 존 싱클레어 경은 커쿠브리Kirkcudbright 근처 소 농장에서는 요정을 막기 위해 마가목을 사용한다고 기록했다. 싱클레어 경은 이런 관습을 미신이 지배하던 어두운 시대의 안타까운 잔재로 여겼으며, 근대 계몽주의와 실용적인 농업 개선의 결합으로 인해 사람들 기억 속에서 곧 흐릿해질 거라 생각했다. 그는 근대화를 진심으로 소망했다. 마녀 재판의 여파에 시달리던 시대에 살던 그가 흑주술에 대한 의혹을 왜 그토록 바람직하지 않게 여겼는지는 쉽게 이해할 수 있다. 하지만 그만큼 알아차리기 쉽지 않은 것은 오래된 공동체와 개혁자들의 문화적 언어 사이에는 거리가 있다는 사실이다. 부모 세대에서 자녀 세대로 전해지는 전통은 그것을 가장 잘 이해하는 사람들의 손으로 기록되지 않을 때가 많다. 결국 전통의 진짜 의미를 잘 이해하지 못하는 사람들의 언어로 기록된다. 공동체 바깥의 사람들이 마가목을 둘러싼 믿음에 미소를 지으며, 늙은 아낙들의 이야기로 조롱하기란 쉽다. 하지만 우리가 들을 준비가 되어 있지 않을 때에도 나무는 우리에게 여전히 이야기를 들려준다.

젖소의 젖통에 있는 우유가 도둑맞을지 모른다는 걱정은 사실 누군가 밤사이 차에서 휘발유를 빼돌리거나 내비게이션 장치를 훔쳐갈지 모른다는 요즘 사람들의 걱정과 그다지 다르지 않다. 못된 이웃을 두려워하거나 매일 보지만 잘 알지 못하는 얼굴 뒤에서 어렴풋한 악의를 느끼는 일도 전혀 새롭지 않다. 어둠 속에서 벌어질 수도 있는 일의 구체적인 모습은 다르겠지만, 미지의 위협이 불안할 만큼 가까이 도사리고 있다는 느낌만큼은 다르지 않다. 갓 태어난 아기나 더 이상 스스로를 돌보지 못하는 가족을 걱정하는 것이 잘못은 아니다. 아기방 경보시설이나 비상 단추도 없고, 최악의 사고가 일어나도 응급 서비스조차 없는 사회에서 안전하다는 느낌을 조금이라도 바라는 마음을 이해하기란 어렵지 않다. 대규모 재앙이나 예상치 못했던 작은 사고도 다양한 감정을 강렬하게 자극하는 법이다. 하지만 이미 일어난 재앙이나 사고를 이해하고, 원인이나 설명을 찾는 욕구도 안전을 되찾으려는 중요한 욕망에 속한다.

마녀에 대한 두려움은 미지의 것에 대한 두려움이나 예상치 못했던 사고에 대한 분노를 표현하는 방법이기도 하다. 그렇다면 마가목은 옛 사람들에게 일종의 보험이자 고소를 위한 증인인 셈이다. 옛날 사람들은 온갖 나쁜 일을 막는 예방책으로 마가목을 심었다. 이는 그들이 주변의 위험을 예리하게 알고 있었으며, 그에 대비해 보호막을 세우려는 무척이나 인간적인 욕구를 지녔음을 보여준다.

메리언 맥닐*은 스코틀랜드 민속을 호의적으로 연구한《은가지 *The Silver Bough*》에서 마가목과 관련된 많은 믿음을 기록했다. 무엇보다 인상적인 구절은 마가목이 막지 못했던 위험—마녀가 아니라 '더 나쁜 적'—에 대해 쓴 부분이었다. 마름, 곧 토지 관리인 말이다. 그들의 목적은 가장 척박한 땅에서 최대의 이윤을 뽑는 것이다. 스코틀랜드 고지대에서 거대한 양떼를 키울 자리를 내주기 위해 소규모 자작농들이 쫓겨났다. 개혁을 부르짖는 이른바 계몽된 지주들이 사육하는 양떼였다. 지역 주민 수천 명이 집과 외양간, 그들을 수호하던 나무를 두고 다른 지역으로 떠나야 했다. 메리언 맥닐은 "스카이부터 앵거스까지 버려진 많은 골짜기에서, 지붕이 떨어진 오두막 곁에 마가목이 가련하게 서서 가을마다 얼굴을 붉힌다. 아마도 스코틀랜드 역사에서 가장 어두운 오점이라 말할 수 있는 것에 대한 수치심으로"라고 썼다.

마가목의 보호를 바라는 소망 —그리고 마가목이 충분히 보호해

• Marian MacNeill 스코틀랜드의 민속학자로, 《은가지》《스코틀랜드의 부엌 *The Scots Kitchen*》 등의 저서를 남겼다.

주지 못하리라는 두려움— 때문에 사람들은 이 신묘한 나무를 집에서 무척 가까운 곳에 심었다. 지금 우리는 스코틀랜드 시골의, 지금은 폐허가 된 오두막에 살던 사람들과 똑같은 위협을 경험하지는 않지만 누가 사는 세상이든 저마다 공포가 있는 법이다.

테리사 브레슬린●은 카네기상●●을 수상한 어린이 책《묘지의 속삭임Whispers in the Graveyard》에서 마가목을 둘러싼 오래된 믿음을 끌어온다. 마가목을 둘러싼 옛 믿음이 외로운 어린 화자 솔로몬을 통해 놀랄 만큼 현대적인 의미를 띠게 된다. 솔로몬은 읽기 장애가 있지만 난독증 판정을 받지는 못했다. 그는 자신을 짜증스럽게 여기는 인정 없는 선생들로부터 매일 굴욕을 당하며 견뎌야 했다. 그에게 '집'은 부재중인 어머니를 그리워하고 알코올 중독인 아버지의 행패를 피해 달아나야 하는 곳을 뜻한다. 솔로몬의 유일한 피난처는 버려진 교회 묘지다. 그곳의 오래된 마가목 옆에는 말없는 무덤이 가득했다. 이야기는 마가목을 뽑기 위해 도착한 지방의회 직원들로부터 시작된 공포를 탐색한다. 그 뒤 이어지는 줄거리는 마가목이 악을 막는다는 민간신앙에 의존하지만 이 현대판 마가목 이야기의 핵심은 두려운 세상에서 안전한 장소를 찾는 어린아이의 기본적인 욕구다. 소년의 곤두선 감각이 상상의 공간을 열고, 그곳에서 요즘

●   Theresa Breslin. 스코틀랜드 출신의 아동문학가.
●●   앤드루 카네기를 기리는 아동문학상으로, 매년 영국에서 출판된 아동·청소년 도서 중에서 선정한다.

삶의 일반적인 관점과는 다른 언어가 되살아나 그렇지 않고서는 말하여질 수 없는 진실을 보여준다. 지극히 현대적인 배경 속에서 마가목이 우리를 보호해주리라는 옛 소망이 버림받은 아이의 끔찍한 경험과 무력함을 표현한다.

새 집으로 이사하면서 마가목을 심고 싶은 마음을 미신이라고, 시대에 뒤떨어졌다고 생각할 사람도 있겠지만 사실 이런 생각은 안전한 장소를 바라는 기본적인 욕망의 합리적 표현일 뿐이다. 그러니 도시의 거리와 주택 단지에 심긴 관상용 마가목들도 따지고 보면 외딴 스코틀랜드 구릉지대의 야생 마가목들과 그리 멀리 떨어져 있지 않다. 분명 모든 사람이 은밀한 안식처 같은 것을 바라지 않을까? 우리를 위협할 만한 것이 없고 모든 것이 충만하며 소중하게 보살핌을 받는 곳, 아이들이 놀 수 있는 곳, 연인들이 만날 수 있는 곳, 할아버지 할머니가 볕을 쬐며 앉아 있을 수 있는 곳 말이다. 마가목을 뽑아서 이런 장소를 위험에 빠트리고 싶은 사람이 누가 있을까?

올리브나무
Olive

내가 이제까지 본 가장 큰 올리브 열매는 진토닉 잔에 띄워진 것이 었다. 유리잔과 기억 속에서 더 커졌는지도 모르지만 그 올리브는 분명 내 마음에 남아 그 뒤 모든 올리브를 평가하는 초록 기준이 되었다. 물론, 그 화려하고 반짝이는 달걀 같은 올리브는 이탈리아 올리브였다.

나는 언니 결혼식을 위해 며칠간 머물던 토스카나의 오래된 도시 산세폴크로에서 그 올리브를 보았다. 그 뒤 크기와 모양, 연령, 원산지가 다양한 올리브를 영국의 슈퍼마켓에서도 흔히 볼 수 있게 됐지만 1980년대 학생이던 내게 올리브란 뚜껑을 돌려서 닫는 병에 염장 보관되었다가 다소 축 늘어진 채로 등장하는 과일이었다. 진에 담긴 그 토스카나 올리브는 내게 국제도시다운 세련됨의 상징이 되었다. 나는 그 올리브를 본 순간 내 삶이 결코 예전과 같지 않으리라는 것을 알았다. 요즘에는 올리브를 무척 쉽게 구할 수 있다. 그러나 지금도 그 즙 많은 과육과 미묘하면서도 고집스러운 맛에는 여전히 나를 홀리는 무엇인가가, 남쪽의 따뜻하고 낯선 기운을 전하는 무엇인가가 있다.

회청색 줄기에 홀쭉한 이파리가 달린 올리브나무에 둘러싸여 사는 지중해 지역 사람들에게는 흔한 나무로 보일지 몰라도, 올리브나무는 지중해 문화에 오랫동안 혜택을 주었다. 그리스의 화산섬 산토리니에서 발견된 가마솥에 남은 올리브 꽃가루 화석을 보면 올리브나무가 4만 년쯤 전에 그곳에 있었음을 알 수 있다. 물론 재배용 올리브나무(올레아 에우로파이아Olea europaea)는 메소포타미아에서 유래했다.

올리브나무는 천천히 자라지만 환경만 맞으면 꾸준히 자란다. 마른풀 위에서 볕을 쬐는 거북처럼 올리브나무는 서두르지 않는다. 올리브나무는 타는 듯한 열기와 목마른 토양을 견뎌낼 수 있는 나무다. 더 작은 식물들은 시들어 죽을 수도 있는 곳에서 언제나 푸르른 올리브는 눈부신 햇살을 들이마시며 섭씨 40도가 넘는 기온에서도 잘 자란다. 에스파냐에서 시리아까지, 터키에서 튀니지까지 흙먼지 날리는 산비탈에 은초록 올리브 숲이 점점이 퍼져 있다. 올리브나무는 지중해 지역과 서남아시아 지방에서 기적의 나무다. 건조한 땅에서 과일과 잎, 목재, 풍부한 기름을 생산한다.

고대 그리스 문명은 올리브나무와 함께 자랐다. 올리브나무는 지혜의 여신 아테네에게 봉헌된 나무다. 파르테논 신전의 페디먼트*에 조각된 형상으로 알 수 있듯 도시 아테네의 신화적 토대는 아테네 여신이 심은 한 그루 올리브나무에서 시작된다. 아테네 여신은 작은 씨앗 하나에서 좋은 것들이 풍요롭게 솟아날 수 있다는 것을 증명해 경쟁 상대인 바다의 신 포세이돈을 지혜로 이겼다.

이 신화를 보면 고대 사회에서 올리브나무가 얼마나 중요한 자리를 차지했는지 짐작할 수 있다. 올리브나무는 사람들에게 식량과 목재, 땔감을 제공했다. 고대 그리스의 올림픽 경기에서 겨루었던 운동선수들은 요즘 기능성 운동복을 입은 건장한 선수들보다 날렵했다. 올리브오일 말고는 아무것도 거추장스럽게 걸치지 않았기 때문이다. 가장 빠르고 가장 강한 (그리고 경기가 끝날 무렵이면 아마 가장 땀을 많이 흘린) 선수에게는 야생 올리브나무, 올레아 올레아스테르*Olea Oleaster*의 나뭇잎을 엮어 만든 관이 머리에 씌워졌다.

아테네 여신의 나무는 호메로스의 시에서도 중요한 역할을 한다. 오디세우스의 기나긴 귀향길은 끊임없이 방해물에 부딪히지만 중요한 순간에 신성한 올리브의 도움으로 일이 순조롭게 풀린다. 강물에서 몸을 씻는 나우시카와 시녀들을 만나는 일화에서도 벌거벗은 몸

* pediment. 고대 그리스 건축에서 건물 입구 위의 삼각형 부분. 파르테논 신전의 서쪽 페디먼트에는 지혜의 여신 아테네와 바다의 신 포세이돈이 아테네의 수호신 자리를 놓고 경쟁하는 모습이 새겨져 있다.

에 올리브유를 듬뿍 바르는 장면이 등장하지만 올리브나무가 오디세우스와 부하들을 진짜 구원한 일화는 거대한 외눈박이 괴물 폴리페모스*의 동굴에서였다. 오디세우스는 폴리페모스에게 잡아먹히지 않으려고 이 거인의 큼직한 올리브나무 몽둥이를 들어올려 빨갛게 달아오를 때까지 불에 달군 다음 그의 눈을 찔렀다. 이 생생한 이야기는 신의 관심을 끌었을 때 어떤 혜택과 불운이 따르는지 잘 보여준다.

마침내 고향 이타카에 도착한 오디세우스는 20년 전 그가 배를 타고 떠날 때와 거의 변함없이 서 있는 기다란 잎사귀의 오래된 올리브나무를 항구 입구에서 본다. 이타카의 그 신성한 나무 아래에서 오디세우스는 자신의 왕국과 왕비를 되찾을 계획을 세운다. 그리고 오디세우스가 왕비 페넬로페의 구혼자들을 처치한 뒤에 페넬로페와 궁극적으로 화해하게 도와주는 것도 오래된 올리브나무였다. 오디세우스는 인내심 있게 그를 기다렸지만 언제나처럼 조심스러운 아내에게 자신들의 침상의 비밀을 이야기했을 때야 비로소 자신이 진짜 오디세우스임을 증명할 수 있었다.** 오래전 오디세우스가 한 그

- Polyphemos. 외눈박이 거인족 키클롭스들 중 한 명으로, 포세이돈의 아들. 오디세우스는 폴리페모스의 눈을 멀게 한 탓에 포세이돈의 노여움을 사서 귀향길이 더욱 험난해졌다.
-- 고향으로 돌아온 오디세우스를 처음 대면한 페넬로페는 그가 진짜 오디세우스인지 시험하기 위해 오디세우스의 유모 에우리클레이아에게 침상을 방밖에 내다놓으라고 말한다. 이를 들은 오디세우스는 그 침상은 뜰에 서 있는 올리브나무를 기둥 삼아 자신이 직접 만든 것이므로 아무도 옮길 수 없다고 답하여 자신이 진짜 오디세우스임을 증명한다.

루 올리브나무 둘레에 왕궁을 지을 때, 그는 직접 그 올리브나무의 잎을 쳐내고 몸통을 다듬어서 침대 기둥으로 삼은 뒤 금과 은으로 마감해서 침대를 만들었다.

상쾌한 향을 풍기며 목공 선반에서 가공하기 쉬운 특성 탓에 올리브 목재는 목수들에게 매력이 있다. 올리브 목재는 색깔이 독특하며, 조약돌 같은 옹이에서부터 번져가는 짙은 갈색 물결 덕택에 보기 드물게 유동적인 느낌을 준다. 나이 든 올리브나무에서 잘라낸 매끄러운 나무 조각은 소용돌이로 빨려 들어가는 비밀의 문처럼 보인다. 표면은 움직임 하나 없이 고요하지만 내부에서 왕성한 에너지가 느껴진다. 이 금빛 물결에 주의 깊게 귀 기울이는 능숙한 조각가는 자연의 움직임으로 반짝이는 작품들을 조각해낸다. 올리브나무는 솔로몬 성전에서 성소의 문을 만들기 위해 선택된 목재였고, 가장 신성한 장소인 지성소*를 지키는 한 쌍의 게루빔**을 만드는 데도 쓰였다.

고대 지중해 지역에서 올리브나무의 가장 소중한 특징은 기름 생산이었다. 제라드 맨리 홉킨스***는 하느님의 위엄을 묘사할 표현을 찾으려 애쓰면서 신의 영광이 '눌리어 / 스며 나오는 기름처럼, 위대함으로' 모인다고 묘사했다. 그러나 그의 상상력은 고전과 종교

-    sanctuary. 구약성경에 따르면 솔로몬 성전에서 언약궤가 보관된 장소.
- ● ●   cherubim. 날개를 가진 천상의 존재로, 가톨릭에서는 천상에 속하는 아홉 천사 중 두번째 지위에 있는 '지품천사'로 불린다.
- ● ● ●   Gerard Manley Hopkins. 19세기 영국의 시인.

의 세례를 받은 것이었다. 그가 묘사한 비단 같고 매끄럽고 완전히 순결한 물질은 그리스와 로마의 신들을 경배할 때 제물로 바치거나 전사와 사제들에게 흠뻑 부었던 기름이다.

올리브나무는 이슬람 세계에서도 신성하다. 올리브 열매에서 생산되는 반투명한 금빛 기름은 알라신의 신성한 빛을 반영한다고 여겨졌다. 이런 믿음은 올리브유를 반짝이며 통과하는 햇빛이나 올리브유 램프의 밝은 불꽃 때문에 생겼을 것이다. 기독교의 신약성경에서도 천천히, 꾸준히 타오르는 올리브유 램프의 불꽃은 신성의 상징이나 신앙인들의 인내심 있는 준비에 대한 상징으로 쓰인다. 지혜로운 처녀와 어리석은 처녀 우화*에는 그리스도의 도래를 준비하며 등잔에 기름을 가득 채운 처녀들과 기름을 채우지 않은 처녀들이 등장한다.

올리브유는 무척 쉽게 타고 환하게 탄다. 나는 컵에 올리브유를 조금 붓고 판지 조각 하나를 말아서 가운데 세운 적이 있다. 놀랍게도 판지는 금방 환해졌고 올리브기름을 빨아올리며 매우 예쁜 하늘빛 불꽃을 내뿜었다. 용기를 얻은 나는 그 불꽃 위에 임시변통으로 만든 유리갓을 씌우려 하다가 그만 불꽃을 꺼뜨리고 유리갓을 그을렸으며 손가락을 뎄다. 이런 작은 사고가 있긴 했지만 온기와 빛을 넉넉하게 제공하는 올리브나무가 축복으로 여겨지는 이유를 쉽게

*　신약성경 마태복음에 나오는 우화. 열 명의 처녀가 등잔을 들고 신랑을 맞으러 갔으나, 기름을 준비하지 못한 어리석은 다섯 처녀는 신랑을 맞지 못했다는 이야기다.

이해할 수는 있었다.

고대의 금빛 액체인 올리브유는 크노소스와 카르타고의 금고를 가득 채웠을 뿐 아니라 로마 팽창의 원동력이었다. 상인이나 군대가 가는 곳마다 올리브나무가 함께 갔다(물론 로마 제국의 북쪽 끄트머리는 태양을 사랑하는 올리브 숲에 맞지 않았다). 올리브 재배는 고대 그리스 로마 세계의 가장 위대하고, 가장 오래 남은 유산에 속하며 여전히 남부 유럽의 경제에서 무시 못 할 부분을 차지한다. 세계 최대의 올리브 생산국은 에스파냐지만 이탈리아와 그리스, 터키, 모로코도 세계 올리브 시장에서 중요한 몫을 차지한다.

지중해 지역 도처에 줄지어 반듯하게 정리된 광활한 올리브농장은 그들의 로마 선조를 떠올리게 한다. 물론 유연하고 작고 어린 올리브나무의 삐져나온 잎이 규칙적인 대형을 흩트리는 바람에 군대 행진보다는 줌바댄스* 강습생들과 더 닮아 보인다. 크로아티아의 올리브 숲에는 비스듬하니 귀여운 지붕에 작은 문이 달린, 골무 같은 조그만 석조 건축물이 흩어져 있다. 요즘 사람들의 기억에서 사라진 은둔자나 지혜로운 여인, 어쩌면 신화적 존재의 집이 아닐까 상상하기 쉽다. 그러나 '카주니kazuni'라 불리는 이 건물들은 농작물 창고로, 수천 년간 그 모습이 그리 변하지 않았다. 전설에 따르면 단테가 크로아티아를 여행할 때 이런 건물들 가운데 한곳에서 잠을 잤

●　　Zumba, 라틴 음악에 맞춰 춤을 추는 다이어트 댄스.

다고 한다. 아드리아 해 건너 남부 이탈리아에는 조금 더 특이한 원형 건물이 오래된 올리브 숲에 둘러싸여 있다. 마법사 모자 같은 지붕이 덮인 이 건물은 '트룰리trulli'라 불리는데, 은색 머리를 얹고 줄기에 주름진 올리브나무들과 완벽하게 어울린다.

10월과 11월 사이에 벌어지는 올리브 수확은 지중해 지역에서 여전히 큰 행사다. 초록 올리브는 익기 전에 먼저 수확한다. 몇 주더 나무에 남겨둔 올리브들은 붉은 포도주처럼 색이 짙어진다. 이렇게 가을 햇살에 부드러워지고 단맛이 살짝 깃든 짙은 자주색 올리브로는 올리브유를 만든다. 에스파냐산 올리브가 많이 수확되는 안달루시아에서 올리브기름을 만들 때 잘 쓰는 품종은 끄트머리가 점점 가늘어지는 피쿠알Picual 올리브다. 많은 지역에서 최상품 올리브는 열매에 상처가 나는 걸 막기 위해 특수 고안된 그물과 바구니를 써서 여전히 손으로 수확한다. 물론 지독히 노동집약적인 일이고 어쩌면 시대에 뒤처진 듯 보이지만 농부들이 올리브 숲에 아낌없이 정성을 쏟아붓는 데는 현실적이고 경제적인 이유가 있다. 고대 로마의 권위자들은 농부들에게 나무를 두드리지 말라고 권고했다. 종교적 이유 때문이 아니라 그렇게 서둘러서 거칠게 다루면 이듬해 작황이 줄어들지도 모르기 때문이었다. 천천히 자라는 올리브나무에서 최선의 결과를 얻으려면 장기적 사고가 필요하다. 그런데도 몇몇 농부들은 진동기계를 써서 올리브 열매가 우수수 떨어지게 만들기도 한다.

올리브는 소금물에 저장했을 때 가장 잘 보존된다. 하지만 담그는 시간은 지중해 지역마다 다르다. 덜 익은 초록 올리브는 씁쓸한 맛을 내므로 나뭇재를 푼 물에 미리 담가둬야 한다. 그리스에서 생산되는 즙이 많은 칼라마타 품종 같은 검은 올리브는 대개 식초에 담그거나 말려서 염장한다. 올리브유를 만들려면 열매를 곤죽이 되게 으깬 다음 짜야 한다. 이 과정에서 기름이 물 같은 액체와 분리되면서 생 올리브에 남아 씁쓸한 맛을 내는 글루코시드가 제거된다. 요즘 방앗간은 일을 신속하고 효과적으로 하기 위해 증기 롤러를 쓰지만 여러 세기 동안 돌로 만든 큼직한 연자방아로 올리브를 으깼다. 노새가 압착기 주위를 천천히 돌며 방아를 돌리는 것이다. '버진 올리브유virgin olive oil'는 기름을 짜는 과정에서 아무것도 첨가하지 않았다는 뜻이고, '엑스트라 버진 올리브유'는 산도가 가장 낮고 품질이 가장 좋은 것을 뜻한다.

지중해 요리는 올리브와 거의 같은 말이다. 지중해 어디에서나 흔하게 얻을 수 있는 맛 좋은 올리브유가 샐러드와 케이크와 빵, 튀기거나 구운 요리에 고유한 맛을 더한다. 올리브 열매도 무척 여러모로 쓰인다. 빵에 넣어 굽기도 하고, 브루스케타* 위에 바르는 반죽에도 넣고, 피자에도 뿌리고, 피망 구이에 속을 채울 때도 쓰고, 칵테일에도 띄운다. 지중해의 따뜻한 태양과 스트레스를 덜어주는

●　　　bruschetta. 바삭하게 구운 빵에 올리브 반죽을 바르고 마늘 등의 토핑을 얹어 먹는 음식.

한낮의 시에스타가 어떻게 장수에 도움이 되는지 이해하기란 어렵지 않다. 하지만 한편으로는 지중해식 생활방식하면 떠오르는 좋은 건강은 지중해 지역 곳곳에 있는 올리브나무의 직접적인 영향일지도 모른다. 올리브유는 단일불포화지방산의 자연적 원천으로 콜레스테롤과 혈압을 높이기보다는 낮춰주며 항산화물질이 차고 넘친다. 심장병과 뇌졸중, 심지어 특정 암의 위험도 올리브유가 풍부한 식단으로 줄일 수 있다. 또한 귀지에도 놀라운 처치법이다. 조금만 사용해도 금방 귀를 깨끗하게 하고 청력을 개선하는 데 도움이 된다.

올리브나무는 건강과 장수를 상징하며 든든한 안정감으로 지중해 지역을 에워싼다. 긴 생명과 말없는 안정감이 이 친숙한 나무들로 구현된 듯 보인다. 주로 성경이나 고전 문학에서 올리브나무를 접했던 북유럽 출신 여행자들은 진짜 올리브나무를 처음 보면 자주 압도당하곤 한다. 테니슨은 가르다 호숫가의 로마 유적 곁에 서 있는 올리브나무들이 2천 년쯤 전에 시인 카툴루스가 묘사한 모습대로 거의 변함없이 서 있는 모습에 깊이 감동받았다. 사람들은 사라졌고 그들의 주택도 폐허가 되었지만 '다정한 카툴루스의 섬이나 다름없는, 올리브빛 은색 시르미오'*는 변함없이 젊었다.

올리브나무가 고대 이래 같은 자리에서 자라고 있었다는 것은

---

* 가르다 호수 남단의 곶으로, 로마 시인 카툴루스의 별장이 있었다고 전해진다.

말 그대로 사실일 때가 많다. 지중해 지역 곳곳에 천 년 넘은 올리브나무들이 있다. 포르투갈에서 가장 오래된 올리브나무는 로르스의 산타 이리아 드 아조이아Santa Iria de Azóia에 있는 나무로, 나이가 2,700살이 넘었으니 고전기 그리스 이래 존재한 셈이다. 이탈리아의 풀리아Puglia에는 수천 그루의 무수히 많은 '울리비 세콜라리ulivi secolari(오래된 올리브나무들—대개 적어도 1,200살은 먹은)'가 있는데 한 그루 한 그루 위성지도를 통해 신중하게 기록되었다. 현대와 고대의 놀라운 조합이라 할 만하다.

티토 원수*의 여름 별장이 있던 아드리아 해의 브리우니 제도에는 온갖 놀라운 것들이 산다. 남아 있는 사진을 보면 이 유고슬라비아 대통령은 인도의 네루 수상과 이집트의 나세르 대통령부터 영화배우 리처드 버튼과 엘리자베스 테일러 부부에 이르기까지 당대의 위대한 세계적 인물들을 초대했다. 먼 곳에서 온 영예로운 손님들은 고국에서 특별한 선물을 들고 오는 게 관례여서 섬의 동물원에는 얼룩말 무리도 있고, 거대 거북도 있다. 심지어 인디라 간디 총리가 보낸 코끼리도 있다. 물론 지금은 모두 아주 늙었다. 그러나 이 섬에서 가장 저명한 노장이자 가장 큰 몸통을 가진 것은 오래된 올리브나무다. 섬에 전해지는 이야기에 따르면 로마인들이 심은 나무라고 하는데, 최근 방사성 탄소를 이용한 연대 측정 결과 족히 1,600살은 먹은 것으로 추정되었으니 아주 틀린 말은 아닌 셈이다.

이 놀랍도록 오래된 나무는 어떤 각도에서 다가가느냐에 따라 꽤 다르게 보인다. 어떤 방향에서 보면 힘과 자기절제의 본보기 같다. 완전히 평평한 단상처럼 보이는 것 위로 불균형하게 가지를 펼친, 중력을 거스르는 나뭇잎 지붕을 튼튼한 몸통이 떠받치고 있다. 그렇게 애써 균형을 잡으면서도 어떻게 드넓은 초록 구름처럼 고요하고 평화로울 수 있는지 의아할 정도다. 나무 주위를 돌다보면 다른 쪽은 그다지 잘 지내지 못하는 것을 분명히 알 수 있다. 거대한 나

---

*   유고슬라비아 연방의 초대 대통령.

뭇가지 하나가 땅에 닿아 있고 반쪽이 찢겨져나갔다. 그래도 부러진 나뭇가지에서 싹이 텄고 넓게 퍼진 나뭇가지에서 자라난 잎들은 해안의 들판에서 보는 많은 올리브나무보다 더 크다. 올리브의 재생력은 놀랍다. 이 불사조 같은 나무는 완전히 파괴된 뒤에도 깃털 같은 이파리가 가끔 무성하게 자라곤 한다.

오래된 올리브나무 둥치는 석화된 삼각주처럼 보이기도 한다. 워낙 광활하게 땅으로 뻗어 있어서 나무가 언젠가 쓰러지리라 상상하기 힘들 정도다. 잿빛 줄기가 무척 매끈해서 나무보다는 둥근 거석처럼 보이는 것도 있고, 고대 신들이 나사를 돌려 꽂은 듯 비틀린 것도 있다.

고대에 올리브나무는 어떤 운명에도 잘 견디기로 유명했다. 이런 명성은 올리브나무와 갈대에 대한 이솝의 조금 짓궂은 우화에도 잘 드러난다. 이 이야기에서 엄청난 나이를 자랑하며 자신의 오랜 의견을 굽히지 않는 올리브나무는 불어오는 바람마다 굴복하는 갈대를 업신여긴다. 그러나 심한 폭풍이 엄습하자 입장이 뒤바뀐다. 거센 돌풍이 불 때마다 순응적인 갈대는 몸을 굽혀 온전히 살아남았지만 가여운 늙은 올리브나무는 거센 바람에 산산이 부서졌다.

올리브나무는 한자리에 꿈쩍 않고 서 있기로 유명하기에 아주 오랜 올리브나무들조차 요즘 자주 옮겨 심긴다는 소식이 낯설게 들린다. 근사한 저택에는 옹이 진 올리브나무가 없으면 허전해 보이는 모양이다. 오래된 노목들이 익숙한 환경에서 뿌리 뽑혀 빼어난 정원의 근사한 볼거리로 다시 심길 때가 많다. 수천 살 먹은 오래된 에스파냐 올리브나무들이 배를 타고 대서양을 건너거나 헬리콥터에 매달려 유럽과 서남아시아 곳곳의 부유층 저택으로 옮겨진다. 너무 크고 무거워서 육로로 옮길 수 없는 이런 올리브나무의 운송이 가난에 허우적대는 에스파냐 농부들의 합법적인 수입원인지, 아니면 문화 파괴인지는 심각하게 생각해볼 문제다. 이런 나무들이 꽤 비싸다보니 불법 거래까지 이루어진다. 이른바 올리브 납치다. 이런 옮겨심기를 옹호하는 사람들은 종종 나무 보호를 이유로 든다. 사실 오래된 시골 서식지가 새로운 개발로 위협받을 때 올리브나무를 옮겨 심는 일은 약탈보다는 구조에 가깝다.

하지만 1071년 에게 해 연안 이즈미르에 심긴, 터키에서 가장 오래된 올리브나무를 안탈리아로 옮긴 일은 분명 논란의 여지가 있다. 2016년 안탈리아의 식물원에서 열리는 국제박람회 때문에 벌어진 일이긴 했지만 나뭇가지를 넓게 펼친 튼튼한 노목이 인정사정없이 뽑혀 오렌지색 키다리 기중기로 운송되는 광경에 많은 사람이 우려를 표시했다. 그러나 올리브나무는 놀랄 만큼 적응력이 좋으며, 올리브나무의 강한 뿌리는 무척 조심스럽게 파내고 솜씨 좋게 다듬으면 옮겨 심을 때 생기는 충격도 자주 버텨낸다. 이 모든 특성이 이솝 우화를 다소 무색하게 만들지라도, 어쨌거나 오래된 올리브나무를 옮겨 심는 요즘 유행이 돌이킬 수 없는 파괴를 초래하지는 않으리라는 희망을 다소 남기긴 한다.

뿌리 내리는 —또는 뿌리 뽑히는— 올리브나무의 형상은 분쟁 지역에서 강력한 정치적 감정의 문제가 되기도 한다. 현대 팔레스타인 저항가요는 팔레스타인 사람들을 '우리의 올리브나무처럼 뿌리 뽑힌' 존재로 묘사한다. 이스라엘 사람들에게 올리브나무는 이스라엘 민족의 상징이다. 제2차 세계대전 뒤 현대 이스라엘 건국을 위해 고안된 국가 상징에서는 올리브 잎이 메노라* 둘레에 양식화된 문양으로 그려졌다. 구약성경에서도 예루살렘 동쪽 고지대에 솟은 올리브 산이 중요하게 등장한다. 올리브 산이 한때 유대교와 기독교, 이슬람교가 겨루던 신성한 장소였음을 알 수 있다.

벨파스트**의 시인 키아란 카슨이 분열된 도시에서 살아가는 경험을 쓴 시에 이런 이야기들이 조금이라도 영향을 미쳤는지는 충분히 연구되지 않았다. 하지만 〈조각보 Patchwork〉라는 시에서 그는 망가진 고향의 광경을 묘사하고 아버지의 '올리브 산에서 온 듯한 올리브 씨앗 묵주'를 회상하며 '수십 년간, 아버지가 너무 많이 엄지로 돌리고 손가락으로 만지작대서 / 씨앗 한둘이 사라졌다'고 표현했다. 북아일랜드에서 활동한 현대 시인들은 올리브 가지의 상징에 무척 익숙하다. 에스파냐 내전에서 스물두 살에 전사한 찰스

- menorah. 유대교의 전통 의식에 쓰이는 일곱 갈래 촛대로, 유대교의 상징으로 쓰인다.
- • Belfast. 북아일랜드의 수도로, 1960년대 말부터 1990년대 초반까지 가톨릭교도와 신교도 사이의 분쟁으로 총격과 테러가 빈번했다.

도넬리*를 위해 마이클 롱리**가 쓴 감동적인 비가는 이 젊은 시인이 죽기 직전에 먼지 묻은 올리브 열매 한 다발을 주워 손가락으로 꼭 쨌다고 표현한다. "신음과 비명과 큰 관념을 이해하기 위해 / '올리브조차 피를 흘리는구나'라고 조용히 읊조리면서." 그러나 올리브나무는 젊은 시인의 무덤 위에서 계속 자라 신선한 목재와 열매, 가지를 생산한다. 카슨의 시에 등장하는 알 빠진 올리브 씨앗 묵주의 이미지처럼 젊은 시인의 무덤에 드리운 올리브나무 그림자도 옛날에 올리브가 평화와 연결되었다는 것을 가슴 아픈 아이러니로 떠올리게 한다.

인류의 문화사에서 올리브가 등장하는 가장 유명한 곳은 구약성경이다. 마침내 대홍수의 물이 빠지기 시작했을 때 올리브 가지를 물고 온 흰 비둘기가 노아의 방주에 앉는다. 회복과 하느님의 용서, 과거보다 더 행복하고 평화로운 미래의 첫 징표가 올리브 잎이 달린 잔가지의 형상으로 온 것이다. 다행히 올리브 잎은 알아보기가 쉽다. 그래서 V자 모양의 홀쭉한 잎들이 달린 올리브 가지 문양이 희망과 화합을 뜻하는 세계적 상징이 되었다. 바로 올리브나무 아래에서 지구의 모든 나라가 인류의 공통 이익을 위해 행동하고 가장 소중한 상태인 평화를 보장하기 위해 함께 모였다.

-     Charles Donnelly. 아일랜드의 시인으로, 에스파냐 내전 때 시민군으로 싸우다 전사했다.
-     Michael Longley. 북아일랜드 벨파스트 출신의 시인.

국제연합이 올리브 가지를 로고로 채택하기 오래전부터 올리브나무는 종교와 정치의 도상학에서 평화를 상징했다. 셰익스피어의 《안토니우스와 클레오파트라Antony and Cleopatra》에서는 승리를 거둔 카이사르가 악티움 전투 이후에 '세계 평화'의 소식을 전하며 "세상의 세 구석이 올리브를 받으리라"라고 선언한다. 똑같은 성경적 은유는 《헨리 4세 2부Henry IV part 2》에서 웨스트모어랜드 백작이 반란을 진압한 뒤에 등장한다. "평화의 여신이 그녀의 올리브 가지를 곳곳으로 뻗었다." 이때 올리브는 평화의 비둘기가 물고 온 가지만을 뜻하지 않고 건강과 번영, 신의 은총을 상징하는 무성한 올리브나무의 이미지이기도 하다. 이런 이미지도 성경에서 선례를 찾을수 있다. 시편 52편에서 다윗은 오래 지속되는 평화와 안정에 감사하며 이렇게 노래한다. "그러나 나는 하느님의 집에 자라는 초록 올리브나무 같으니, 하느님의 자비를 영원히, 영원히 믿노라." 영국 내전이 끝난 뒤 의회파는 크롬웰의 이름, 올리버Oliver를 평화와 연결시키기 위해 오래된 상징을 끌어왔다. 충성 훈장이 만들어졌는데 한쪽 면에는 올리버 크롬웰을, 뒷면에는 올리브 가지를 새겼다. 언론 역시 호국경 크롬웰이 신이 내린 평화를 상징하는 건장한 올리브나무들에 둘러싸인 모습을 묘사하는 정치 판화를 쏟아냈다. 물론 크롬웰의 승리에 저항했던 지역들에서 이런 이미지는 그다지 환영받지 못했다. 아일랜드의 많은 사람에게 크롬웰의 올리브 가지는 기괴하게 뒤틀려 보였을 것이다.

평화의 올리브에 대한 찬사는 이기는 편에 있는 사람들에게서 더 자발적으로 후하게 샘솟는다. 19세기 영국 시인 제임스 리 헨리 헌트James Leigh Henry Hunt는 그의 시 〈평화의 올리브The Olive of Peace〉에서 평화를 성스러운 식물로 묘사했으나, 그가 축하했던 평화는 결국 유럽에 20년 넘게 어둠을 드리운 갈등의 짧은 휴식기에 불과한 것으로 드러났다.

오, 결코 본 적 없는 가장 성스러운 올리브
너무나 매혹적인 꽃, 너무도 푸르른 초록이여!

나폴레옹의 마지막 패배 뒤에 글을 쓴 바이런 경은 상처입고 피폐한 전후 세계에 다소 덜 낙관적이었기 때문에 전통적인 평화의 상징을 다소 냉소적으로 사용했다. 바이런의 서사시 《돈 후안Don Juan》에서 오이디푸스를 닮은 구석이라고는 조금도 없는 주인공은 굶주리고 탈수 상태에 빠져 꾸준히 수가 줄어드는 몇 안 되는 동료들과 작은 배를 타고 며칠 동안 표류한다. 마침내 아름다운 하얀 새가 좋은 징조를 전하는 듯 나타나지만, 시의 풍자적인 화자는 신의 섭리에 의한 구원 같은 것을 떠올릴 여지를 남기지 않는다. 그는 "저 새가 내려앉지 않아서 다행이야"라고 논평한 다음 배에 탄 사람들이 얼마나 굶주린 상태인지 독자에게 상기시킨다.

저 새가 노아의 방주에서 날린 새라 해도

성공적인 탐색을 끝내고 방주로 돌아가는 길에

그 순간에 우연히 내려앉았다 해도

그들은 저 새를 먹을 것이다. 올리브 가지까지 모두. 〈2곡, 95〉

평화의 상징은 절박한 자들을 항상 만족시키지는 못하는 법이다. 또한 예측할 수 없는 역사의 경로를 반드시 따르지도 않는 법이다. 카노바*가 나폴레옹의 전성기 때 만든 웅장한 조각상을 보면, 나폴레옹은 고전 조각상 양식의 알몸으로 평화 중재자 마르스처럼 서 있고 옆에 있는 올리브나무에 그의 검이 쓰이지 않은 채 매달려 있다. 이 조각상은 나중에 워털루 전투에서 나폴레옹 군대를 물리친 웰링턴 공작에게 선사되었으니 아이러니가 아닐 수 없다. 그 무렵 이 조각상의 모델은 머나먼 세인트헬레나 섬으로 유배되기 위해 긴 항해 중이었으니 말이다.

나폴레옹이 패배한 뒤 그의 많은 지지자는 대서양을 건너 안전한 피난처를 찾길 바라며 미국으로 달아났다. 미 의회는 그들이 포도와 올리브 재배라는 평화로운 일에 몰두한다는 조건으로 앨라배마에 정착하도록 허락했다. 안타깝게도 이 신성하고 수익성 좋은 두 지중해 작물은 그곳에서 잘 자라지 않았고, 앨라배마 식민지는 두

●   Canova. 이탈리아 신고전주의 조각가. 19세기 초반에 나폴레옹을 모델로 〈평화 중재자 마르스로서의 나폴레옹〉 조각상을 제작했다.

나무와 함께 쇠락했다. 나중에 19세기에 이르러 정착자들은 날씨가 따뜻한 석회암 계곡이 있는 캘리포니아 중부가 어린 올리브나무들이 자라기에 더 좋은 보금자리라는 것을 발견했는데, 요즘에는 미국의 거의 모든 올리브가 그곳에서 재배된다.

올리브나무를 키우려는 소망은 깊고 넓다. 지구 온난화에 대한 예상이 현실로 바뀌기 시작하면서 영국의 창의적인 정원용품점들은 오르는 기온을 긍정적으로 기민하게 활용해서 고객들에게 지중해풍 정원을 꾸미길 권장했다. 지난 10여 년간 근사한 정원 재단장에는 이탈리아 느낌을 살린 돌화분에 심은 작은 올리브나무가 늘 배치되곤 했다. 그 모든 올리브나무가 11월 돌풍이나 폭우, 영국 겨울의 폭설에 잘 자라지는 못했지만 말이다. 아마 진짜 문제는 7, 8월에 지속적인 햇빛이 부족한 탓일 것이다. 털실 방울 같은 머리를 인 홀쭉한 묘목이 자라서 그들의 약속을 지키든 못 지키든 그들을 심는다는 사실 자체가 가장 척박한 장소를 지중해처럼 풍요로운 안식처로 변신시키고픈 영웅적인 충동을 보여준다. 라틴어 '올리바Oliva'가 영어화된 이름인 올리브라는 명칭은 때때로 "오, 살아!O live!"라는 명령과 호소 사이 어디쯤에 있는 듯 들린다.

올리브는 역사적 사용과 남용, 오용과 관계없이 희망의 표지처럼 반짝인다. 올리브의 길고 긴 삶은 삶이 계속 이어지리라는 안도감을 전해주며, 올리브의 비범한 생존력은 가장 분쟁이 심한 지역에서조차 미래에 대한 희망을 전파한다. 올리브나무는 서남아시아에서 선사시대부터 자라던 나무이니 분명 앞으로도 천 년은 살아남을 것이다. 불에 그슬고 탄 뒤에도 올리브나무는 여전히 새순을 틔우고 또 다른 삶을 시작할 것이다.

사이프러스
Cypress

피렌체 위 언덕 지대를 올라본 사람이라면 피에졸레 가는 길에 보초를 서는 호리호리하고 짙은 나무들에 깊은 인상을 받을 것이다. 늘어선 자동차와 버스 사이에 점점이 서 있는 사이프러스들의 신비로운 형상은 잠시 멈춰서 생각에 잠기게 한다. 르네상스 시대 도시국가였던 토스카나의 흥미진진한 거리와 숨 막힐 듯한 열기를 지나 언덕을 천천히 오르면 탁 트인 전망이 조용히 펼쳐지면서, 눈에 보이지는 않지만 훨씬 더 오래된 세계 안에 있는 잘 정비된 장소의 느낌이 차츰 커진다. 해독할 수 없는 에트루리아 문자가 변함없고 고요한 사이프러스들의 암녹색 줄무늬 아래 숨겨져 있다. 이탈리아에서 사이프러스는 가끔은 후텁지근한 뜨거운 여름 공기를 쾌적하게 할 목적으로 심기도 하지만 사이프러스의 향에는 이제는 거의 잊힌, 오래전 슬픔이 함께 실려 온다. 이탈리아 사이프러스의 라틴어 이름은 쿠프레수스 셈페르비렌Cupressus semperviren으로 '항상 살아 있는'을 뜻한다. 그러나 사이프러스는 장례식 나무다.

유럽과 서남아시아 곳곳에서는 사이프러스를 묘지에 심어 무덤과 무덤 사이에 늘 푸른 기둥을 만든다. 일본에서는 이 목재를 관과 사원에 쓴다. 인도의 사원에서도 사이프러스는 사원에 어울리게 근엄한, 불꽃 모양의 수행원으로 서 있다. 한편, 향이 강한 사이프러스는 인도의 장례식 장작에 꼭 필요하다. 시신이 탈 때 나오는 불쾌한 냄새를 누그러뜨리기 때문이다. 사이프러스 목재는 영혼의 저승길을 돕기 위해 강한 향을 내뿜는다고 여겨졌지만, 요즘 알려진 바에 따르면 공기 중에 살균제를 내뿜어 공기를 정화하고 문상객을 보호한다고 한다. 영국에서도 사이프러스는 우울한 일들을 연상케 하는데, 유한한 삶의 상징으로 널리 알려져서 가지치기도 하지 않는다. 요즘도 줄지어 선 로슨 사이프러스가 1월의 매서운 바람에 흔들리는 모습을 보면 두꺼운 코트를 단단히 두른 나이 든 아주머니들이 추도식에 참석하기 위해 줄지어 쓸쓸하게 걸어가는 모습이 떠오른다.

사이프러스의 튼튼한 목재는 내구성 좋기로 유명하다. 플라톤의 법률은 타고난 영구성과 엄숙함 때문에 선택된 사이프러스로 만든 서판에 새겨졌다. 사이프러스는 유프라테스 강을 건너는 큰 다리와 로마의 성 베드로 성당 문에도 쓰였다. 성경에서 노아의 방주를 짓는 데 쓰인 고페르gopher 나무가 사이프러스라고 여겨지기도 한다.

어원학적으로 조금 기발한 생각이긴 하다. 무엇보다 사이프러스 목재는 죽음만큼이나 오래간다. 그리스인들은 사이프러스로 영웅을 위해 관을 만들었고, 이집트인들은 미라를 넣는 함을 만들었다.

사이프러스는 언제나 불행한 암시로 덮여 있다. 오비디우스의 이야기에 따르면 사이프러스는 전생에 아폴론 신이 총애했던 아름다운 소년 키파리소스였다. 키파리소스는 멋진 수사슴을 사랑해서 그 수사슴의 금색 뿔을 꽃으로 장식하고 주홍색 고삐를 묶어서 타곤 했다. 어느 여름 날, 투창 연습을 하던 키파리소스는 실수로 투창을 잘못 던져 뜨거운 열기를 피해 깊은 그늘에서 쉬고 있는 수사슴을 죽이고 만다. 키파리소스는 가슴이 찢어지게 아팠고 자신이 저지른 일에 너무나 놀라 머리카락이 곤두섰다. 그가 슬픔에 잠겨 하염없이 눈물을 흘리자 그의 얼굴에서 모든 피가 빠져나갔고, 결국 그는 짙은 초록색 나무로 변하고 말았다. 아폴론은 애도하는 자들과 늘 함께하며 영원히 눈물을 흘리게 될 키파리소스의 운명을 슬퍼했다.

고뇌하는 예술가들은 자주 사이프러스에 끌렸다. 에드바르 뭉크의 마음을 휘젓는 그림 〈골고다Golgotha〉에는 악몽 같은 얼굴을 한 사람들의 무리가 십자가에 못 박힌 형상이 아니라 그림을 바라보는 사람을 응시한다. 그림 왼편 가장자리에 기괴한 사이프러스 두 그루가 곧추 세워진 십자가와 똑같은 높이로 서 있지만 부활의 믿음을 전하지 못한다. 폴 내시의 후기 그림 〈춘분의 풍경〉에도 봄 같은 느낌이 전혀 없다. 그림의 모든 기하학적 질서와 해와 달의 신비로운 만남에도 불구하고 그림의 전경은 어둡고, 대칭적이지 않은 오벨리스크 모양을 한 불길한 사이프러스가 차지하고 있다. 목가적 이상향에는 죽음이 언제나 함께하는 법이며, 사이프러스는 죽음을 표현하는 자연물로 서 있다.

반 고흐는 자살하기 몇 달 전에 〈사이프러스와 별이 있는 길〉을 그렸다. 그림에는 조그만 두 사람 뒤에 거대한 사이프러스 한 그루가 우뚝 서서 사람들이 들고 있는 작은 삽과 활기찬 발걸음을 비웃는 듯하다. 두 사람 모두 어깨 너머 우뚝 솟은 나무를 감히 올려다보지 못한다. 이 그림은 반 고흐가 남프랑스의 정신병원에 입원하기 1년 전인 1889년 여름, 눈부신 햇살 속에서 창조했던 빼어난 작품들과 공명한다. 그의 유명한 그림 〈별이 빛나는 밤〉과 〈밀밭〉에서 거세게 소용돌이치는 하늘과 빽빽하게 들어찬 밝은 별들, 역동적인 색깔들을 꿰뚫고 있는 것은 어둑한 사이프러스의 구불구불한 형상이다. 반 고흐는 동생 테오에게 사이프러스는 "햇살에 흠뻑 젖은 풍경의 '어두운' 조각"이라고 표현했지만, 그는 또한 풍경에서 "가장 흥미로운 어두운 음"을 낼 수 있는 사이프러스의 힘에 매료되기도 했다. 사이프러스는 가장 창조적이며 가장 괴로운 상태에 있던 반 고흐에게 말을 걸었던 듯하다. 어쩌면 고흐는 화폭에 사이프러스를 담으면서 자신의 정신 속에 있던 악령을 더러 쫓아낼 수 있었는지 모른다.

사이프러스의 엄숙한 이미지는 기이하게 소리를 울리는 특성 때문에 더욱 커졌다. 그래서 성당의 파이프 오르간을 비롯한 악기를

빈센트 반 고흐, 〈사이프러스와 별이 있는 길〉, 1890.

만드는 제작자들이 선택하는 목재다. 곰팡이와 나무좀에 특히 저항력이 좋을 뿐 아니라 사이프러스 나무의 자연적인 생김새는 길고 매끄러운 파이프를 만들기에 좋다. 다 자란 사이프러스 줄기에 단단히 매달렸던 울창한 나뭇잎이 떨어지고 나면, 위로 곧게 뻗은 가지와 함께 드러난 줄기가 파이프 오르간과 다소 비슷해 보인다. 그러나 살아 있는 사이프러스의 음악은 성가보다는 한숨에 가깝다.

낭만주의 시대에 사이프러스는 멜랑콜리의 대명사가 되었다. 새 뮤얼 테일러 콜리지는 열여섯에 스스로 목숨을 끊었다는 뛰어난 소년 시인 토머스 채터턴을 애도하는 시에서 에이번 강변을 홀로 헤매는 이 어린 천재를 생각하며 상상의 '사이프러스 리스wreath'를 엮었다. 퍼시 비시 셸리*의 〈알라스토르 또는 고독의 영혼Alastor; or, The Spirit of Solitude〉에서, 시인인 젊은 주인공은 환상적인 동양의 풍경을 헤매고 다니다가 결국 너무 멀어서 '눈물 흘리는 꽃'이나 '봉헌된 사이프러스 리스'도 없는 황폐한 황야에서 죽음에 굴복한다. 열정은 덜하지만 비슷한 맥락에서 버나드 바턴**은 실제로 〈사이프러스 나무에게To a Cypress Tree〉 시를 읊으며 "애도하는 사람들은 사이프러스 나무를 사랑한다"고 선언했다. 한편, 후대에 훨씬 덜 알려진 시인 조지 달리는 사이프러스에 대한 소네트를 "오 우울한 나무여!"라고 진심어린 돈호법으로 시작한다. 그러니 바이런의 시에 등장하는 이유 없는 반항아, 매혹적인 차일드 해럴드가 무엇에 이끌려 고국을 떠나고 점점 더 먼 곳으로 갔던 간에 그가 지중해의 사이프러스 숲에서 위안을 찾은 것도 놀랍지 않다. 그보다 더 놀랍지 않은 것은 토머스 러브 피콕***이 당대의 자아도취를 경쾌하게 풍자한 《악몽 수도원Nightmare Abbey》에서 이 우울한 나무를 끌어다 쓴 것이다. 피

- ● 　　Percy Bysshe Shelley. 영국의 시인. 바이런, 키츠와 더불어 영국 낭만주의의 3대 시인으로 꼽힌다.
- ●● 　　Bernard Barton. 영국의 시인으로, 퀘이커 시인Quaker poet으로도 불린다.
- ●●● 　Thomas Love Peacock. 19세기 전반에 활동한 영국의 소설가이자 시인.

콕은 바이런 경을 풍자하면서 제멋대로 늘어뜨린 앞머리와 끝이 말려 올라가는 입술, 늘어뜨린 망토에 의지할 필요가 없었다. 이 희극적 인물을 그저 "사이프러스 씨"라고 부르기만 하면 되었다.

바이런과 그의 동시대인들에게 사이프러스는 지중해와 서남아시아를 대표하는 나무였지만, 사이프러스의 다양한 품종은 모든 대륙에 자연스럽게 자란다. 사이프러스는 세계 곳곳에서 자라는 몇 안 되는 나무 종 가운데 하나다.

유럽인 정착자들은 끊임없이 서쪽으로 이동하며 미국을 가로지르는 동안 오리건에서 몬테레이 사이프러스Monterey cypress를, 알래스카에서 누트카 사이프러스Nootka cypress를 발견했다. 둘 다 이탈리아에 있는 그들의 친척보다 더 크고 덜 과묵했다. 플로리다와 루이지애나의 습지에는 사이프러스의 웅장한 품종이 축축한 물 밖으로 우뚝 솟아 있었다. 물에 잠기기 싫은 게 분명한 뿌리는 키 크고, 이상하게 생긴 잔뿌리를 위로 뻗는다. 그래서 나무는 길고 끝이 뾰족한 수호자들을 둘레에 둥글게 두르고 있는 모습이 된다. 다른 사이프러스들과는 달리 늪에서 자라는 이 골리앗은 낙엽수라서 '대머리 사이프러스bald cypress'라는 다소 멋없는 이름으로 불린다. 이 나무가 진짜 사이프러스인지, 겉모습만 사이프러스인지에 대해서는 여전히 논란의 여지가 있다.

태평양 저 너머에서는 중국 중부 지방의 '가지가 늘어진 사이프러스weeping cypress'와 일본의 편백나무와 화백나무를 둘러싸고 비숫한 논란이 있다. 아프리카 사막과 호주의 오지에, 멕시코의 바위와 칠레의 강둑에 ─식물학자의 발걸음이 닿는 곳은 어디든지─ 사이프러스의 새로운 품종이 있는 듯하다.

19세기에 사이프러스가 영국에 소개된 이래 세계 곳곳에서 온 다양한 종류의 사이프러스가 만나고 교배되었다. 지금은 어디에나 있는 레일랜드 사이프러스Leyland cypress는 웨일스의 포이스 사유지에 각각 손님으로 도착해서 잘 자란 몬테레이 사이프러스 *Cupressus macrocarpa*와 누트카 사이프러스*Cupressus nootkatensis* 두 나무의 자손이다. 사유지와 레일랜드라는 가문의 이름을 물려받은 상속인이 이 새로운 교배품종을 노섬벌랜드에 있는 소유지인 해거스턴 성으로 옮겨 심었다. 나머지는 모두가 다 아는 얘기다. 빅토리아 시대 식물 사냥꾼과 육종가들은 키파리소스처럼 자신들의 이름이 붙은 나무로 영생을 얻었다. 물론, 키파리소스의 이야기보다는 덜 불행하지만 말이다. 사이프러스의 현대 품종 몇몇은 빅토리아 시대에 이국적인 침엽수의 수요를 알아차려 부자가 된, 독창적인 판매용 묘목장 경영자가 운영했던 에든버러의 로슨 묘목장Lawson's Nursery에서 이름을 땄다.

19세기 영국에 상록수 열풍이 불면서 공원이 증가했다. 에든버러에서는 마운드 아래 옛 식물원이 웨이벌리 역에 자리를 내주어야 했다. 인벌리스Inverleith의 새 식물원 터는 훨씬 넓었고 새로 확장할 기회도 생겼지만 운송에 문제가 있었다. 으리으리한 온실을 새로 짓

에든버러의 나무 운송.

는다는 야심찬 계획에 소중한 나무들이 걸림돌이 됐기 때문이다. 정원사들은 단념하지 않고 수레바퀴와 도르래를 갖춘, 거대한 목재 나무 운반장치를 만들었다. 남아 있는 사진을 보면 조끼를 입은 남자들의 무리가 거대한 사이프러스가 높이 실린 수레를 잡아당기고 있다. 운송을 지휘하는 사람은 중산모를 똑바로 쓰고 연미복을 입은 신사로, 아마 식물원의 큐레이터인 듯하다. 구경꾼으로는 허리에 손을 얹은 (그리고 분명 이 모습을 미심쩍게 바라보는) 풍만한 여성이 있다. 사진 속 거대한 사이프러스는 분명 A급 스타였다.

그리 놀랍지도 않은 일이다. 다 자란 무성한 사이프러스는 장관을 이룬다. 몸통을 키울 만큼 넓은 공간에 심으면 탁 트인 언덕이나 더 창백한 낙엽수 무리를 배경으로 부드럽게 곡선을 이루는 첨탑으로 자신만만하게 자란다.

사이프러스는 깃털 같은 잎이 조금 부드러운 면이 있긴 하지만 대개는 선명하고 잘생긴 나무들이다. 몇몇 종류는 봄에 조그만 심홍색 꽃을 피워서 진초록색 잎이 달린 잔가지들을 예상치 못한 색으로 물들인다. 잎 끄트머리를 금빛으로 어슴푸레 빛내는 종류도 있고, 바닷물에 씻긴 안개 낀 곳처럼 옅은 푸른색 얼룩이 있는 종류도 있다. 둘레의 모든 나뭇잎이 추위에 굴복하는 겨울에도 나무들은 추위를 견디며 나뭇잎을 지켜낸다. 생기 없는 11월에도 사이프러스는 라틴어 이름—셈페르비렌스*sempervirens*(늘 푸른)—에 걸맞게 둥지를 튼 새들과 추위에 떠는 작은 야생동물에게 앞으로 이어질 어둡고 힘든 여러 달을 견딜, 따뜻하고 보송하고 안전한 안식처를 제공한다.

키 크고 맵시 있는 사이프러스는 근사한 이탈리아풍 정원에 꼭 필요하지만, 더 수수한 도시 공간에도 잘 적응한다. 보기 흉한 브리즈블록breeze-block과 꼴사나운 구석을 재치 있게 가려준다. 어깨를 맞대고 늘어서면 바람을 막는 견고한 장벽이 되므로, 골프장에서도 매끈하게 깎인 언덕을 기어가는 거대한 지네처럼 줄지어 선 사이프러스를 심심찮게 볼 수 있다. 사이프러스는 분주한 도로나 철도로부터 교외 주택들을 보호하기도 한다. 무성한 초록 잎은 혼잡한 교통의 끊임없는 소란과 철도 소음을 흡수한다. 더 오염된 도심 지역에서는 사이프러스의 향이 건강을 해치는 매연에 대처하는 데 도움을 준다. 그래서 존 이블린은 17세기에 전염병이 들끓던 런던 거리의

문과 담장에 사이프러스 목재를 추천했다(사실, 향이 워낙 강해서 9월 말
쯤 사이프러스를 우연히 지나칠 때면 바람에 실려오는 향에 깜짝 놀라기도 한다).

　사이프러스의 가장 놀라운 특징은 높이 자라는 비범한 능력이
다. 1년에 1미터나 1.2미터씩 자라기도 한다. 그러니 거슬리는 큼직
한 흉물이 눈앞에 있는 사람들에게는 이 나무야말로 친구가 된다.
물론 그 흉물이 이웃의 자랑이자 기쁨이 아니라면 말이다. 누군가에
게는 직접 키우는 초록 가림막이 다른 누군가에게는 침략군이 될 수
도 있다. 10년에 10미터까지 자랄 수 있는 나무는 계속 자라서 20미

터, 25미터, 30미터까지 치솟기도 한다. 영국에서 가장 키가 큰 레일랜드 사이프러스는 2015년 4월에 36.5미터였고 지금도 계속 자라고 있다. 가장 오래됐다고 알려진 사이프러스는 이란에 있는데, 4천 년쯤 자랐으니 그보다 젊은 교배종인 레일랜드 사이프러스가 얼마나 오래 자랄지는 예측하기 힘들다. 모든 사람이 옆집에 거대한 침엽수 군단이 줄지어 서기를 바라지는 않는다.

1990년대에도 레일랜드 사이프러스 판매는 치솟았고, 물론 나무들의 키도 치솟았다. 이 거대한 나무들은 그들의 오래된 혈통과 더불어 성가신 존재로 여겨질 때도 많다. 이삿짐 포장상자를 다 풀기도 전에 사이프러스 묘목을 줄지어 심기 시작하는 것보다 새 이웃들의 반감을 살 만한 일도 없을 것이다. 영화배우 니콜 키드먼이 호주 남부에 새로 구입한 소유지에 사이프러스 150그루를 심었을 때 잘 드러났듯 말이다. 그녀는 심지어 토착종 사이프러스를 심지도 않았다. 전 스코틀랜드 왕립은행장 프레드 굿윈이 그의 어둑한 소유지를 에워싼 8미터가 넘는 사이프러스들 때문에 이웃들과 벌였던 길고 긴 분란은 전기톱으로 문제를 해결하면서 막을 내렸다. 그렇지 않았더라면 아마 법정까지 갔을 것이다. 2013년 이래 새로운 산울타리 높이 조례High Hedge Act가 스코틀랜드에서 통과되었기 때문이다.

그러나 법정이 반드시 사이프러스에 반감 있는 이들의 편을 들라는 법은 없다. 래넉셔의 주택 소유주들이 끊임없이 자라는 상록수 담장 때문에 여러 해 동안 괴로움을 겪은 끝에 그들의 이웃을 고소했을 때, 마지막 판결은 쑥쑥 자라는 15미터 나무를 6미터 높이로 베라는 것이었다. 이는 양쪽 모두를 만족시키려는 타협안이었다.

사생활을 보호할 권리가 햇볕을 누릴 권리보다 중요할까? 영국의 많은 지방의회는 문제의 사이프러스들(또는 그 소유주들)과 갈등을 해결하는 방법에 대한 조언을 일상적으로 발표한다. 심지어 산울타리 관리원을 고용하기도 한다. 법정까지 오기 전에 분쟁을 해결하자는 생각에서다. 그러나 2013년에 랭커셔의 바뇔즈윅 마을은 정원을 가꾸는 두 이웃의 다툼으로 들썩였다. 39세의 주민이 폭행죄로 고소당했다. 그가 이웃 여성에게 호스를 돌려 물을 얼마나 세게 뿜어 댔던지 그 여성이 발판사다리에서 떨어지고 말았기 때문이다. 법정에서 피고측 변호인은 우연히 일어난 사건일 뿐이라고 주장했지만 이웃 여성이 피고의 높이 자란 레일랜드 사이프러스 산울타리를 자르려다 물벼락을 맞은 상황에서 무죄를 설득력 있게 입증하기는 힘들었다(나중에 유죄 판결이 번복되긴 했다). 2003년에 통과된 반사회적 행동법The Antisocial Behaviour Act이 이런 종류의 분쟁까지 포함하기 위해 급히 수정되어야 했다. 하지만 법률가들이 '높은 산울타리'의 법적 정의(결국 2미터로 규정되었고, 2미터를 넘어서는 산울타리는 모두 너무 높다고 정의)에 동의하기까지 18개월이 걸렸다. 사이프러스는 이제 반사회적 행동 금지 명령Antisocial Behaviour Order의 가장 유력한 나무 후보자가 된 듯하다.

사이프러스 때문에 꽤 절박한 행동을 하는 사람도 있다. 링컨셔의 한 연금 수령자가 생전 처음 저지른 범죄는 사이프러스 파손죄다. 매일 밤 그는 이웃의 건강하고 우거진 레일랜드 사이프러스들에 몰래 분풀이했다. 그 결과 나무들은 더 이상 그리 건강하지도, 우거지지도 않게 됐다. 이 사건은 건강한 나무들에게는 서서히 생명줄을 조이는 이상한 죽음이 될 뻔했고, 그에게는 완전범죄가 될 뻔했다. 그가 카메라에 잡히지만 않았다면 말이다. 그렇게 말없는 공격성을 자극한 것이 무엇이었을까? 다른 곳도 아닌 평화와 조화, 고요한 사색의 장소로 여겨지는 정원을 전쟁터로 탈바꿈시키는 그런 공격성이 어디서 나왔을까? 사이프러스의 어둑하고 이국적인 형태 때문에 가위를 휘두르고 싶어지는지도 모르겠다. 가위를 휘두른 자가 성난 이웃이라면 사소한 분쟁이 곧 고조될 수 있다. 한밤중 조용한 분풀이는 방화나 기물 파손이나 폭행에 비하면 사실 아무것도 아니다.

사이프러스는 대단한 분열의 주범이다. 정원을 나누고 의견을 분열시킨다. 누군가의 사생활 보호가 다른 누군가에는 불쾌감을 선사한다. 순식간에 전망을 망치기 때문이든, 그늘이 깊게 져서 전기세가 더 필요하기 때문이든, 분노의 원인은 산울타리마다 다르다. 어쩌면 사이프러스가 주변 토양의 좋은 성분을 다 빨아들이는 것처럼 보이기 때문일지도 모른다. 작은 아이들을 괴롭히는 깡패나 탐욕스러운 대식가처럼 다른 식물들이 자라는 것을 방해하는 것처럼 보일 수도 있다. 아니면 그보다 더 심오한 무언가가 있는 것일까?

어쩌면 사이프러스는 정원의 희생양인지도 모른다. 그 모든 사소하고 흔한 영역 싸움의 희생양 말이다. 어쩌면 사이프러스의 엄숙한 겉모습 뒤에 본질적으로 해로운 무언가가 있을까? 사이프러스는 세월이 흐를수록 더 작아져만 가는 보잘것없는 인간들을 경멸하는 거만함을 품고 있지 않을까? 이 키 큰 침엽수를 올려다보면 가소롭다는 듯한 미소나 오만한 고갯짓과 마주치게 될지도 모른다. 그렇다면 그것은 어쩌면 이웃들과 분쟁이 곧 시작되리라는 신호일 것이다.

이 울창하고 키 큰 나무에는 사람들의 마음을 무겁게 하는 무언가가 있긴 하다. 호리호리한 어린 사이프러스 묘목은 빠르게 몸집을 불리며 어떤 풍경이든 장악한다. 말없이 풍경을 잠식하면서 우리의 자의식을 위협하는 듯하다. 사이프러스는 우리가 꾸는 가장 불안한 꿈의 어둠 속에서 어렴풋이 모습을 드러낸다. 이해할 수 없게, 조금은 불길하게. 식탁에 초대받지 못한 손님으로, 목가적 이상향에 드리운 어둠으로, 정원의 아늑한 공기를 뚫고 울리는 음산한 음으로, 강한 향을 풍기는 영원한 수행원으로 그들은 늘 그 자리에 있다. 우리가 말로 표현하지 못한 두려움, 어렴풋이 알지만 감히 인정하지 못하는 것들의 형상을 한 채 서 있다. 우리의 그 모든 불안 속에서도 이 키 크고 흔들림 없는 침엽수들은 말없이 서 있다. 우리의 끔찍한 불안을 투사하면서도 대체로 무심하게.

참나무
Oak

많은 사람이 로열 오크Royal Oak 안에 들어가보았다. 어쨌든 레드 라이언Red Lion과 크라운Crown을 빼면 영국에서 가장 인기 있는 펍 이름이 아닌가. 그러나 이 경쟁자들과 달리 '로열 오크'라는 이름은 간판에만 국한되지 않고 장소를 이루는 것에 스며 있다.

일단 로열 오크 펍에 들어가면 반들반들하게 잘 닳은 바에 몸을 기대거나, 목재 벽에 설치된 창가 자리에 앉는다. 오래된 잔 자국이 동그랗게 찍힌 나무탁자들이 있고, 장작을 때는 난로도 있다. 달리 말해 참나무에 온통 둘러싸이게 된다. 어쩌면 반짝이는 마구 놋쇠 장식이 낡은 가죽 마구에 달려 있을지도 모르는데, 그 가죽도 어떤 날씨에나 잘 맞게 참나무 껍질로 무두질되었을 것이다. 벽에 걸린 장식 접시들에는 잉글랜드 참나무 아래 다정한 만남이나 참나무 숲에서의 사냥 장면, 가장자리가 들쑥날쑥한 참나무 잎과 도토리로 테두리를 에워싼 삽화가 그려져 있다. 맥주나 포도주, 위스키 한 잔을 주문하면 참나무 술통의 타닌이 침출되어 술의 고유한 맛과 색이 더 깊어진 것을 느낄 수 있다. 어쩌면 칠판에는 훈제연어나 치즈, 훈제청어나 개먼°이 '오늘의 특선 요리'로 적혀 있을지 모른다. 아마 다들 전통적인 훈연장에서 최고로 질 좋은 참나무 톱밥으로 훈연되었을 것이다.

참나무가 영국 문화에 워낙 속속들이 스며 있다보니 영국인들은 그 존재를 거의 느끼지 못하기도 한다. 참나무는 그냥 있다. 우리 집에, 공원에, 공공건물에, 우리 접시 위와 아래에, 메달과 스탬프에, 상표와 차량용 스티커에. 참나무는 늘 우리 곁에 있는 존재이자 눈에 보이지 않는 끝없는 관계의 조용한 근원이다.

잉글랜드 사람에게 잉글랜드의 대표 나무를 물어보면 틀림없이 참나무라 대답할 것이다. 하지만 이상하게도 불가리아와 크로아티아, 키프로스, 에스토니아, 프랑스, 독일, 라트비아, 리투아니아, 몰도바, 폴란드, 루마니아, 세르비아, 미국 사람들도 그렇게 대답할 것이다.

폴란드의 건국 신화는 언덕 위의 거대한 참나무에서 시작된다. 이 거대한 참나무에는 커다란 독수리 한 마리가 둥지를 틀고 있었

●   gammon. 베이컨처럼 절이거나 훈제한 햄.

다. 이것을 보고 영감을 얻은 레흐 왕자는 자신만의 둥지(왕국이라고 해야 할까?)를 지어야겠다고 생각했고, 그의 형제인 체흐와 루스는 남쪽과 동쪽에 자신들의 왕국을 건설하기 위해 길을 나섰다. 현대 폴란드에서 가장 유명한 나무는 이 전설 속 형제들의 이름을 딴 나이 든 참나무 세 그루다. 포즈난 근처 로갈린에 있는 공원에서 자라는 이 세 그루 가운데 체흐 참나무는 이제 꽤 나이 들어 보이기 시작했다. 독일에서 참나무는 민족의 힘을 상징한다. 전사자 묘지들에 심겨 영웅의 숲을 이루고 비스마르크에 의해 단결의 상징으로 쓰였다. 참나무는 분리주의자들의 마음도 사로잡는다. 바스크 지방•의 자치 깃발에는 도토리와 참나무 잎 리스로 동그랗게 둘러싸인 방패가 그려져 있다. 모든 사람들이 참나무를 자기 나무라 주장하고 싶은 모양이다.

튼튼하고 충직하며 고집스러운 참나무는 버티는 힘 때문에 늘 찬양되었다. 이미 기원전 1세기에도 로마 시인 베르길리우스가 버티는 힘이 뛰어나기로 참나무를 꼽았고, 깊게 뿌리 내리는 참나무 뿌리와 그 덕에 가혹한 날씨도 버텨내는 참나무의 힘을 찬양했다. "그리하여 어떤 겨울 폭풍에도, 강풍에도, 비에도 뿌리 뽑히지 않고 흔들림이 없으며, 여러 세대와 시대에 걸쳐 사람들보다 오래 살고 그들이 지나쳐가는 동안에도 버텨낸다." 베르길리우스의 후원자인

•   Basque Country. 에스파냐 북부의 자치 지역.

아우구스투스 카이사르는 로마의 최고 명예인 시민의 영관을 쓰기로 선택했고, 참나무 잎으로 만든 그 리스를 머리에 쓴 모습으로 대리석에서 영생을 누리게 되었다. 고대 그리스에서도 참나무는 최고신 제우스의 나무였다. 사람들은 신탁을 전하는 도도나의 참나무 잎이 바스락대는 소리로 제우스의 신탁을 풀이했다. 북유럽 신화에서 참나무는 천둥의 신 토르의 나무로 알려져 있다.

참나무의 힘은 한눈에 뚜렷이 알 수 있다. 평범한 들판으로 통하는 대문 옆에 꼿꼿하게 서 있는 참나무 한 그루를 우연히 마주치든, 푸릇푸릇한 너른 정원 곳곳에 흩어진 참나무 군락을 마주치든 참나무의 물리적 힘은 결코 그냥 지나칠 수 없다. 어떤 나무도 참나무처럼 차분하면서 세상과 하나 되지는 못한다. 하늘로 가지를 뻗어올리는 너도밤나무나 마로니에, 시커모어와 달리 다 자란 참나무는 팔을 벌린 듯이 옆으로 퍼지며 울창하고 무성한 잎사귀로 거대한 반구를 창조한다. 작은 잔가지 끝마다 사랑스럽고, 고르지 않게 동그란 잎이 네다섯 개쯤 나오고 잔가지마다 더 작은 잔가지가 몇 개라도 나올 수 있으니 나무 한 그루 전체를 덮는 나뭇잎은 25만 개에도 이를 수 있다. 8월에 기온이 올라가면 참나무는 초여름 나방 애벌레 때문에 생긴 대혼란을 수습하기 위해 잎사귀를 한층 더 많이 걸친다.

참나무의 우거진 가지들은 곤충, 새, 작은 동물 들을 매혹한다. 나무발바리, 나이팅게일, 지빠귀, 굴뚝새 모두 짙은 갈색 나무줄기를 배경으로 눈에 띄지 않게 비교적 안전하게 움직이지만 참나무는 색깔이 화려한 딱새, 울새, 동고비, 숲솔새에게도 안식처를 제공한다. 나이가 더 들어 속이 빈 참나무에는 딱따구리, 금눈쇠올빼미, 원숭이올빼미 들이 둥지를 튼다. 물론 그들은 생물들이 밀집한 이 나무에 자주 찾아오는 까치의 공격을 물리쳐야 할지도 모른다. 푸른박새와 로빈은 참나무 나방 애벌레를 게걸스럽게 잡아먹지만, 어치는 도토리에 워낙 중독돼서 한 번에 열 개씩이나 옮겨가기도 한다. 물론 날아가는 몸이 다소 불룩해진다.

참나무는 다른 나무보다 곤충과 지의류, 나비, 딱정벌레, 균류가 좋아하는 서식지이기 때문에 새와 다람쥐, 겨울잠쥐, 박쥐, 뱀의 이상적인 집이 된다. 그리고 두껍게 쌓인 낙엽이나 쓰러진 줄기에서 썩어가는 심재의 영양분으로 살아가는 생명도 있다. 참나무는 한 세상을 온전히 지탱하지만 아틀라스 같은 그 우람한 팔다리는 힘에 부친 기색이 조금도 없다. 참나무는 나무의 제왕이며, 한 문명 전체의 머리이자 심장, 서식지다.

18세기 영국에서 참나무는 '남자다움의 완벽한 이미지'로 찬양되었다. 한눈에도 튼튼해 보이는 든든한 가지와 믿을 만한, 견고한 목재 때문이다. 비유적으로 말하자면 끈기와 분별 때문이다. 열정적인 시인이자 정원사인 윌리엄 셴스턴은 당대 참나무의 매력을 이렇게 요약했다. "용감한 남자가 부유해졌다고 갑자기 우쭐하지도 역경 때문에 풀이 죽지도 않는 것처럼 참나무는 태양이 다가온다고 바로 신록을 뽐내지도 않고 태양이 떠난다고 바로 떨어뜨리지도 않는다."
이 위대한 나무는 조금도 변덕스럽거나 충동적이지 않으며, 고난이
닥칠 듯하다고 바로 굴복하지도 않는다.

　나무의 정력을 자랑하는 것이 요즘 사람들에게는 조금 별나 보
이겠지만 그 시절 참나무는 그러했다. 그것이 참나무가 가진 커다란
매력이었다. 거대한 사유지의 주인들에게 남자다운 참나무는 지위
의 상징 같은 것이 되었다. '내 아내, 내 집, 내 말'뿐 아니라 '내 나무'
까지 자랑스럽게 여겼다.

　부유한 신사들은 자기 사유지의 참나무를 배경으로 초상화를 그
리곤 했다. 레이널드가 그린 〈도너모어 경Lord Donoughmore〉과 〈토
머스 리스터 도련님Master Thomas Lister〉이 그러했고, 게인즈버러가
그린 유명한 그림 〈앤드루스 부부Mr. and Mrs. Andrews〉도 자신들의
거대한 나무 아래서 포즈를 취하고 있으며 나무 너머로는 그들의 영
지가 펼쳐져 있다. 조지프 라이트가 그린 〈브룩 부스비 경의 초상Sir
Brook Boothby〉에서, 참나무 숲에 비스듬히 누워 있는 부스비 경을
보면 스스로를 자연과 교감하는 감수성이 있는 인물로 여기는 듯하
다. 하지만 그의 자세는 세상 사람들에게 그가 매우 값비싼 나무를
많이 소유하고 있음을 상기시키기도 한다. 유베딜 프라이스와 리처
드 페인 나이트처럼 미의 흐름을 이끌었던 조경 디자인의 선구자일
뿐 아니라 거대한 토지까지 소유했던 지주들은 유용성과 미를 대립
시킬 필요가 전혀 없었다.

목재로도, 개성 있는 겉모습으로도 가치가 높은 거대한 참나무들은 그들만의 초상화가 필요했다. 윌리엄 길핀은 한 폭의 그림 같은picturesque 나무의 특징을 소개한 안내서《숲 경관에 관하여 *Remarks on Forest Scenery*》(1791)에서 잉글랜드 참나무를 묘사했다. 길핀은 뉴포리스트 볼드레의 교구목사로 여러 해를 지낸 덕택에 그의 유명한 픽처레스크 투어* 에 대해 말할 때보다도 훨씬 권위 있는 태도로 오래된 나무들의 개성적인 특성과 미학적 매력을 이야기할 수 있었다. 조지프 패링턴의 〈참나무The Oak Tree〉는 늦은 오후 햇살을 받아 숲에서 눈부시게 빛나는 거대한 참나무 한 그루의 초상이다. 존 크롬이 그린 〈포링랜드 참나무The Porlingland Oak〉에는 작은 호수에서 멱 감는 사람들의 작은 무리가 우뚝 솟은 참나무 옆 그늘에 또렷하게 그려져 있다.

제이콥 스트러트가 영국의 커다란 나무들을 그린 삽화책《영국의 숲Sylva Britannica》에 그려진 나무들 가운데 거의 절반이 참나무다. 이 '등장인물'들은 이 책에 출자한 지주들에게는 지위의 상징이었고, 이 지주들의 권력은 그들이 소유한 나무의 연륜과 거대한 몸통으로 구현된 듯했다.

커다란 참나무의 특별한 매력은 그 빼어난 자태와 웅장한 크기,

•   picturesque tour. 한 폭의 그림 같은 아름다운 풍경과 건축을 찾아다니는 여행으로, 풍경화에 대한 지식을 토대로 자연과 건축의 아름다움을 묘사한 길핀의 여행기에서 유래했다.

오랜 수명만이 아니라 개성에서 나오기도 했다. 웅장한 참나무가 많지만 한 그루 한 그루가 고유하다. 황소가 옹이 진 나무 동굴로 뒷걸음쳐서 무성한 나뭇잎 아래서 비를 내다보던 탓에 황소 참나무Bull Oak라 불리게 된 워릭셔의 참나무부터 곡선을 그리는 자태와 텅 빈 몸통으로 에디스톤 등대*에 영감을 준, 요크셔의 거대한 코우소프 참나무Cowthorpe Oak에 이르기까지 나무마다 개성이 있다. 노팅엄셔 웰벡의 그린데일 참나무Greendale Oak는 길 하나가 지나갈 만큼 커서 포틀랜드 공작의 마차가 개선문을 통과하듯 나무 몸통을 통과할 수 있었다. 링컨셔의 보우소프 참나무Bowthorpe Oak 역시 워낙 커서 한때 몸통 속 공간에 바닥과 테이블을 갖추고 손님을 접대한 적도 있었다.

건강한 참나무는 천 년까지 살 수 있으므로 조지 왕조 시대에 숭배되었던 많은 참나무가 요즘에도 살아 있다. 셔우드 숲의 소령 참나무Major Oak는 1970년대나 1930년대, 1890년대 엽서 속 모습과 똑같아 보인다. 소령 참나무라는 이름의 원조인 헤이먼 루크 소령이 한 세기 전에 그렸던 그림 속의 큼직한 가운데 가지만 빼고는 똑같다.

내가 보우소프 참나무를 찾았을 때는 비를 피하는 몇 마리 닭 빼고는 아무도 없었다. 하지만 그래서 그 굵은 몸통이 더욱 굵어 보였

•　　Eddystone Lighthouse. 영국해협의 해상 암석에 건설된 등대. 원래 이곳에 있던 등대가 폭풍과 화재로 여러 차례 소실된 뒤 참나무 몸통을 모방한 디자인으로 안정감을 더했다.

다. 보우소프 참나무는 어느 과수원 뒤에, 긴 오솔길 끄트머리에 있는 농가 뒤에 서 있다. 마침 농가 주인이 있어서 친절하게 당신을 들여보내준다면 그 나무를 보는 경험은 평범한 일상에서 불멸의 존재를 향해 걸어가는 느낌을 줄 것이다. 늙고 주름진 나무지만 이상하게도 당신을 반기는 듯한 느낌을 받을 것이다.

오래된 참나무들은 개성 있고 독립적일 뿐 아니라 포용적이다. 도싯의 다모리스 참나무Damory's Oak는 선술집으로 쓰였고, 리치필드 근처 배것츠 파크Bagot's Park에서는 집 없는 여행객들이 베거스 참나무Beggar's Oak의 가지 아래 모여 잠들곤 했다. 에식스의 페어롭 참나무Fairlop Oak는 해마다 열리는 축제로 유명하다. 이 나무의 거대한 그늘은 둘레가 90미터에 달하는데, 그 안에서 모든 가판대 행사와 인형극이 펼쳐진다. 참나무는 워낙 눈에 잘 띄는 모양이다보니 주 경계를 표시하기도 한다. 이렇게 랜드마크가 되었던 참나무들은 고스펠 오크Gospel Oak나 매트록Matlock ─참나무 옆 모임 장소─ 같은 지명으로 여전히 남아 있다. 존 왕이 자신의 왕국을 위협하는 웨일스 문제를 의논하기 위해 긴급회의(COBRA●의 13세기 버전)를 소집했다는 셔우드 숲의 의회 참나무Parliament Oak에 얽힌 전설은 나무가 통상적인 모임 장소였던 문화에서 일어난 일로 이해하면 덜 이상하다. 이를테면 라이덜 워터 근처에 있는 지주 참나무Lord's Oak는

●   영국의 긴급안보대책회의로, 회의가 열리는 장소인 내각사무처 브리핑실 A(Cabinet Office Briefing Room A)의 약어다.

그 지역 지주가 정기적으로 사람들을 모아 교구 문제를 의논했던 장소를 표시한다.

저마다 독특한 모습을 지닌 덕에 참나무는 누구나 알아볼 수 있는 장소가 되었다. 세버네이크 숲의 몸통이 부풀어 오른 빅 벨리 참나무Big Belly Oak의 모습을 알아보지 못하기란 쉽지 않을 것이다. 물론 사냥꾼 헌의 참나무Herne the Hunter's Oak는 알아보기가 그만큼 쉽지는 않다. 이 나무는 셰익스피어가 쓴 《윈저의 즐거운 아내들 The Merry Wives of Windsor》에 등장하는 덕에 지속적인 명성을 누렸지만 크고 우둘투둘한 뿔 달린 유령이 어느 특정 나무와 관련 있는지, 아니면 윈저 숲의 벼락 맞은 아무 참나무나 묘사하는지는 분명치 않다. 참나무는 키가 큰 데다 수분이 많고, 다른 많은 나무와 떨어져 자라는 경향이 있어 벼락 맞을 확률이 높다. 하지만 어쨌든 쇠사슬을 절걱대는 사냥터 관리인 유령이 출몰하는 장소에서 만나고 싶은 사람이 있을까? 반면에 노퍽의 헤더셋에서 케트의 참나무Kett's Oak라 불리는 나무는 1549년 교회와 국왕에 저항하는 로버트 케트를 지지하는 성난 주민들의 집회 장소였다. 케트의 반란은 금세 진압되었고, 그는 반역자로 처형되었다. 하지만 나무는 여러 해가 흐른 뒤에도 계속 살아남아 엘리자베스 2세의 재임 50주년에 '위대한 영국 나무 50' 가운데 하나로 선정되는 영예를 누렸다.

큰 참나무들이 소중히 여겨지는 이유는 많았다. 특히 경제적 이유로 소중히 여겨졌다. 목재와 나무껍질은 큰 거래를 뜻했고, 참나무만큼 가치 있는 나무는 없었다. 17세기 런던 해군성에서 일했던 새뮤얼 피프스*는 월섬 숲 목재상들의 약삭빠른 행태를 면밀하게 주시했다. 참나무는 국가 경제의 중심이었다. 배를 만드는 재료, 즉 교역에 필요한 재료를 제공하기 때문이다.

참나무 목재는 단단하면서도 질기다는 점에서 진귀하다. 사람들이 번개를 신의 노여움의 징표로 해석하는 이유는 번개가 '쪼갤 수 없는' 참나무를 쪼개기 때문이기도 하다. 신이 아니라면 어느 누가 그토록 강력한 번개를 보낼 수 있겠는가. 참나무 토막에 못질하기는 영국의 몇몇 마을 축제에서 여전히 인기 있는 게임이다. 이처럼 유별나게 질긴 특성 때문에 참나무는 튼튼한 배를 짓는 데 가장 완벽한 목재다. 심지어 호리호리한 참나무 가지마저도 바위 같다. 참나무가 단단하게 구부러진 부분은 '곡재'를 제공한다. 솜씨 좋은 목수들이 이런 곡재로 거대한 배의 만곡부와 까치발을 정교하게 만들어 낸다. 알렉산더 포프의 〈윈저 숲Windsor Forest〉은 나무가 가득한, 조화로운 풍경을 묘사하는 것으로 시작되지만 시 전반에 걸쳐 이 왕실 공원의 역사와 아름다움 못지않게 유용성도 예찬한다. '우리 참나무들'은 인도의 풍요로운 자원을 유럽 시장으로 운반하며 영국에 '장래의 해군'을 공급하기 때문에 찬양된다. 이 시는 숲의 절반이 바다로 달려가고 난 뒤에 뒤따라 올 세계 평화를 그리며 끝을 맺는데, 마치

●　　　Samuel Pepys. 영국의 저술가이자 행정가. 그가 속기와 암호로 써서 남긴 방대한 일기는 당대의 풍속을 연구하는 좋은 자료로 여겨진다.

나무들이 스스로 상선이 되기 위해 달려가기라도 하는 것처럼 묘사한다.

튼튼하게 뿌리 내리는 참나무의 속성은 늘 널리 찬양되었지만 참나무의 변신 능력도 그 못지않게 중요한 문화적 의미를 지닌다. 확고하게 흔들림 없는 동시에 유연한 참나무는 풍경에 우뚝 서 있기를 그친 뒤에도 유례없는 힘을 끌어모아 새로운 생명을 회복할 수 있다.

삶의 많은 시간 동안 북웨일스의 작업실에서 나무를 다뤄온 현대 조각가 데이비드 내시는 참나무의 이런 역설적인 특징을 이용했다. 내시는 나무를 가만히 지켜보며 그것을 어떻게 조각할지 아이디어를 얻는다고 한다. 그가 최근 큐 왕립식물원Kew Gardens에 설치한 조형물로는 거대한 컵들이 아슬아슬하게 균형을 잡으며 쌓여 있는 정교한 탑도 있는데, 모두 한 그루의 참나무 몸통을 깎은 것들이다. 그의 가장 유명한 작품은 〈나무 바위Wooden Boulder〉다. 이 나무 바위는 쓰러진 거대한 참나무의 일부로 삶을 시작해서 큼직한 바위로 조각된 뒤에 강을 따라 하류로 여행하면서 여러 해를 보냈다. 변화하는 수면에 따라 멈추기도 하고 움직이기도 하다가 마침내 바다에 도착했다. 이는 자유롭고 싶고 움직이고 싶은 충동, 익숙하고 안전한 나뭇잎 지붕과 뿌리로부터 풀려나고 싶은 욕망을 구현한 참나무의 변신이다. 참나무는 가정을 사랑하는 다정하고 조심스러운 존재이기도 하지만, 미지의 세계로 밀고 들어가 바람과 파도와 하나가

되는 두려움 없는 탐험가이기도 하다. '나무 울타리'에 둘러싸인 안전한 집에 머물고 싶은 사람뿐 아니라 탐험가와 섬사람들을 위한 나무이기도 하다.

철과 강철이 발달하기 전에 참나무는 교역과 탐험만큼 국방에도 중요했다. 영국의 안전, 영국 국민의 미래는 영국의 '나무 울타리' 곧 영국 해군에 달려 있었다. 넬슨의 거대한 기함 HMS* 빅토리호 같은

* 국왕 또는 여왕 폐하의 배(Her/His Majesty's Ship). 영국 군함 이름 앞에 붙이는 표현이다.

큰 배를 만들기 위해서는 다 자란 참나무 2천 그루가 있어야 했으니, 영국이 전쟁을 할 때마다 나무가 무척 많이 필요했다.

사람들은 깊은 불확실성의 시대에도 종종 참나무를 불러냈다. 예를 들어 정복왕 윌리엄*의 왕위 계승 계보도에서 그는 거대한 참나무의 왕좌에 앉아 있고 후계자들은 그 아래 줄기를 따라 내려가며 나열돼 있다. 야심이 있는 지도자들은 자신을 왕실 숲을 질주하는 강력한 사냥꾼의 이미지로 포장하려고 했다. 엘리자베스 1세가 햇필드 저택Hatfield House의 커다란 참나무 아래에서 왕위 계승 소식을 들었다는 유명한 이야기는 왕실과 참나무 상징을 더욱 튼튼하게 연결했다.

찰스 1세가 처형된 뒤 왕위 계승자는 보스코벨Boscobel의 거대한 참나무를 전설적 존재로 탈바꿈시킴으로써 자신의 극적인 탈출 이야기를 기회로 활용할 수 있었다. 우스터 전투에서 승리한 원두파**들이 숲을 뒤질 때 도주 중이던 이 왕족은 거대한 참나무의 텅 빈 몸통 속에 몸을 숨겼다가 프랑스로 달아났다. 그가 마침내 찰스 2세가 되어 런던으로 돌아왔을 때 사람들은 참나무 잎을 들고 거리에 줄지어 서서 그를 맞이했으며, 왕정이 복고된 날이자 찰스 2세의 생일인

●   William the Conqueror. 1066년 잉글랜드 왕위 계승권을 주장하며 침략하여 앵글로색슨계의 해럴드 왕을 격파하고 왕위에 올라 노르만 왕조를 연, 노르망디 공 윌리엄 1세를 일컫는다.
●●   Roundheads. 17세기 왕당파와 의회파 사이에 일어난 영국 내전에서 의회파를 일컫는 말. 짧게 깎은 머리 때문에 생긴 이름이다.

5월 29일은 국경일로 선포되었다. 오크 애플데이[*]는 옥스퍼드셔의 마시 기번Marsh Gibbon을 비롯한 몇몇 마을에서 여전히 기념하고 있다. 주민들은 이 날 새벽에 지역의 참나무를 습격해 잔가지와 참나무 열매를 확보한 다음 축하 행사를 벌인다. 마을 관악대가 행진을 하고 평소보다 다소 긴 점심과 저녁 축제를 즐긴다. 문제의 그 군주가 바라던 대로 모두 즐겁게 말이다.

위태롭게 통치를 시작한 찰스 2세는 강력한 통치자로 알려지고 싶었다. 그래서 아우구스투스 카이사르의 참나무 리스 이야기를 자신의 보스코벨 참나무 이야기와 함께 엮어서 로마 제국과 왕정복고기 잉글랜드를 나란히 놓으려 했다. 많은 성공적인 정치인처럼 찰스 2세도 고대의 권위를 개인적이고 대중적인 전통과 연결했을 때 어떤 이점이 있는지 잘 알았다. 참나무 잎 사이로 몰래 내다보는 왕의 얼굴을 그린 인상적인 이미지는 어디에나 있는 로열 오크 펍의 간판 덕에 요즘도 무척 친숙하다. 이 이미지가 지닌 힘의 일부는 카이사르의 로마에서, 다른 일부는 신비로운 그린맨[**]이나 중세 건축의 잎 모양 얼굴에서 나온다.

왕위 계승권의 정당성이 다소 부족했던 왕들은 연속성의 상징으로, 또 아주 오래된 남성 권력의 상징으로 참나무를 활용했다. 찰스

-     Oak Apple Day. 참나무에 숨었던 찰스 2세의 왕정복고를 기념하여 5월 29일에 열리는 행사.
-     Green Man. 잎에 둘러싸인 얼굴을 한 형상으로 숲의 정령이나 풍요의 신을 상징한다고 여겨지며, 중세 시대 영국 건축에 자주 조각되었다.

2세가 총애했던 참나무는 왕정복고기에 크게 부흥했다. 목재에 대한 현실적인 필요는 이러한 인기를 더욱 부채질했다. 이 무렵에 존 이블린John Evelyn이 그의 위대한 책《실바Sylva》*를 편찬했다. 이 책은 찰스 2세가 참나무 잎과 함께 개선행진을 한 지 4년 뒤에 출판되었고, 목재용 나무를 애국적으로 확산시키는 열기를 고취하기 위해 쓰였다. 오래된 참나무 숲이 여러 세기 동안 꾸준히 고갈되어서 그 무렵에는 국가적 재앙의 조짐이 보일 정도였다. 왕정복고기에도 이미 참나무 공급이 부족해서 목재를 수입했다. 그래서 피프스가 영국의 목재 거래를 걱정했던 것이다. 네덜란드와의 전쟁이 터지자 배를 더 만들어야 했고, 따라서 집약 재배가 필요했다. 도토리 한 알을 심는 것이 애국적인 의무가 되었다. 아일랜드에서도 참나무가 귀해지면서 제혁산업이 휘청거렸다. 숲을 다시 조성하자는 요구가 광범위하게 일었다.

하지만 오래된 나무가 꾸준히 감소하는 것은 뒤집을 수 없는 흐름처럼 보였고, 다음 세기쯤 되자 한때 이런저런 숲과 풀밭으로 덮였던 땅의 10퍼센트에만 숲이 남아 있었다. 로빈 후드와 그의 부하들에 대한 이야기가 점점 인기를 끄는 것과 반대로 실제 셔우드 숲은 넓은 면적을 잃어버렸다. 데이비드 개릭의 노래〈참나무 심장Heart of Oak〉에 묘사된 참나무 숭배는 영국의 안보에 대한 두려움과 영국

•   숲을 뜻하는 라틴어에서 유래한 표현으로 특정 지역에서 자라는 나무들을 일컫는다.

참나무들이 어쩌면 결코 영원히 존재하지 않으리라는 인식에서 나왔다.

대규모 참나무 재배 사업은 영국의 군주들에게 내분의 조짐을 밖으로, 즉 '외부의' 적으로 돌리는 이점을 주었다. 영국 내전 다음 세기에 영국 땅에서 전투를 벌이려는 욕구는 일반적으로 작았다. 그래서 사실 그 무렵에 새로 만들어졌지만 오래되었다고 여겨졌던 애국적인 노래 〈브리타니아여 지배하라Rule Britannia〉에서 영국은 '외세의 타격'이 있을 때마다 더 우뚝 서는 모습으로 그려진다. 혹독한 폭풍이 '그대의 땅에 자라는 참나무의 뿌리를 내리게 할 뿐'인 것처럼 말이다. 정치적 수사로 마음을 사로잡는 이 노래, 보편적인 영국인다움Britishness의 감정을 키우려는 이 노래는 스코틀랜드 시인 제임스 톰슨이 남쪽으로 내려간 뒤에 만든 것이다.

요즘 들으면 더 프롬스*의 마지막 밤에 유니언잭 깃발을 흔드는 이미지가 떠오르는 이 노래가 처음 공연된 것은 1740년이다. 그로부터 불과 5년 뒤에 자코바이트 반란**이 일어난 것을 보면 국민 화합이라는 눈부신 이미지가 근본적인 분열을 그다지 잘 치유하지는 못했음을 알 수 있다. 찰스 2세는 스튜어트 왕조와 참나무를 공들

●   The Proms. 런던에서 매 여름마다 8주에 걸쳐 열리는 음악 축제.

●●   Jacobite Rising. 명예혁명 때 프랑스로 망명한 제임스 2세를 왕으로 세우고 스튜어트 왕조를 복원하려는 운동으로, 1689년부터 여러 차례 봉기와 실패를 거듭했다. 1745년에 마지막 자코바이트 반란이 일어나서 1746년 컬로든 전투에서 처참하게 패배했다.

여서 연결시켜놓았는데, 이것이 새로운 하노버 왕조에게는 깊은 고민거리가 되었다. 독일에서 건너온 하노버 왕조는 독실한 신교도이긴 했으나 왕실 가계도와는 다소 눈에 띄지 않는 가지로 연결돼 있었다. 문제는 어떻게 참나무의 영국성을 강조하는 동시에 스튜어트 왕조와의 연결을 무시하거나 하노버 왕조로 재흡수하느냐는 것이었다. 브리타니아*와 그녀의 참나무는 영국인들이 단일한 토착 민족으로 그려질 수 있는 신화의 시대, 종교개혁 이전 시대, 로마 이전 시대까지 거슬러 올라갔다.

그러나 민족의 나무로서 참나무는 여전히 논쟁의 여지가 있는 상징이었고, 두드러지지는 않지만 자코바이트들의 도상학에도 등장했다. 더원트워터 공작이 자코바이트 반란에서의 역할 때문에 재판받고 처형당한 뒤 팔려나간 그의 컴브리아 영지가 대대적으로 파괴된 모습은 토막 난 참나무의 이미지로 표현됐다. 그런 아수라장을 만들어놓은 계몽 정부를 의심하는 듯도 하고 꾸짖는 듯도 한 모습으로 말없이 서 있는 참나무로 그려졌다.

아일랜드 전통에서 참나무가 얼마나 중요한지는 지명에서 뚜렷이 드러난다. 데르나그리Dernagree, 데라Derragh, 데린Derreen, 데르니시Dernish, 데리반Derrybawn, 데리코피Derrycoffey, 데리퍼블Derryfubble, 데릴리카Derrylicka, 데리나나프Derrynanaff. 물론 데리

•   Britannia. 영국의 고대 이름이자 영국을 의인화한 여인상. 주로 투구를 쓴 여인의 모습으로 형상화된다.

Derry는 말할 것도 없다. 이 모든 지명은 참나무를 뜻하는 아일랜드어 '데러Doire(또는 데루derw)'에서 나왔다. 영국의 유명한 참나무들을 늘어놓다보면 스코틀랜드와 웨일스 애국자들에게 강렬한 민족감정을 일으킬 만한 장소도 등장한다. 윌리엄 월리스가 잉글랜드 왕에 대항해 추종자들을 모았던 스털링 근처 토우드의 윌리스 참나무 Wallace Oak도 있고, 오언 글렌도어*가 전장을 훑어보았던 슈로즈버리Shrewsbury의 셸턴 참나무Shelton Oak도 있다. 이 두 나무는 한때 그들의 널찍한 몸통에서 활동했던 민족 영웅들을 기념하며 여러 해 동안 서 있었다.

참나무는 철천지원수들조차 활짝 펼친 팔로 포용하며 각자 입맛에 맞는 상징을 제공한다. 그래서 참나무를 정치적으로 이용한 이야기는 복잡하다. 어떻게 서로 다른 국민성의 개념이 자라거나 베이거나 접목되거나 이식되었는지를 생생하게 보여주는 사례가 된다. 참나무는 왕족의 나무이자 로빈 후드의 나무이며, 브리타니아의 나무이자 브라이언 보루**의 나무이기도 하다. 물려받은 유산을 찬양하는 보수주의뿐 아니라 평등한 권리를 부르짖는 급진주의에도 영감을 주며, 포용을 내세우는 통합주의자들뿐 아니라 독립을 결의하는 분리주의자들에게도 힘을 준다면 이 나무의 '진짜' 의미가 무엇이라

●　　Owen Glendower. 14~15세기 헨리 4세의 웨일스 통치에 저항했던 인물로, 19~20세기에 이르러 웨일스 민족주의의 영웅으로 추앙받는다.
●●　Brain Boru. 11세기 초에 아일랜드를 최초로 통일한 왕. 1014년 클론타프 전투에서 바이킹(데인족)을 격파하고 전사했다.

고 단언하는 일은 아마 현명치 못할 듯하다. 참나무의 찬양받는 특성인 '질김toughness'은 유연성과 생존력까지 포함한다. 이런 특성은 단단함hardness만큼이나 중요하다.

잘 알려진 것처럼 참나무는 수명이 길기 때문에 미래에 대한 희망도 제공한다. 유한한 인간의 그 어떤 권력이 오가든 참나무는 개의치 않고 계속 서 있으리라고 말하는 것만 같다. 공원이나 펍 밖에 서 있는 오래된 참나무는 늘 그 자리에 있어왔고, 앞으로도 그럴 것이다. 많은 마을이 '천 년 묵은' 나무를 자랑하지만, 그런 노목조차도 몇몇 참나무 앞에서는 젖먹이처럼 보인다. 토탄 늪이 훼손되지 않고 남아 있는 곳에서는 기원전 7세기까지 연대가 거슬러 올라가는 화석화된 참나무가 가끔 발견되기도 한다. 물론 이런 화석들은 더 이상 살아 있다고 할 수는 없다. 하지만 토탄 늪에 파묻혀 화석화된 나무들은 민족 국가가 형성되기 이전 세상과 우리를 연결해주는 구체적인 존재다(그리고 연륜연대학●에 선사시대 나이테라는 소중한 자료를 제공한다).

이렇게 늪에서 화석화된 참나무bog oak의 어둡고 짙은 색과 이상한 물결 모양은 반짝이는 현대 조각의 빼어난 작품으로 변신했을 때 선명하게 드러난다. 아일랜드에서는 켈트인들이 들어오기 이전부터 있었던 참나무 목재를 거실에 놓기 위해 구입할 수 있다. 얼마

● 나무의 나이테로 연대를 측정하고 과거의 기후 변화와 환경을 밝혀내는 학문.

전에는 수천 년간 크로아티아의 강바닥에 잠겨 있던 참나무의 거대한 부분이 조심스럽게 들어올려져 영국으로 옮겨졌다. 이 나무 덩이는 무척 노련한 전문 장인들의 손에서 참으로 아름다운 반원형 카운터로 다시 태어났다. 오래됨과 동시에 디자인의 최첨단을 걷는 작품으로 변신한 셈이다.

모든 참나무가 그렇게 잘 살아남지는 못했다. 참나무 목재는 오래 버티기로 유명하나 부패 앞에서는 취약하다. 지금 포츠머스 항 선창에 잘 보존된 HMS 빅토리호를 보면 트라팔가 해전 이후 줄곧 변함없는 모습이리라 단정하기 쉽지만, 사실은 썩어가는 목재와 빗살수염벌레* 때문에 거의 가라앉을 뻔한 적도 있다 새로운 살충제의 개발로 비로소 구조될 수 있었다. HMS 빅토리호는 이전 시대의 국가적 승리를 상기시키는 기념물일 뿐 아니라 참나무가 우리가 믿는 것처럼 늘 천하무적은 아니라는 걸 상기시켜준다.

팀 로빈슨**은 현대 코네마라***를 다룬 상세한 글에서 다 자란 참나무가 벼락을 맞아 둘로 갈라진 모습을 보고 느낀 감정을 기록하고 있다.

갈라진 반쪽은 여전히 곧게 서 있지만 여위었고 생명을 잃었다.

-         death-watch beetle. 고목을 갉아먹는 작은 곤충.
-         Tim Robinson. 영국의 작가이자 지도 제작자로, 아일랜드 서부에 위치한 아란 제도에 정착해 풍경을 조사하고 글을 쓰고 있다.
-         Connemara. 아일랜드 서해안 골웨이 주의 불모지.

나머지 반쪽은 거대한 팔꿈치 몇 개를 바닥에 짚고 살아 있다. 쪼개진 반쪽이 저마다 고유한 이야기와 장소, 사람으로 가득하니 그 일은 비잔티움 제국이 로마 제국에서 떨어져나가는 것만큼이나 중대한 사건이었다.

벼락을 맞아 하루아침에 쓰러지는 것은 위대한 영웅이나 심지어 제국의 몰락에 비견될 만큼 참나무의 장엄함과 잘 어울린다.

그러나 현대에 이르러 참나무가 크게 쇠락한 ─숲에서 참나무 묘목이 잘 자라지 않는─ 원인은 그만큼 받아들이기가 쉽지 않다. 올리버 래컴Oliver Rackam이 '참나무 변화oak change'라고 표현한 이 기이한 현상은 20세기 초반에 나타난 이해하기 힘든 문제로, 아마 곰팡이병이나 흰곰팡이 때문인 듯하다. 이런 곰팡이 때문에 어린 참나무는 빛이 더 필요하다. 그러나 다 자란 참나무의 무성한 지붕은 조그만 참나무 묘목을 보호하기는커녕 바닥에 떨어져 썩어가는 낙엽들과 부대껴야 하는 어린 묘목의 생명을 치명적으로 위협할 수 있다.

근래 들어 참나무는 연이은 파괴적인 수목의 질병으로 위험에 처했다. '참나무의 갑작스러운 죽음', 곧 미국의 참나무를 공격한 곰팡이 감염병인 '참나무 역병Phytophthora ramorum'은 전 세계에 공포를 일으켰고, 영국에서 첫 감염 사례가 발생하자 종말론적 분위기를 풍기는 기사들이 쏟아졌다. 그 뒤 10년이 흘렀다. 대부분의 다 자란 영국 참나무들은 다행히도 이 치명적인 병균에 저항력이 있는 것처럼 보인다. 하지만 털가시나무와 터키 참나무뿐 아니라 낙엽송과 밤나무, 너도밤나무에는 여전히 치명적이다. 참나무 행렬모충 나방은 2005년 유럽에서 영국으로 건너왔다. 그 뒤로 이 털 많은 애벌레 부대는 길게 줄지어 그들이 좋아하는 나뭇가지들을 위아래로 행진하며 아삭아삭 먹어치우고 있다.

영국 참나무(케르쿠스 로부르*Quercus robur*)에 더 걱정스러운 것은 '참나무 급성 감쇠acute oak decline'라 알려진(나무 줄기 곳곳에 진물이 줄줄 흐르는 고통스러운 검정 상처가 생기는) 질병이다. 2008년 처음 나타난 이래 이 질병은 영국의 중부와 남부 곳곳으로 꾸준히 퍼지고 있다. 일단 불길한 줄무늬가 생기고 나면 200년이나 300년에 걸쳐 다 자란 나무라도 4, 5년 안에 죽고 만다.

이런 나무 질병의 영향으로 영국의 오래된 참나무의 형상들이 새로운 국면을 맞았다. 셔우드 숲의 소령 참나무는 무너지는 가지들을 튼튼한 기둥과 철사로 신중하게 받치고 있다. 이런 모습은 도움이 필요한 이들을 보살피고 나이 든 이들을 적절히 공경하는 따뜻한 공동체의 감동적인 이미지로 볼 수도 있다. 또는 영국인들이 한때 영광스러웠으나 사라져가는, 그리고 결국에는 소멸하게 될 유산—차츰 잊힐 과거의 위대함—에 매달리는 민족이라는 다소 덜 즐거운 생각을 떠올릴 수도 있다.

참나무는 튼튼하고 오래 산다고 여겨지기 때문에 참나무의 죽음은 사람들을 크게 낙담시키기도 한다. 윌리엄 쿠퍼는 감동적인 시 〈야들리 참나무Yardley Oak〉에 자신이 아끼는 나무의 모든 궤적을 담았다. '죽방울' 놀이●를 하던 도토리가 조그만 쌍둥이 이파리가 달린 묘목으로 싹 터 위엄 있는 '숲의 제왕'으로 자라기까지, 이 나무의 우연한 생존을 상상한 뒤에 '올빼미들이 보금자리를 튼 / 동굴'이 된 지금 모습을 생생하게 그린다. 이 숲의 거인은 어쩌면 한때 어느 조선공의 '아끼는 보물'이었을 수도 있지만, 이제는 '속이 푹 파인 껍데기' 또는 '마실 것을 달라고 구름에게 부르짖는 거대한 목구멍'일 뿐이다. 쿠퍼는 야들리 참나무가 여전히 '쇠락 속에서도 장엄하다'라고 주장하지만, 독자의 마음에 더 강렬하게 남는 것은 폭풍이 이 노목의 '팔들'을 모조리 뜯어가고 몸통만 남겨놓았다는 자세한 묘사다.

조그만 도토리에서 웅장한 참나무로 변신하는 놀라움이 참나무가 지닌 복잡한 매력의 중요한 측면이다. 참나무는 존재 그 자체가 역경을 극복한 승리일 때가 많다. 요즘 유행하는 식물 질병은 불운한 도토리를 괴롭히는 끊임없는 문제에 하나를 더 보탰을 뿐이다. 배고픈 돼지나 생쥐, 다람쥐가 위험이 되기도 하고 토끼가 참나무 묘목을 위협하기도 하며 모체 나무를 타고 내려온 매미나방 애벌레도 문제가 된다. 들쭉날쭉한 참나무 잎은 너무나 많은 종에게 저항할 수 없는 매력이 있어 다 자란 참나무로 성장하는 일은 대단한 승

●　　　cup and ball. 손잡이 달린 컵 모양 장난감에 작은 방울을 매달아 컵으로 방울을 잡는 놀이.

리다. 반면 매혹적인 씨앗에는 이점도 있을 수 있다. 어치가 도토리에 탐닉하는 것은 참나무의 생존에 큰 도움이 된다. 왜냐하면 이 욕심 많은 새들은 소화할 수 있는 양보다 훨씬 많은 도토리를 물어가서는 나중에 배불리 먹기 위해 묻어두는 경향이 있기 때문이다. 어치들은 1년이나 지나서 이 지하 저장고를 찾아가는데, 씨앗에서 막 움튼 싹을 세게 잡아당기면서 싹들이 지표면에 이르도록 무심결에 돕는다. 어치와 도토리는 기대 밖의 동반자 관계로 서로를 계속 살아가게 한다.

오래된 참나무의 썩어가는 심재는 윌리엄 쿠퍼처럼 민감한 영혼에게는 끔찍해 보였겠지만, 이렇게 해체되는 심재에는 토양을 살찌우고 참나무를 재생하는 영양분이 있음이 최근 밝혀졌다. 이는 오래된 참나무를 구하려는 좋은 뜻에서 텅 빈 나무 속에 콘크리트를 채워넣었던 예전 세대의 노력이 잘못임을 알려주는 많은 이유 가운데 하나다.

노목들에 대한 인류학적 정열은 신중하게 생각할 필요가 있다. 그런 관심이 한 종의 건강한 미래를 보장할 만한 방법을 오히려 막을 수 있기 때문이다. 요즘 나무 문화에서 창조적인 활동 가운데 하나가 참나무 한 그루를 광범위한 교육 자료로 탈바꿈시킨 일이다.

가브리엘 헤머리의 '참나무 한 그루One Oak' 프로젝트는 2009년 1월 블레님의 개인 소유지에 있는 222살 먹은 참나무를 베어내는 일에서부터 시작되었다. 많은 아이들이 이 사건을 직접 지켜봤다. 그 뒤 이어진 일은 요즘 사회에서 참나무가 얼마나 중요하게 쓰일 수 있는지 보여주기 위한 것이었다. 나무가 땅에 쓰러지는 것을 본 아이들은 돌아가서 도토리를 모으고 미래 세대의 참나무를 심었다. 묘목은 매우 만족스럽게 싹을 틔웠다. 유연한 줄기에서 어린 금색 이파리가 고르게 돋은 모습이 축소형 회전목마 같았다. 한편 이 한 그루 참나무에서 나온 목재는 가구, 장신구, 악기, 벤치, 기둥, 문틀, 시계, 목판, 숯, 땔감, 톱밥, 우드칩스를 제작하는 수많은 장인과 제조자들에게 배분되었다. 이 프로젝트는 전통적 개념의 가계도나 지역 모임 장소, 민족 상징과는 거리가 좀 있다. 하지만 서로 다르고 동떨어진 사람들을 모으는 참나무의 힘이 여전히 강하다는 것을 보여주었다.

참나무는 단지 과거의 유산이 아니다. 적절하게 관리한다면 많은 나라의 미래에 무척 중요할지도 모른다. 영국 나무들의 상태를 조사하도록 위탁받은 삼림관리 독립집단The Independent Panel on Forestry은 최근 지속 가능한 경제 창조에 크게 공헌할 잠재력이 숲에 있다고 결론 내렸다.

숲은 소중한 자연보호구역과 광활한 휴양지를 제공할 뿐 아니라 탄소를 흡수하고 토양을 안정시킨다. 또한 홍수가 잦은 지역을 보호하고 대기질과 수질을 개선하며, 깨끗하고 재생 가능한 에너지를 공급할 어마어마한 능력을 갖고 있다. 이처럼 즐거운 초록 미래의 전망에서 참나무는 중요한 역할을 한다. 참나무 한 그루는 그 자체로 놀이터이며 온전한 자연 공동체다. 참나무 목재는 쓰임새가 많다. 목재 들보는 나무 질병에 저항하는 처리만 하면 강철 들보를 대체할 만큼 강하다. 나무 들보가 낮게 걸린 로열 오크 펍에서 나뭇결이 풍요로운 탁자에 앉아 목을 축이는 일은 결국 과거로의 짧은 여행이 아니라 오히려 미래를 살짝 맛보는 일일지도 모른다.

물푸레나무
Ash

어린 시절 어머니는 레이크 지방으로 보내졌다. 지나치게 노출된 링
컨셔의 해안가 아파트보다 북서부 구릉 지방으로 피신해야 살아남을
가능성이 더 많으리라는 생각 때문이었다. 그때가 1940년이었다. 어
머니에게는 대단한 모험이 될 뻔한 사건이었으나, 일어나선 안 될 일
이 일어나고 있음을 끊임없이 상기시키는 것들이 있었다. 아버지와
삼촌, 오빠들이 곁에 없기도 했지만 이상하게 상처 입은 것들이 호텔
곳곳에 있었다. 눈 먼 고양이와 부서진 외바퀴 손수레, 됭케르크* 작
전에 참여한 적이 있으며 보통 어른과는 다른 아저씨가 있었다.

어머니가 무척 생생하게 기억하는 것은 옅은 색 드레스를 입고

●   Dunkerque. 프랑스 북부의 항구도시로, 제2차 세계대전 당시 독일군에 포위된 영
국 대륙원정군의 대규모 철수 작전이 있었던 곳.

얼굴이 창백한 어느 젊은 여성이었다. 그녀는 온종일 밖에 앉아 키큰 물푸레나무 가지를 올려다보며 그림을 그렸다고 한다. 해가 나오면 그녀의 연필 선도 짙어져서 이리저리 얽힌 조그만 나뭇가지가 검은색 레이스 베일로 변신했다. 말이라고는 한 마디도 하지 않았고 매일 나무를 올려다보면서 큼직한 평면 종이에 있을 수 없는 무늬를 거듭 창조했다. 이 알 수 없는 여인에게 물푸레나무는 무슨 의미였을까? 또 어머니에게는? 그 물푸레나무는 불안하고, 감수성이 예민했던 어린 시절 어머니의 마음에 뿌리를 내린 뒤로 내내 그곳에 남았다.

물푸레나무는 숲의 베누스*라 불린다. 우아한 그 모습을 물끄러미 바라보는 사람들에게 강렬한 감정을 불러일으키는 듯하다. 널찍한 공원에 서 있든, 깔끔치 못한 11월 산울타리에 서 있든, 블루벨의 바다에 벌거벗은 채 서 있든 물푸레나무의 구부러진 팔은 하늘로 뻗은 *끄트머리*로 갈수록 점점 가늘어진다. 어린 물푸레나무는 펼치다 만 공작 꼬리처럼 아직 아름다움을 뽐낼 준비가 덜 되어 있을 때가 많다. 다 자란 물푸레나무는 가지를 완전히 펼치고 나면 땅으로 구부리다가 마치 새싹들을 날려 보낼 듯 다시 휙 들어올린다. 여름에는 초록빛 잔가지에 뒤덮인 채 사방으로 구불구불 폭포처럼 늘어진다. 어린 물푸레나무는 각진 곳이 없다. 모든 것이 둥글둥글하다. 깃

●　　Venus. 영어 발음은 비너스다. 로마 신화에서 미와 사랑의 여신이며, 그리스 신화의 아프로디테에 해당한다.

물푸레나무
158

털 목도리의 깃털이나 친칠라 모피처럼 부드럽고 하늘거리는 잎사귀에 덮여 있다. 해가 갈수록 가지들은 몇 인치씩 자라며 주름지지만, 자랄수록 빼어난 자태를 지닌다. 겨울이면 물푸레나무 윤곽이 맑은 하늘에 찍히는 모습은 틀 없는 스테인드글라스 유리창이 늘어선 것처럼 보인다. 패기만만한 검은색 싹이 봄을 기다리지 못하겠다는 듯 자신만만하게 솟아오른다. 사실, 물푸레는 가장 늦게 잎이 나고 가장 먼저 잎을 떨구는 나무다. 물푸레나무의 벌거벗은 모습조차 눈길을 사로잡는데, 잎사귀를 완벽하게 걸친 화려한 나무 못지않게 매력 있다.

예술가들은 우아한 물푸레나무에 매혹되곤 했다. 존 컨스터블은 에식스 데덤의 자기 집 둘레에 있는 물푸레나무를 그림으로 영원히 남겼다. 그가 그린 〈곡물밭The Cornfield〉과 〈플랫퍼드 방앗간 Flatford Mill〉 같은 그림에는 깃털 같은 이파리를 작은 붓으로 잘 표현한 물푸레나무가 전경에 두드러진다. 그의 친한 친구이자 전기 작가인 C. R. 레슬리에 따르면 컨스터블은 거의 모든 나무를 '기쁨에 도취되어' 쳐다봤지만, 그가 정말 아끼는 나무는 물푸레나무였다. 햄스테드의 물푸레나무가 베였다는 소식에 컨스터블이 무척 상심했다고 레슬리는 회상한다. 컨스터블이 그린 아름다운 그림들에 영감을 준 나무였다.

컨스터블은 대중 강연에서 "그녀는 상심해서 죽었습니다"라고 표현했다. 그는 부랑생활을 금지하는 교구 게시물이 나무 몸통에 인

정사정없이 못 박힌 탓에 자신이 사랑하는 물푸레나무가 죽었다고 비난했다. 게시물이 걸리자마자 나무 정수리의 가지 몇몇이 시들었으니 "나무는 치욕스러웠던 것 같습니다"라고 그는 청중에게 말했다. 한두 해 만에 나무 전체가 마비되었고 이 "아름다운 생물은 게시물을 걸 만한 높이의 그루터기만 남기고 잘렸습니다"라고도 덧붙였다. '이 젊은 여인'의 운명에 컨스터블이 이리 분노하는 것을 보면 그의 섬세한 그림이 단지 자연 탐구의 표현만은 아니었던 듯하다. 그것은 사랑의 표현이었다.

예부터 사랑을 찾는 사람들은 물푸레나무 잎에서 희망을 얻었다. 가냘픈 초록 이파리들이 잎대마다 완벽하게 짝을 이룬 모습에서 용기를 얻었던 모양이다. 젊은 여성들은 예쁜 깃털 같은 잎이 달린 물푸레나무 잔가지를 들고 다니다가 처음 만나는 남자가 미래의 배우자가 될 것이라 믿곤 했다. 다소 위험한 스피드 데이트 방법이긴 하나, 물푸레나무의 낭만적 기운을 잘 보여준다. 물푸레 잎 한두 개를 가슴골에 끼워 순진한 청년의 주의를 끌기도 했다. 잎사귀로 원하는 효과를 충분히 얻지 못했다면 물푸레 열매에 언제든 도움을 구할 수 있다. 탐스러운 송이로 매달려 쉽게 딸 수 있는 열매는 끓여서 정력제를 만드는 데 쓰였다.

잉글랜드 남서부 지역에서는 '물푸레나무 뭇나무'*가 크리스마

---

*   ashen faggots. 한 뭇씩 묶은 땔나무.

스 축제를 훈훈하게 했다. 크리스마스 전날 밤에 물푸레나무 막대를 초록 물푸레나무 띠를 사용해 큼직하게 여러 단으로 묶어 집으로 들고 가서 커다란 난로에 놓고 불을 붙이는 전통이다. 난로 주위에 모인 사람들은 각자 물푸레나무 단들 가운데 하나를 선택한 뒤 어느 단에 가장 먼저 불이 붙는지 지켜본다. 가장 먼저 불꽃을 터트리는 물푸레나무 단을 선택한 사람이 가장 먼저 결혼한다고 한다. 술 마시기 놀이도 있다. 나뭇단이 불꽃을 터트릴 때마다 사과주가 한 순배씩 돌면 모여 있던 사람들이 조금 더 느슨해지고 훨씬 따뜻해질 것이다.

물푸레나무는 더없이 행복한 앞날을 약속하지만 사랑은 종종 덜 행복한 감정과 섞인다. 토머스 하디는 겨울 시 〈회색빛 색조Neutral Tones〉에서 자신의 마지막 만남을 목격한 물푸레나무의 회색 낙엽으로 사랑에 대한 실망을 표현한다. '당신 얼굴, 신의 저주를 받은 태양, 나무 한 그루 / 그리고 회색 잎을 가장자리에 두른 연못 하나'의 기억에 '사랑은 기만적'이라는 교훈이 새겨진다.

또한 물푸레나무는 널리 알려져 있는 웨일스 민요 〈물푸레나무 숲The Ash Grove〉에서 잃어버린 사랑을 떠올리는 존재로 서 있다.

실개천이 구불구불 흐르는 초록 골짜기를 따라
석양이 질 때 나는 생각에 잠겨 방랑한다.
또는 밝은 한낮에 혼자 돌아다닌다.

쓸쓸한 물푸레나무 숲의 어두운 그늘을.
그곳이었다. 검은새가 명랑하게 노래할 때
내 사랑, 내 심장의 기쁨을 처음 만난 곳!
우리 둘레에서 블루벨이 기쁨으로 울리고 있었다.
아! 우리가 얼마나 빨리 헤어지게 될지
그때는 조금도 생각지 못했다.

이 노래는 다양한 작사가와 음악가의 손에서 여러 버전으로 만들어졌지만 하나같이 기억 속에만 남아 있는 사랑을 노래한다.

에드워드 토머스는 시에서 '물푸레나무 숲'을 제1차 세계대전의 많은 사상자 가운데 하나로 그린다. 컨스터블과 마찬가지로 토머스가 아끼는 나무도 물푸레나무였다. 그 마음이 얼마나 깊었는지, 그는 무척 절망적인 상황에서도 물푸레나무를 마주치면 다시 힘이 솟았다. 그의 시는 이미 죽은 나무와 죽어가는 나무들의 우울한 풍경에서 시작하지만 그럼에도 시인은 '그들은 나를 반겼고 나는 이유 없이 기뻐서 머물렀다'고 말한다. 그가 예전에 알던 나무들은 아니었으나 그들 역시 물푸레나무였기에 비록 빈사 상태에 가까운 숲이라도 과거의 나무들처럼 '똑같은 평온을 가져다줄 수 있었다'. 죽은 것이나 다름없는 나무들이었지만 시인은 이 죽어가는 물푸레나무 사이를 배회하며 번뜩이는 깨달음 같은 것을 얻는다.

나는 유령으로 배회한다.
유령 같은 기쁨으로, 소녀의 노랫소리를 들은 것처럼
'물푸레나무 숲' 노래가 이루어지지 못한 사랑처럼 희미하게
들리더니 사람들 속으로 또는 저 멀리로 사라져버렸다.

모든 표현이 절제되고 조심스럽다. 그러나 희미하게 감정을 흔드는 것들이 점점 강해지면서 사라지려 하지 않는 과거가 갑작스러운 빛으로 현재로 흘러넘치고, 멋없는 병든 나무들이 비범한 존재로 확대되는 순간으로 시는 끝을 맺는다. 잠시 동안 사랑은 더 이상 길 잃지 않고 이루어지지 않은 채 물푸레나무들 사이에서 발견된다.

물푸레나무는 부드러움 때문에 늘 평안과 치유의 나무로 여겨졌다. 워즈워스는 소년 시절 부모님이 돌아가신 뒤 학교를 다니기 위해 보내졌던 혹스헤드 근처 오두막의 다 자란 물푸레나무를 애틋하게 기억했다. 《서곡The Prelude》에서 워즈워스는 소년 시절 잠에서 깨어 누워 있던 모습을 이렇게 회상한다.

산들바람 부는 밤에, 바라본다.
우리 오두막 가까이 키 큰 물푸레나무
잎 사이에 웅크린 밝은 달
그리고 가만히 지켜보지, 앞뒤로
흔들리는 나무의 어두운 정수리에서

바람의 모든 도발에 흔들리는 달을.

많은 사람이 더 현실적인 치료법을 물푸레나무에서 찾았다. 물
푸레나무는 뱀처럼 구불구불한 가지를 지녔음에도 뱀의 적으로 알
려져 있다. 로마의 자연사학자 대大 플리니우스는 뱀이 물푸레나무
를 싫어한다는 것을 관찰하고는(얼마나 싫어했으면 물푸레나무 그늘로도
감히 들어가지 않으려 했다) 물푸레나무 잎을 뱀에 물린 상처에 쓰는 해
독제로 추천했다. 그는 심지어 이 사실을 증명하기 위해 실험도 했
다. 물푸레나무 잎을 둥그렇게 두른 뒤 그 안에 작은 불을 피우고
독사를 풀어놓으면 뱀이 물푸레나무 잎이 아닌 불로 뛰어든다는 것
이다.

여러 세기가 흐른 뒤 니콜라스 컬페퍼는 뱀에 물린 상처에 물푸
레나무 잎을 해독제로 쓰라는 플리니우스의 조언을 지지했을 뿐 아
니라 물푸레나무 잎을 더 흔한 질병에도 사용해볼 것을 추천했다.
수종과 통풍 치료뿐 아니라 '너무 붓거나 살찐 사람의 몸집을 줄이
는' 데도 도움이 된다고 했다. 백포도주에 물푸레나무 잎을 담그면
황달이나 신장결석 치료제가 된다. 물푸레나무 껍질도 간과 비장이
나 기관지의 기운을 돋우는 강장제로 쓰인다. 무사마귀를 바늘로 콕
찌른 다음 그 바늘을 물푸레나무에 꽂아두기만 하면 무사마귀도 치
료할 수 있다.

길버트 화이트는《셀본의 자연사*Natural History of Selborne*》에서,

자기 교구에서 쓰는 많은 민간치료법을 미심쩍은 눈으로 바라보며 근처 농장에 줄지어 선 물푸레나무 줄기가 우둘투둘하고 큼직한 상처로 일그러진 모습을 진저리치며 묘사했다. 몇 해 전 '파열', 곧 탈장을 앓는 아이들이 나무의 틈새로 통과할 수 있도록 어린 물푸레나무의 유연한 줄기를 쪼개고 쐐기로 억지로 벌려서 생긴 상처였다. 그 틈새는 나중에 점토를 발라서 단단하게 막았다. 나무 줄기의 상처가 나아 나무가 온전하게 다시 자라면 아이들도 치료되리라는 믿음 때문이었다. 물론 생리학적 근거가 미심쩍은 치료법이긴 하지만 나무에 질병을 전이시켜 아이를 치료하려는 바람은 이해할 만하다. 가여운 어린 환자들에게는 병만큼이나 곤혹스러운 치료법이었겠지만 말이다.

진지한 자연학자이자 교양 있는 계몽주의자였던 길버트 화이트는 물푸레나무의 효험을 둘러싼 미신을 불편하게 여겼다. 이는 '윗가지가 잘리고, 속이 빈 무척 늙고 괴상한 물푸레나무' 묘사에서 뚜렷이 드러난다. 셀본의 교회 옆에서 자라던 이 나무는 아픈 소를 치료하는 데 쓰였다. 그러려면 먼저 물푸레나무 몸통에 땃쥐를 산 채로 가둬야 한다. 땃쥐가 산 채로 갇힌 물푸레나무에서 자란 잔가지로 아픈 소를 쓰다듬으면 병이 낫는다는 믿음 때문이었다. 화이트는 이 오래된 관습이 세 가지 불행을 불러온다고 보았다. 불쌍한 땃쥐에게, 훼손된 나무에게, 이 치료법을 쓰는 사람들의 정신에 말이다. 어떻게 그의 교구 사람들은 아픈 소가 이 치료법으로 나았다는 증거가 없는데도 계속 이런 믿음을 고수하는 것일까?

엄마처럼 푸근한 물푸레나무는 시골 공동체의 일부나 다름없어서 사람들은 거의 본능적으로 물푸레나무에 의지했다. 물푸레나무가 얼마나 친근한 존재인지 보여주는 지명이 무척 많다. 켄트의 애시퍼드Ashford부터 컴브리아의 애스컴Askham, 데본의 애슐리Ashley부터 노퍽의 애시웰소프Ashwellthorpe에 이르기까지 영국의 초기 정착자들은 자신이 아끼는 나무로 고향을 표시했다. 버킹엄셔의 산비탈에 아슬아슬하게 서 있는 작은 마을 애셴던Ashendon은 '물푸레나무가 무성한'이라는 뜻을 가진 이름으로 보건대 물푸레나무가 자라기에 특히 맞는 곳인 듯하다. 물푸레나무는 적응력이 좋아서 잇따라 밀려오는 이주민들도 받아들였다. 물푸레나무를 뜻하는 '애시ash'는 앵글로색슨 어원에서 나왔지만 북부의 마을 이름에 흔한 접미사 '비by'는 데인족•과 함께 도착했다. '애시비Ashby'는 물푸레나무가 자라는 농장을 뜻하는 단어로, 앵글로색슨족의 말과 데인족의 말 둘 다에 어원을 둔 잡종이지만 더 많은 언어적 접목을 지탱할 만큼 건강했다. 레스터셔의 애시비 드 라 주크Ashby de la Zouches라는 지명은 노르만 정복의 영향을 반영하는 한편, 그 이웃 주 링컨셔의 애시비 푸에로룸••이라는 지명은 링컨 대성당 소년합창단에서 나온 이름이다.

•　　　　Danes. 9~11세기 영국 제도를 침략한 바이킹족 가운데 하나.
••　　　Ashby Puerorum. 푸에로룸puerorum은 라틴어로 '소년들의'를 뜻한다.

　　사람들이 살고 일했던 어느 곳에서든 물푸레나무는 꾸준한 동반자이자 협력자였다. 물푸레나무가 사람들 마음에 특별한 자리를 차지하는 이유는 물리적 아름다움이나 의학적 가치 때문만이 아니라 종종 그렇듯 무척 용도가 많은 목재를 신속하게 공급해주기 때문이기도 하다. 물푸레나무는 목재를 다루는 모든 이들에게 가장 두루 쓰이는 자원일 것이다. 단단함과 특유의 유연성 때문에 썰매와 스키처럼 비교적 곧고 단순한 구조물에 쓰일 뿐 아니라 양치기가 양을 잡을 때 쓰는 갈고리와 지팡이, 휜 목재로 만든 의자, 심지어 마차 바퀴를 비롯해 평평한 널빤지와는 거리가 먼 물건을 만드는 데도 쓰인다. 물푸레 가지의 맵시 있는 모양새는 이런 물건들을 만들기에 적합하고, 물푸레 목재는 유연하기 때문에 증기처리로 자연적인 곡선을 강조할 수 있다.

물푸레나무는 언제든지 지팡이로 만들 수 있는 특성 덕택에 가족 사이에서 자리를 굳혔다. 셰이머스 히니의 시 〈물푸레나무The Ash Plant〉에서 아버지의 지팡이는 '환각지'*로, 늙은 아버지의 쇠약해지는 손을 흔들리지 않게 진정시키고 아버지가 다시 '버텨낼' 수 있게 해준다. 아버지는 그 지팡이를 '은가지처럼like a silver bough' 휘두른다. 은가지는 켈트 문화에서 사후세계로 건너가는 데 필요한 오래된 부적이다. 히니의 돌아가신 아버지 뒤에는 그의 문학적 아버지인 제임스 조이스의 형상이 어른거린다. 히니는 영혼을 탐구하는 내면 순례를 그린 시집 《스테이션 아일랜드Station Island》에서 조이스를 두고 "물푸레나무 지팡이를 딛고 있는 모습이 골풀처럼 꼿꼿하다"고 썼다. 조이스의 지팡이는 지지대라기보다는 젊은 시인 히니에게 방향을 가리키는 지휘봉이다. 조이스는 그 지팡이로 쓰레기통을 때리고는 히니에게 "즐거움을 위해서 쓰라"고, 자신의 음을 내라고 강력히 충고한다.

물푸레나무가 숲의 베누스라면 예부터 오랫동안 전투에 나갈 전

---

*   phantom limbs. 절단된 팔다리가 아직 그 자리에 있는 것처럼 느껴지는 현상.

사들에게 무기를 제공하는 능력으로 그리스로마 신들의 세계에 부응했다. 강하고 적응력 있는 물푸레나무에서 창을 뜻하는 고대 영어 애시aesc가 나왔다. 어린 물푸레나무는 곧게 자라는 특성 때문에 전장에 무척 잘 맞는다. 또한 전장보다 덜 치명적인 경기장의 영웅들에게도 크리켓 기둥과 하키 스틱, 당구 큐, 헐링* 스틱의 형태로 장비를 제공하며 아마 과거처럼 승리를 고취하기도 하고, 어쩌면 편안한 오랜 지팡이의 위안을 제공했을 것이다.

철과 강철의 발달로 인해 국방에서 나무의 역할이 전체적으로 줄어들면서 영국 해군의 자랑스러운 '나무 벽'은 역사책 속에나 남게 되었다. 그러나 제2차 세계대전 기간에 광물자원 비축물이 고갈되어 무기와 군용 차량 생산이 위기에 처했다. 이를 해결하기 위해 제프리 드 해빌런드**가 나무 비행기를 고안했고, 육군성의 미심쩍은 반응에도 그가 고안한 신형 모스키토 폭격기는 신속히 생산에 들어갔다.

배급제가 시행되고 사실상 거의 모든 것이 부족한 상황에서도 영국의 물푸레나무는 언제나처럼 풍요로웠고, 지역 가구 제작자들의 기술이 전쟁물자 제작에 동원되어 중대한 기여를 했다. 가볍고 빠르고 쌍발엔진으로 움직이는 모스키토 폭격기는 1941년 생산 라

•   hurling. 공과 스틱을 이용한 야외 경기. 필드하키와 비슷하며, 아일랜드에서 아주 인기가 높은 종목이다.
••   Geoffrey de Havilland. 영국의 항공기 설계·제작자.

인을 떠나 이듬해 오슬로 공습에서 명성을 떨쳤으며, 남은 전쟁 기간 내내 영국 폭격 부대의 길잡이로 중요한 역할을 했다. 한번은 모스키토 조종사들이 베를린의 방송본부를 공격해 엄청난 손상을 입혔다. 이 극적인 작전에 괴링●은 피아노 공장에서 제작되는 이 폭격기의 속도와 효율성에 저주를 퍼부었다고 한다. 물푸레나무는 앵글로색슨인의 싸움터로부터는 멀어졌지만 창을 만들기에 적합한 특성은 가벼운 비행기를 만드는 데도 적합했다.

탄력이 있고 충격을 잘 흡수하는 물푸레나무는 사다리와 갈퀴에서부터 비행기와 자동차에 이르기까지 무엇으로든 변할 수 있었다. 물푸레나무는 탄력적인 유연성 덕택에 1940년대에는 앞부분은 동그랗고 뒷부분은 네모난 가축 운송차와 업무용 트럭뿐 아니라 모리스 트래블러●●의 독특하고 연한 십자형 상자 같은 뼈대에 사용될 수 있었다. 모건 자동차 회사는 지금도 물푸레나무 목재를 사용한다. 전통적인 목공 프레스와 함께 새로 개발된 현대적인 진공법을 써서 가볍고 우아하지만 엄청나게 튼튼한 스포츠카를 물푸레나무 목재로 만들 수 있다. 모건 생산 공장에는 알루미늄 패널을 덮고 튼튼한 강철 차대에 맞춰질 준비가 끝난, 매끈한 물푸레나무 뼈대가 가득하다. 물푸레나무와 사람의 오래된 연애는 아직도 뜨겁게 진행

●　Hermann Göring. 헤르만 괴링. 나치스 돌격대장으로, 1935년 독일 공군을 건설하여 사령관이 되었다.
●●　Morris Traveller. 영국의 자동차 제조사 모리스 모터스가 목재 뼈대를 사용해 제작한 자동차 모델.

중이다.

참나무처럼 몇몇 오래된 낙엽성 임목*과 달리 물푸레나무는 긴 수명을 뽐내지 않는다. 대개 200년 이상 살지 못한다. 그러나 정기적으로 벌채를 해주는 숲에서 자라는 물푸레나무는 심재가 완전히 썩어 없어진 뒤에도 길고 곧은 살아 있는 초록 가지를 끊임없이 뻗어올린다. 서편의 브래드필드 숲에 있는 벌채된 물푸레나무 그루터기의 가지들은 큼직한 빗자루 머리처럼 땅에서부터 퍼져 있는데, 천 살쯤 되어 보인다. 물푸레나무는 풍요로운 열매 덕에 워낙 빨리 번식해서 오래된 나무를 보존할 필요가 거의 없는 듯하다. 어린 나무들이 여기저기 널렸으니 말이다. 물푸레나무는 거의 모든 종류의 토양을 견디기 때문에 도처로 퍼져 영국에서 가장 친근한 나무 가운데 하나가 되었다. 아직까지는 그렇다.

유럽 물푸레나무 개체군에 무척 치명적이라고 밝혀진 곰팡이류 칼라라 프락시니아*Chalara fraxinea*가 영국에 들어왔다는 소식은 등골을 오싹케 한다. '물푸레 역병Ash dieback'은 이미 덴마크와 폴란드, 스웨덴, 독일, 네덜란드, 오스트리아, 발트 3국의 삼림지대를 초토화시켰고 영국 제도를 휩쓸기 시작했다. 특정 수종을 골라내서 어린 나무를 모조리 죽여 버리는 이 수수께끼 같은 곰팡이에서 왠지 모를 불길함이 느껴진다.

● 숲을 이루어 자라며, 주로 목재로써 이용가치가 높은 나무.

노장 식물학자 올리버 래컴은 2014년 세상을 떠나기 전에 완성한 마지막 책에서 물푸레 역병이 미칠 잠재적 영향을 호들갑스럽게 보도하는 언론에 냉정한 시선을 던지며, 사람들이 치명적인 식물 질병에 주목할 즈음이면 이미 조치를 취하기엔 너무 늦은 때라고 밝힌다. "적어도 1995년에는 칼라라에 대해 조치했어야 했다"고 말이다. 그는 식물 병원균을 막으려면 앞서 생각해야 한다고 주장한다. 그러면서 칼라라보다 훨씬 더 파괴적인 위협이 호리비단딱정벌레 emerald ash borer beetle의 형태로 다가오고 있기에 칼라라에 대한 늑장 대응이 아마 그다지 문제가 되지 않을 거라고, 우리에게 조금도 위로가 되지 않는 결론을 전한다. 이 밝은 연둣빛 나무좀인 호리비단딱정벌레Agrilus planipennis는 동아시아가 원산지이며 이미 미국과 시베리아 전역의 물푸레나무 숲을 파괴했다. 그러니 세계화 시대에 이 나무좀의 영국 상륙은 거의 피할 수 없는 일이다. 자연사의 아이러니로, 칼라라 여파 때문에 황폐한 방역선이 생기지 않는 한 말이다.

이제 물푸레나무 역병의 정체가 밝혀졌고 호리비단딱정벌레의 위험성도 알려졌으므로, 이런 위협을 막으려는 고된 노력들이 효과가 있기를 기대해본다. 혹시 일어날지도 모를 사례들이 미리 발견되고 보고되며, 저항성을 가진 나무들이 살아남아서 불사조가 아니라 물푸레나무가 다시 부활하기를 말이다. 사실, 나무가 길게 늘어서 있는 수많은 친숙한 길과 푸른 공원, 나무에 둘러싸인 마을들이 버려지고 사라지고 폐허가 되고, 한때 그들과 늘 함께했던 나무들이 그림과 시, 옛 노래로만 남아 있는 미래를 떠올리면 너무 우울하지 않은가.

포플러
Poplar

우리 아이들이 어렸을 때, 매일 어린이집 가는 길에 늘어선 몇몇 랜드마크가 없었더라면 그 길이 끝없이 길다고 느꼈을 것이다. 서너 살 된 아이에게 30분 동안 실용적인 자동차 좌석에 단단히 묶여 있는 일은 온종일 끔찍하게 갇힌 느낌을 줄 것이다.

다행히 우리가 가는 길에는 친숙한 풍경과 신나는 일들이 사이사이에 등장했다. 하수도 공사가 제대로 되지 않아서 심하게 울퉁불퉁한 롤리폴리 길도 있었고, 끝에 하트 모양 장식이 달린 빅토리아 시대의 흰 철제 울타리가 늘어선 길도 있었다. 우리 딸은 그 울타리를 '해골 대문'이라 불렀다. 그 여행길의 어김없는 절정은 길게 늘어선 키 큰 롬바르디아 포플러*Populus nigra* 'Italica'였다. 그 나무들은 도로변에 심긴 나머지 키 작은 초록 떨기나무들과 낮은 산울타리와

175

뚜렷이 대비되었다. 이 우아한 가로수를 심은 사람이 누구든 날마다 그 가로수 때문에 터지는 웃음소리를 —그리고 '말라깽이 아저씨 나무'라고 입 모아 외치는 소리도— 들었다면 아마 놀랐을 것이다.

옥스퍼드셔 시골에서 자라나는 아이들에게 빳빳하게 위로 들어올린 가지를 흔들며 서 있는 이 호리호리한 나무들은 아주 재미있게 보였다. 그러나 프랑스나 벨기에, 이탈리아에서 자라는 아이들에게 줄지어 서 있는 포플러는 훨씬 덜 흥미로울 것이다. 제2차 세계대전 뒤 정부의 나무심기 보조금 덕택에 포플러의 인기가 올라갔을 때부터 롬바르디아 포플러는 영국에서 꽤 흔해졌지만 북프랑스에서처럼 포플러가 행진하는 병사처럼 늠름하게 길가에 줄지어 선 모습은 드물다. 프랑스에는 아직도 '나폴레옹 도로routes Napoleon'라 불리는 길들이 있다. 뜨겁고 눈부신 태양 아래 무거운 군복을 입고 행진하는 군대에 그늘을 제공하기 위해 나폴레옹의 명령에 따라 포플러가 심긴 길들이다. 이 길들은 분명 나폴레옹 황제에 걸맞은 의기양양한 가로수 길이 되었다. 고르고 정연하고 질서 있다. 요즘 여객선 출발시간을 놓치지 않으려고 서둘러 차를 모는 피로가 가득한 운전자들은 창가를 휙휙 스치며 냉정하게 이어지는 키 큰 나무들에 최면 효과가 —심지어 착시 효과까지— 있다고 느끼기도 한다. 그러나 몇 마일에 걸쳐 길가에 규칙적으로 변함없이 줄지어 서서 밝은 하늘을 배경으로 줄무늬를 그리는 풍경에는 마음을 평온하게 하는 효과도 있다.

18세기 그랜드투어*에 나선 영국인 지주들이 포플러에 그토록 매혹됐던 이유도 아마 이처럼 단정하게 균형 잡힌 모습 때문이었을 것이다. 그들은 롬바르디아 평원과 포 강둑을 따라 광활하게 펼쳐진 자연 서식지에서 자라는 포플러를 보고 감탄했다. 그랜드투어에 나선 이들은 이 우아한 이탈리아 나무들에 얼마나 감탄했는지 자기들도 포플러를 심기로 했다.

　　4대 로치퍼드 백작은 1754년 로마에서 돌아올 때 자신의 에식스 영지에 심을 작정으로 롬바르디아 포플러 묘목을 처음 마차에 묶고 왔다. 포플러는 타고난 활력으로 쑥쑥 자라서 곧 완벽하게 균형 잡힌 웅장한 신고전주의적 외관을 지닌 팔라디오풍 저택을 더 완벽해 보이게 했다. 이 나무들은 귀부인들의 높은 타조깃털 모자와 어울리도록 특별히 만들어진 듯 보였고, 자신의 너른 영지를 감상하는 신사들에게는 마음을 달래주는 초록 아크로폴리스가 되어주었다. 유행에 민감했던 영국인들에게는 포플러의 이탈리아 혈통이 매력적으로 보였겠지만, 이 나무의 널리 알려진 또 다른 이름인 '포 포플러Po poplar'는 그다지 우아하지 않았다.

　　대지주들이 더 우려한 것은 포플러가 민중의 나무로 여겨진다는 사실이었다. '민중populace'과 같은 어원적 뿌리에서 나온 것이 분명한 포풀루스Populus는 프랑스 혁명 시기에 강렬한 민주적 색채를 띠

●　　Grand Tour. 17세기 중반부터 19세기까지 유럽, 특히 영국의 상류층 자제들 사이에서 유행한 유럽여행. 주로 고대 그리스 로마 유적지와 이탈리아를 여행했다.

게 됨으로써 귀족들을 위협하는 듯 보이기 시작했다. 인간사 '본연의' 질서가 무엇인지를 둘러싼 당대 정치 논쟁은 나무의 이미지를 끌어다 썼다. 프랑스의 '앙시앵 레짐'●이 뿌리 뽑힌 데 불안을 느끼는 사람들은 느린 성장과 점진적 변화, 변함없는 지속성의 상징으로 영국 참나무에 눈을 돌렸다. 그 반면 토머스 페인 같은 급진적 작가들은 자유의 나무를 키우는 일에 동참하자고 동포들에게 호소했다. 원래 미국에서 자유의 나무는 보스턴에 있는 오래된 느릅나무였지만, 나무가 정치적 은유로 동원되기 시작하자 다른 수종도 대의명분에 맞게 쓸 수 있었다. 롬바르디아 포플러는 인간이 본래 자유롭고 평등한 존재라는 이론으로 혁명의 이상을 불어넣은 철학자 장 자크 루소와 연결되는 나무이니, 상징적 나무로 선택되는 게 당연했다. 루소는 1778년 사망한 뒤 에름농빌 공원에 있는 푀플리에 섬에 묻혔다. 키 크고 호리호리하고 조화로운 포플러에 둘러싸인 그의 무덤은 자유와 평등, 박애의 상징이 되었다. 1789년 바스티유 습격 이후 승리한 혁명가들이 장대처럼 키 큰 자유의 나무를 새 공화국의 상징으로 심는 모습을 담은 대중 판화가 나돌기 시작했다. 갑자기 포플러 한 그루를 심는 일이 자유의 나무를 심는 일이 되었다.

경치 좋은 곳에서도 포플러는 단연 눈에 띈다. 호리호리한 여송연 같은 모습은 롬바르디아 포플러 품종의 고유한 특성이며, 영국에

●   ancien régime. '옛 제도'를 뜻하는 프랑스어로, 주로 프랑스 혁명 때 타도의 대상이었던 절대 왕정 체제를 일컫는다.

는 비교적 근래에 들어왔다는 사실을 기억할 필요가 있다. 롬바르디아 포플러가 영국에 도착하기 전에, 그리고 도착한 뒤에도 수십 년간 많은 영국인은 포플러를 밝게 빛나는 초록 잎을 팔락이는 넓고 아름다운 나뭇잎 지붕을 머리에 인 큰 낙엽수 나무라고 여겼다. 이런 포플러는 영국 토착종으로 동네 강 옆에 거리낌 없이 자라며, 지는 해를 배경으로 커다란 레이스 문양 등처럼 빛난다. 요즘에도 그렇다. 하지만 대개 이 토착종 포플러는 이탈리아 친척들만큼 눈에 잘 띄지 않는다. 사실 포플러 가문은 어리둥절할 정도로 방대해서 다양한 품종을 알아보기가 늘 쉽지만은 않다. 사시나무abele라고도 알려진 은백양Populus alba이 아마 가장 알아보기 쉬울 것이다. 희미한 회색에 다이아몬드 무늬가 박힌 줄기를 지녔고 나뭇잎은 밑면이 하얘서 스웨이드*처럼 느껴지는 특이한 점 때문에 그렇다. 여러 수종이 섞여 있는 숲에서 한여름이면 은백양나무가 하얗게 빛나는 달빛처럼 번뜩인다. 고대 그리스·로마 작가들은 하계로 들어가는 입구인, 은은하게 반짝이는 스틱스 강둑에 이 나무들이 자란다고 상상했다. 요즘은 은백양나무들이 영국의 평범한 길에 신비로운 위엄을 더하고 있다.

회색 포플러Poulus canescens는 은백양과 모양이 비슷하나, 키가 더 크고 잎이 더 무성하다. 회색 포플러는 은백양과 백양나무

---

* suede. 새끼 양이나 송아지 등의 가죽 뒷면을 벨벳처럼 보드랍게 가공한 가죽.

aspen(*Populus tremula*)의 교배종이어서 매끄러운 초록색에 은빛 솜털이 달린 이파리가 두 나무와 가족처럼 닮았다. 회색 포플러는 200년 넘게 살고 그냥 두면 40미터 넘게 자랄 수 있다. 오펄리 주의 버캐슬Birr Castle이라는 오래된 성의 뜰에서 여러 해 동안 가장 눈길을 끈 존재는 아일랜드 섬들에서 가장 큰 회색 포플러였다. 이 나무는 2014년 '유럽 올해의 나무 경연대회'에 아일랜드 대표로 뽑히기에 더할 나위 없이 좋은 후보자인 듯했다. 그러나 2014년 2월 13일 거대한 폭풍에 쓰러지고 말았다. 늙은 포플러가 강둑에 두 팔을 벌리고 쓰러진 모습은 위대한 지도자가 사람들의 마지막 참배를 받기 위해 안치돼 있는 듯했다. 하룻밤 사이에 나무의 의미가 그토록 달라질 수 있다니, 기분이 묘하다. 엄청난 힘과 안정을 상징하던 나무가 웅장한 패배, 연민, 상처받을 수 있는 존재를 드러내는 형상으로 — 사실 한 더미의 장작에 불과한 형상으로— 변했으니 말이다.

검은 포플러(흑양)도 한때 영국과 유럽 중남부에 흔했다. 범람원과 천천히 흐르는 강의 늪 같은 저지대에 무성히 자랐다. 그러나 제2차 세계대전 후에 도시가 급속히 팽창하고 오래된 습지가 개간되면서 검은 포플러의 자연 서식지가 많이 사라졌다. 검은 포플러나무 씨앗은 6월부터 10월까지 축축한 진흙에 누워 있다가 맨땅에서 싹을 틔우기 때문이다. 포플러는 암수딴몸식물이어서 수분을 하려면 암나무와 수나무가 있어야 한다. 일단 포플러 수가 줄어들자 자연 회복 가능성이 낮아졌다. 활력이 넘치고 쉽게 잘 자라는 롬바르디아 포플러도 검은 포플러의 일종이다. 그러나 이상하게도 롬바르디아 포플러는 변화하는 현대 환경을 훨씬 잘 견딘다. 낮은 나뭇가지들이 활처럼 휘는 커다란 검은 포플러는 이제 영국에서 가장 위험에 처한 목재용 나무다. 얼마나 귀한 나무인가 하면 뉴캐슬 개발업자들이 도심의 세인트 윌리브로드와 올 세인츠 교회 뜰을 정리할 계획을 세웠지만, 교회 뜰에 심긴 늙은 나무들이 국립 포플러 기록원에 의해 멸종위기종으로 밝혀지는 바람에 계획이 중단되었을 정도다. 이 거대한 나무들은 부두 위 언덕에 버려진 웅장한 바로크풍 교회 건물 옆 묘지에 우뚝 솟은 모습으로 이제 다소 우울한 분위기를 풍긴다. 엘리자베스 2세 재임 50주년을 기념해 '위대한 영국 나무 50'으로 뽑힌 나무들 중에는 에식스의 월즈 엔드 숲World's End Wood의 검은 포플러도 있다. 이 나무가 뽑힌 이유는 희귀성 때문이기도 하다. '세상의 끝'에 이보다 더 잘 어울릴 나무가 있을까? 검은 포플러는 종말도, 마비도 아닌 쇠락의 길을 걷고 있는 듯하다.

토종 검은 포플러의 잎은 몇몇 다른 품종만큼 부드럽지는 않지만 뚜렷한 하트 모양으로 분명하게 알 수 있다. 테니슨이 버림받은 신부 마리아나*를 묘사할 때 염두에 둔 것도 이 나무였을 듯하다. 마리아나가 고립돼 있는 농가는 외딴 황무지 가운데 해자로 둘러싸여 있었다. 주변을 둘러싼 수 마일의 황무지에서 표지가 될 만한 것이

●　　　테니슨의 시 〈마리아나Marinana〉의 주인공.

라고는 '울퉁불퉁한 줄기에 온통 은초록색'으로 빛나는 외로운 포플러 한 그루밖에 없다. 포플러는 나이가 들면서 매끈한 피부를 잃고, 줄기에 마마 자국이 생기고 주름이 깊게 파인다. 무엇보다 가슴 아픈 것은 가을이면 어김없이 떨어지는 토종 포플러의 나뭇잎들이 시들어버린 심장이 떨어지는 듯 보인다는 점이다.

유럽의 검은 포플러는 손쓸 수 없을 만큼 줄어들어 결국 멸종 위기에 처했지만 아직 희망의 기미는 있다. 2010년 왕실자산관리위원회Crown Estate가 급격히 사라지는 영국의 검은 포플러를 되살릴 사업을 시작했다. 이 토착종 나무가 남아 있는, 몇 안 되는 보루 가운데 하나인 서머싯의 던스터 사유지에서 꺾꽂이용 가지를 옮겨 심는 사업이다.

이 희귀한 나무를 지키기 위해 독자적으로 애쓰는 활동가도 있다. '나무 심는 유령the phantom tree-planter'으로 알려진 로저 제프코트는 검은 포플러 재증식을 위해 1인 캠페인을 헌신적으로 벌이며, 검은 포플러 묘목을 심을 만한 장소를 찾아 시골을 뒤지고 다닌다. 그는 심지어 밀턴 케인스●의 로터리 한가운데에서 검은 포플러 한 그루가 자라게 하는 데 성공했다. 그는 포플러 전문가이자 선구적인 환경보호활동가 에드거 밀른 레드헤드로부터 영감을 얻었다. 밀른 레드헤드는 1793년부터 1988년까지 검은 포플러 분포를 광범위

●　　　Milton Keynes. 버킹엄셔 북부에 건설된 신도시.

하게 조사한 뒤 이 토종 나무가 처한 위험을 세상에 처음 알린 사람이다. 큐 왕립식물원 식물학자인 밀른 레드헤드는 이 연구 뒤에 꺾꽂이 순으로 포플러를 증식하기 시작했고, 글과 방송을 통해 대중의 관심을 모았다.

나무의 생존은 집단의 노력에 달려 있을 때가 많다. 물론 어떤 일이 일어나고 있는지 깨닫기 위해서는 개인의 특별한 통찰이 필요하다. 특히 문제의 나무가 너무나 친숙해서 그 나무 밑을 지나는 사람들에게 거의 눈에 띄지 않는 존재가 되었을 때는 더 그렇다.

영국의 다른 토착종 포플러인 사시나무는 더 안전하다. 이 나무는 북반구 도처에서 자라는 데다 영국에서는 스코틀랜드와 잉글랜드 북부에 여전히 흔하다. 사시나무는 매서운 겨울 강풍을 견뎌내는 힘과 강인함을 가졌음에도 유난히 튼튼하다는 명성은 결코 누려보지 못했다. 사시나무의 학명 포풀루스 트레물라*Populus tremulas*는 이 나무의 가장 두드러진 물리적 특징을 드러낸다. 사시나무는 떠는 포플러다. 나뭇잎을 쉴 새 없이 떤다. 다른 나무들이 잠들어 있는 초가을 아침에도 사시나무는 무성한 늦여름 이파리를 부드러운 안개로 감싸고, 있지도 않은 산들바람을 찾아 길고 가느다란 줄기를 떨고 있을 것이다. 존 키츠는 미완성 서사시 〈히페리온Hyperion〉에서 정복당한 고대 대지의 신들을 그릴 때 이 패배한 이교 신들의 지도자가 흐린 눈에 마비된 혀, '사시나무 병으로' 벌벌 떠는 수염을 가졌다고 묘사했다. 사시나무의 흔들림은 어떤 평화로움도 뒤흔들 만큼 강하고 조용한 충격의 여파를 연상시킨다.

영국의 몇몇 지역 사람들은 그리스도의 십자가가 몸을 떠는 사시나무로 만들어졌다고 생각한다. 그 뒤로 죄책감 때문에 벌벌 떨고 있다는 것이다. 19세기 민속학자 알렉산더 카마이클이 스코틀랜드 고지대와 섬들에 전해 내려오는 구술 시가를 모은 책에는 이렇게 시작하는 주문이 기록돼 있다. "네게 저주가 있으라, 아 사시나무여! 네게서 산들의 왕이 십자가에 못 박혔으니!" 워즈워스는 〈수사슴이 뛰어내린 샘Hart-Leap Well〉에서 웬슬리데일을 배경으로 중세 사냥 이야기를 들려준다. 이 시에서 탐욕스러운 월터 경은 그의 말과 개들을 온종일 채찍질하며 사슴 한 마리를 쫓아갔다. 결국 그의 사냥감은 자신이 태어난 샘 옆에 탈진한 채 쓰러져 죽는다. 인간의 비정한 집착을 보여주는 이 이야기는 요크셔 풍경에 영원한 흉터로 남았고, 몇 세기가 흘러 월터 경의 모든 흔적이 사라진 뒤에 '생명 없는 사시나무 숲의 그루터기들'로 표시되었다. 사실, 사시나무는 썩는 능력때문에 곤충학자들에게 특히 소중하다. 사시나무등에를 비롯해 많은 희귀한 곤충들에게 서식지를 제공하기 때문이다. 그러나 곤충 보존에 관심이 덜한 사람들은 균류에 감염된 데다 몸까지 떠는 이 나무를 보면 의혹이나 동정심을 느끼는 편이다.

포플러는 잔인한 행동의 증인으로 등장할 때가 많다. 그리스 신화에서는 태양신 헬리오스의 아들 파에톤이 태양 마차를 제대로 몰지 못해 처참하게 땅으로 곤두박질친 뒤 비탄에 빠진 그의 누이들이

나무로 변한다. 오비디우스는 이 끔찍한 과정을 묘사했다. 나무껍질이 그들의 허벅지를 둘러싸고 차츰 몸 전체로 퍼졌고, 끝내 입술만 남아 '어머니를 헛되이 불렀다.' 오비디우스는 이 나무의 이름을 구체적으로 밝히지는 않았지만 이탈리아라는 배경에서 수세대에 걸친 예술가들이 이 겁에 질린 젊은 여성들이 롬바르디아 포플러로 변신하는 모습을 그렸다.

여러 세기 뒤에 대서양 건너편에서도 포플러는 충격적인 장면에 등장했다. 빌리 홀리데이의 잘 알려진 노래 〈이상한 과일Strange

Fruit〉에서 '포플러에 매달린 이상한 과일'은 미국 남부에서 린치를 당한 흑인 희생자들을 가리킨다. 백인 자경단들이 가지가 튼튼한, 남부의 커다란 미루나무cottonwood poplar(북미산 포플러의 일종)를 임시 교수대로 쓰곤 했던 탓이다.

미국의 모든 포플러가 그토록 암울한 역사를 연상시키지는 않는다. 발삼포플러balsam poplar(*Populus balsamifera*)의 천연향은 너무나 상큼해서, 성경에서 모든 병을 치유하는 향료로 언급되는 '길르앗 유향Balm of Gilead'이라 불린다. 미국 남서부와 멕시코 도처에서 볼 수 있는 알라모 미루나무Alamo Cottonwood(*Populus fremontii*)는 강한 햇빛에 잘 자라며 비타민 C의 훌륭한 공급원이다. 아메리카 원주민 부족들은 이 나무에서 전통 의약과 상처 치료제를 얻었다.

유럽에서 건너온 초기 이주민들은 나무 이름을 잘못 붙이는 일이 흔했다. 그래서 포플러라 불리지만 실제로는 포플러와 거리가 먼 나무들도 있다. 이를테면 아름다운 노란 꽃잎을 지닌 튤립 포플러 *Liriodendron tulipifera*는 실제로 포플러와 친척관계가 아니지만 울퉁불퉁한 줄기와 파닥대는 큰 잎사귀가 유럽의 포플러를 떠올리게 해서 그런 이름이 붙었다.

포플러의 놀라운 다양성과 왕성한 이종교배 능력이 현대의 식물학자들에게 무척 유혹적인 도전과제를 던지는 모양이다. 2006년 검은 미루나무, 곧 캘리포니아 포플러*Populus trichocarpa*는 DNA 지도가 처음으로 작성된 나무가 되는 영광을 누렸다. 캘리포니아에서 연구하는 여러 나라 출신의 유전학자들은 포플러 DNA를 철저히 분석해 나무의 유전자 구조를 해명할 수 있기를 바랐다. 이 연구는 나무육종 분야에서 실용적인 실험으로 이어지고 있다. 탄소배출과 식물질병과 싸우고 바이오연료와 생분해성 플라스틱 개발이라는 다양한 목표로 실험이 진행되고 있다. 리그닌lignin을 이용한 유전자 변형으로 쉽게 분해되어 종이 생산 과정에서 화학물질 사용을 줄일 수 있는 새로운 종류의 포플러를 만들어낼 수도 있다. 변형된 포플러는 식물정화phytoremdedation능력도 뛰어나 산업지대에서 중금속 오염물질을 제거해준다.

그러나 이 모든 신나는 가능성에는 나름대로 위험이 따라오며, 유전자 변형 나무를 심을 때 생기는 결과들은 아직 밝혀지지 않았다. 그들이 토양 생태계나 미생물 군집에 어떤 영향을 미칠지는 아직 충분히 시험되지 않았으며, 포플러의 왕성한 재생력으로 보건대 예상치 못한 문제가 발생한다면 유전자 변형 나무들을 우리가 통제할 수 있을지 진짜 걱정스럽다. 2001년에는 유전자 변형 포플러를 둘러싼 논란으로 감정이 고조되어 워싱턴대학의 도시원예연구소가 불타기도 했다. 유전자 변형 포플러 개발에 분노한 활동가들이 소형 폭탄을 설치해 화재를 일으킨 것이다.

포플러는 물을 좋아하는 나무라서 화염에 강하다. 수분이 많아 천천히 타므로 오븐을 데울 때 좋은 땔감이다. 슈롭셔의 목골조 튜더 양식 주택 가운데는 마루와 위층이 지역의 포플러 목재로 지어진 것이 많다. 다른 나무보다 화재를 잘 견디기 때문이다. 불꽃을 지연하는 특성 때문에 포플러 목재는 풀무나 성냥을 만드는 데 단연 으뜸이다. 턱수염이나 손가락을 빨리 그을리지 않기 때문이다. 성냥은 워낙 친숙하고 집에 흔한 데다 대량생산되므로 이 유용하고 작은 횃불에서 살아 있는 나무를 떠올리기는 힘들다. 한편 고대 로마의 젊은 전사들은 헤라클레스에 대한 충성을 표현하기 위해 흰 포플러(은백양) 리스를 썼다. 동굴에 살며 불을 뿜는 거인 카쿠스를 무찌른 뒤 헤라클레스가 자신에게 봉헌된 포플러의 은색 잎을 엮어 만든 리스를 머리에 썼기 때문이다.

포플러는 쓰임새가 많다. 다른 나무보다 무성한 장막을 더 빨리 제공하는 덕택에 롬바르디아 포플러는 조경에서 오랫동안 유용한 역할을 맡았다. 그러나 비닐하우스가 급증하면서 이제 롬바르디아 포플러는 그 모든 빛나는 반원형 플라스틱 막사를 가려주고 폭풍에 망가지지 않도록 보호하는 일도 한다. 롬바르디아 포플러를 비롯해 다른 포플러들의 무성한 가지는 가축에게 그늘을 제공할 뿐 아니라 잘라서 먹이로 줄 수도 있다.

요즘 연구에 따르면 암탉들은 그늘진 들판에서 더 안전함을 느끼므로 암탉이 쉽게 올라앉을 만한 가지가 없는 포플러는 놓아먹이는 가금류에게 완벽한 환경을 제공한다. 닭들은 환경에 편안함을 느끼면 신선한 야외에서 용변을 보는 경향이 있으니 닭장도 더 깨끗해지고 포플러도 훨씬 더 튼튼해질 것이다.

포플러는 묘목도 빨리 자라지만 다 자란 나무는 예부터 내려오는 방법인 윗가지치기로 종종 다시 기운을 찾기도 한다. 나무 윗부분을 잘라내면 그 잘린 줄기에서 새순이 돋아 나무의 수명이 길어진다. 윗가지를 친 포플러는 벌거벗은 줄기 둘레에 나뭇잎을 촘촘하게 틔운 모습이 마치 털을 다듬은 거대한 푸들 같다. 이렇게 가지를 치면 그늘은 줄겠지만 소의 먹이는 늘어난다.

포플러는 소목장이들에게는 언제나 쉽게 다시 얻을 수 있는 재료의 원천이었다. 가벼운 포플러 목재는 신발굽과 나막굽, 수레바퀴를 만들기에 적절했고 요즘도 포플러 목재를 사용하는 그릇, 쟁반, 과일 바구니 소재로 좋다. 포플러 목재는 밝은 색깔 덕분에 마룻널로도 인기가 있었다. 덩굴식물을 지탱하는 살아 있는 버팀목이 되기도 했고, 포플러 잔가지는 빗자루로 만들어졌으며, 포플러 잎으로 만든 즙은 귓병 치료제로 쓰였다. 포플러는 요즘도 여전히 수요가 있다. 단단하면서도 가장 빨리 자라는 포플러는 영국 정부의 에너지 작물 계획Energy Crop Scheme에 잘 맞는, 몇 안 되는 나무 종에 속한다. 에너지 작물 계획은 화석연료 의존을 줄이는 데 도움이 될 작물을 키우도록 농부들에게 권장하기 위해 시작됐다.

포플러 재배에는 많은 상업적 이득이 있지만 목재교역은 나무들과 주로 경제적 관계로 이어지지 않은 사람들에게는 고통을 주기도 했다. 18세기 시인 윌리엄 쿠퍼는 자신이 좋아하는 나무들을 베어내는 모습에 충격을 받고 시를 남겼다.

포플러들이 쓰러졌네. 그늘이여 안녕
서늘한 나무 주랑의 속삭임도 안녕
바람은 더 이상 잎에서 노닐며 노래하지 못하고
우즈 강은 그들의 그림자를 가슴에 담지 못하네.

언제부터인가 포플러를 목재와 분리해서 생각할 수 없게 됐다. 요즘에는 나무 벌채에 경악하는 일이 비교적 흔하지만, 쿠퍼의 시는 아마 이를 최초로 강력하게 표현한 작품일 것이다. 이 시가 큰 울림을 주는 이유는 벌목이 개인적 사별처럼 그려졌기 때문이다.

지베르니 근처 구불구불한 엡트 강변에 서 있는 키 큰 포플러들을 그린 클로드 모네 그림 속 평화로운 풍경에는 감춰진 진실이 있다. 모네는 그 그림들을 그리던 와중에 나무들이 곧 벌채되리라는 사실을 알고는 서둘러 그 나무들을 구입했다. 모네는 그 포플러들이 자신들도 모르게 그림의 모델 역할을 해내는 동안 잠시 벌채를 미뤄 달라고 지역의 토지 소유주들과 흥정을 벌여야 했다. 그는 엡트 강의 변화를 색채가 풍부한 인상들로 포착해서 이 불운한 포플러들을 후세에 영원히 남겼다. 그들의 원래 주인과 목재 상인들이 잊힌 지 오랜 뒤에도 나무들은 그림 속에서 찬양받을 수 있었다.

이런 종류의 나무 파괴에 가장 열정적으로 대응한 사람은 아마 제라드 맨리 홉킨스일 것이다. 그가 옥스퍼드에 있는 세인트 알로이수스 교회의 신부로 일할 때 근처 빈지Binsey의 템스 강변 목초지에 자라던 포플러들이 베였다.

> 내 사랑하는 사시나무들, 너희들의 바람 부는 공중 감옥이
> 날뛰는 태양을 진압하거나 잎으로 들이마셨는데
> 모두 베이고, 베이고, 모두가 베였다.
> 서로 포개지며 줄지어 선 싱싱한 나무들 가운데
> 남김없이, 하나도 남김없이….

홉킨스는 줄줄이 늘어선 나무를 모두 베어버린 데 깊이 충격을 받았다. 그에게 이 사건은 아름다움의 문제만이 아니라 '영혼의' 파괴였다. 왜냐하면 그가 보기에 나무가 지닌 저마다의 개성 있는 아름다움은 신이 내린 것이기 때문이다. 이 나무들은 신성의 살아 있는 표현으로, 다른 것으로 대체할 수 없는 유일한 존재였다. 산업화된 빅토리아 시대 영국에서 홉킨스는 그가 인간의 '얼룩'이라 부른 것을 예민하게 인식하고 있었다. 포플러를 베어내는 것은 현대의 경솔한 자연 훼손을 상징한다. 그렇다면 홉킨스는 오염물질과 싸우기 위해 유전자가 변형되고 있는 현대의 포플러들을 어떻게 생각할까?

호랑가시나무
Holly

선사시대 지구를 상상하기는 쉽지 않다. 인간의 활동 때문에 조금도 형태가 달라지지 않은 행성은 어떤 모습일까? 과학소설 작가와 영화 제작자, 컴퓨터 애니메이션 창작자들은 멸종한 동물의 이와 뼈가 화석화된 미미한 흔적으로 집단적 환상의 세계를 짓는다. 빽빽한 숲에서는 발톱을 쭉 뻗은 익룡이 밧줄 같은 덩굴식물을 스쳐 지나 방향을 틀며 날아가고, 어느 방향에서 보느냐에 따라 기이하게 색이 변하는 바닷속에서는 상어 같은 입을 가진 생물들이 헤엄치며 황량한 해안을 위협하고, 해안에서는 공룡들이 메마르고 울퉁불퉁한 절벽의 붉은 그늘 아래서 으르렁댄다.

이 환상의 세계에서 우리의 상상력은 자유롭게 날개를 펼친다. 이 모든 것이 다행히도 오래전에 사라진, 거의 허구에 가까운 시대에 갇혀 있다는 것을 알기에 우리는 안전함을 느낀다. 화석기록을 보면 수천만 년 전 백악기 시대에 번성했던 식물들 가운데 호랑가시나무가 있었음을 알 수 있다. 우리에게 친숙한 이 나무는 역사가 시작되기도 전인 세상에서 대체 무얼 하고 있었을까? 고생물학자들이 알아낸 바에 따르면 티라노사우르스는 지나가는 트리케라톱스로 맹렬한 식욕을 채웠지만, 티라노사우루스와 같은 시대를 살았으면서도 그만큼 흉포하지 않은 많은 동물은 채식을 선호했다. 장갑을 두른 듯한 두꺼운 가죽에, 등에 날을 삐죽삐죽 세운 스테고사우루스에게 호랑가시나무보다 구미가 당기는 음식이 있었을까? 그리고 어떤 나무가 그런 식욕을 감당하고도 살아남을 수 있었을까?

생각을 기록할 능력을 지닌 인류가 존재한 이래 호랑가시나무는 강한 회복성 때문에 예찬되었다. 로마인들은 빙하기에 살아남은 이 나무를 어두운 계절을 지배한다고 알려진, 옛 대지의 신 사투르누스와 연결해 찬양했다. 고대 사투르날리아 축제는 12월 동지 무렵에 열렸다. 낮은 짧고 잔치는 길다. 다른 나무들이 해골 같은 형상으로 희미해질 때 길고 추운 겨울을 견디기 위해 물을 저장한 채 여전히 반짝이는 초록 잎으로 덮인 호랑가시나무는 훨씬 활기차 보였다. 사람들은 마음과 난로를 밝히기 위해 호랑가시나무 가지—작은 열매를 매단, 활기차고 반짝이는—를 집 안에 들여놓았다. 호랑가시나무는 무질서의 왕Lord of Misrule이다. 가장 매서운 겨울에도 순종치 않고 삶을 이어갈 준비가 되어 있다. 이 뜨거운 축제의 유산은 기독교 전통으로 살아남았다. 물론 사투르누스의 이교적인 굵은 몽둥이와 의기양양한 리스는 차츰 그리스도의 피투성이 가시 면류관과 영생의 약속과 뒤얽혔다. 호랑가시나무의 앵글로색슨 이름인 '홀린hollin'은 거룩함holiness과 휴일holidays을 쉽게 연상시켜서 크리스마스에 딱 맞는 나무처럼 보였다.

그 결과 호랑가시나무는 일 년 중 11.5개월은 계절에 어울리지 않게 보이는, 부럽지 않은 특징을 지니게 됐다. 햇빛에 반짝이는 매끈하고 윤기 있는 잎을 지닌 가장 빛나는 상록수인데도 갑자기 어디에서나 흔해지는 12월 크리스마스 시즌을 제외하고는 사람들에게 거의 주목받지 못하는 나무가 되고 말았다. 바늘이 달린 듯한 잎에도 아랑곳 않고 우리는 호랑가시나무의 선홍색 열매를 그림이나 문틀에 꽂거나 선녹색 잔가지를 창턱에 두르길 좋아한다. 잔가지들이 물 없이도 여러 날 윤기를 잃지 않는 것을 보면 호랑가시나무의 끈질긴 생명력을 분명히 알 수 있다. 호랑가시나무 잔가지는 가만히 놔두면 결국에는 말라서 옅은 황록색으로 빛이 바래지만 여전히 바늘처럼 날카롭다. 옆에서 보면 마른 호랑가시나무 잎은 무시무시한 입을 막 벌리는 순간의 악어와 조금 닮았다. 그런데도 우리는 해마다 이 나무를 반기며 기꺼이 집 안에 들여놓고 손님들을 반기는 인사로 호랑가시나무 잎을 현관에 걸어둔다. 호랑가시나무 리스를 만들려면 끈질긴 인내가 필요하다. 동그란 모양으로 휘지 않으려고 격렬히 저항하는 호랑가시나무가 격하게 튕겨 나오며 반격하기 때문이다. 세상의 수많은 상록수를 떠올려보면 그중에서도 가장 가시가 많은 호랑가시나무가 축제의 계절을 여전히 주름잡고 있다는 게 이상하다. 어쨌거나 무척 고집스러운 나무이지 않은가.

또한 반짝이며 위아래, 사방으로 가시를 뻗은 삼차원적 이파리에는 축제 분위기를 조성하는 무언가가 있다. 홀을 호랑가시나무 가지로 치장하자마자 무슨 일이 일어날지 눈에 선하다. 셰익스피어는 풍자 희극《뜻대로 하세요》에서 가장 흥겨운 민요를 재치 있게 끌어다 쓴다. "헤이- 호, 호랑가시나무여 / 인생은 즐거워라." 하지만 사람들이 흔히 잊고 있는 점은 누가 봐도 예측 가능한 이 후렴구가 겨울이 얼마나 혹독한지, 그리고 인간의 배신이 얼마나 잔인한지를 상기시키는 대사 뒤에 온다는 것이다.

불어라, 불어라 너 겨울바람아
네가 아무리 매몰찬들 사람의 배은망덕만큼은 아니야.
네 이는 그리 날카롭지 않아.
왜냐하면 넌 보이지 않으니까.
네 숨결이 무례하긴 하지만 말이야.
헤이- 호, 헤이- 호 노래하라. 푸른 호랑가시나무에게
우정은 위선이고 사랑은 어리석을 뿐.
그러니 헤이- 호, 호랑가시나무여
인생은 즐거워라.

셰익스피어의 즐거운 호랑가시나무 노래는 포근한 크리스마스 히트곡이 아니라 외로움과 절망, 죽음에 대비하라는 내용을 담고 있다. 호랑가시나무는 푸른 숲을 다스리며 냉정과 배신, 불의를 피해 달아난 희생자들에게 피난처를 제공한다. 그들은 결국 힘든 상황에 맞설 힘을 발견한다. 어두운 계절에 무성히 자라는 호랑가시나무를 무질서의 일시적 승리라고만 할 수는 없다. 오히려 일상적 질서에 맞서는 상쾌한 반란이랄 수 있다.

호랑가시나무는 사람들에게는 따뜻한 장작으로, 양과 소 들에게는 고열량 먹이로 겨울을 날 에너지를 제공한다. 눈길을 끄는 호랑가시나무의 작은 열매는 새들이 혹독한 겨울을 나도록 돕는다. 겨우살이가 드문 지역에서는 종종 겨우살이개똥지빠귀mistle thrush를 '털가시지빠귀holm thrush' 또는 '호랑가시지빠귀holly thrush'라 부른다. 이 새가 가시로 뒤덮인 호랑가시나무 열매를 워낙 좋아하기 때문이다. 그러나 인간의 영향 아래 호랑가시나무는 새들을 속이고 배신할 수도 있다. 호랑가시나무 껍질을 벗겨서 물에 담갔다가 끓여 발효시켜서 빻으면 무척 끈적대는 물질이 된다. 새 잡는 끈끈이로 알려진 이 천연 접착제를 잔가지에 발라 송버드song bird를 잡을 수 있다. 송버드는 여러 나라에서 여전히 사랑받는 식재료이다. 지빠귀만이 아니라 홍방울새, 되새류도 새 잡는 끈끈이가 발린 가지에 꼭 붙어 옴짝달싹하지 못한다. 호수 지방 농부들이 지역에서 풍부하게 자라는 호랑가시나무로 끈끈이를 다량 공급할 수 있다는 것을 깨닫자 영국 제국 전역의 곤충들이 위기에 처했다. 호랑가시나무는 밀렵꾼의 친구인가? 천연 살충제인가? 호랑가시나무 끈끈이는 이를 다양하게 사용하는 사람들의 목적에 따라 좋게도 나쁘게도 쓸 수 있다.

호랑가시나무 목재는 다른 목재인 척해야 할 때가 자주 있다. 흑단과 마호가니 같은 이국적인 수입목재는 엄두를 못 낼 만큼 비싸기 때문에 영국의 목공들은 호랑가시나무의 밀도 높고 단단하며 밝은 색상의 목재를 염색해서 쓰곤 했다. 어쩌면 집에 있는 체스 세트도 모두 호랑가시나무로 만들어졌을지 모른다. 염색된 호랑가시나무 체스 말이 염색되지 않은 동포 체스 말과 싸움을 벌이고 있을 것이다. 그 체스 세트를 턴브리지 웨어* 수납함에 보관한다면 그 수납함도 호랑가시나무 목재로 만들어졌을 것이다. 빅토리아 시대 사람들이 이 근사한 흰색 목재를 사랑했으니 말이다.

호랑가시나무 목재는 쪽매붙임**에 쓰는 다양한 색상의 목재들 가운데서도 중요하다. 금색, 붉은 벽돌색, 진한 초콜릿색, 보리색 같은 온갖 어두운 색조와 밝은 대비를 이루기 때문이다. 데이지 꽃잎에도, 나비의 얼룩무늬에도, 참새의 배에도, 체커 판 문양에도, 옅은 하늘에도, 밝은 창문에도, 눈 덮인 지붕에도 호랑가시나무 목재가 필요하다. 튼튼한 토착종인 호랑가시나무는 비교적 구하기 쉬울뿐더

-     Tunbrige ware. 영국의 턴브리지 웰스 지방에서 생산된 유명한 나무 공예품.
-     나무쪽이나 널조각을 바탕이 되는 널이나 바닥에 붙여 만드는 문양으로 주로 가구 장식에 쓰임.

러 회양목을 대신할 만큼 튼튼해서 예산이 부족한 판화가들은 호랑가시나무를 잘라 만든 목판을 쓰기도 한다. 그들이 쓰는 조각 도구와 차 주전자 손잡이도 호랑가시나무로 만든 것일 때가 많다. 한편, 가볍고 섬세한 실로 복잡한 디자인의 레이스를 뜨는 사람도 이 예쁜 흰색 목재로 만든 실패를 쓴다.

널리 알려진 대로 호랑가시나무는 다른 이름으로 불리는 수난을 겪기도 했다. 인버네스셔의 코더 성Cawdor Castle은 멕베스 이야기뿐 아니라 이 오래된 요새 안에서 여러 해 자란 전설적인 가시나무로도 유명하다. 지역 전설에 따르면 코더의 옛 귀족 한 사람이 당나귀에 금을 싣고 길을 나서게 한 뒤 뒤따라가서 그 당나귀가 멈추는 곳에 성을 지으라는 꿈을 꾸었다. 귀족은 꿈대로 했고 당나귀가 가시나무 잎을 먹기 위해 멈춘 곳에 코더 성을 지었다. 몇 백 년이 흘러 새뮤얼 존슨 박사와 그의 젊은 길벗 제임스 보스웰이 헤브리데스 제도를 여행하던 중 코더를 방문했다. 이때 두 사람은 이 오래된 가시나무가 '성의 여러 방을 관통하는 나무 기둥처럼' 우뚝 솟은 모습에 충격을 받았다. 21세기에 DNA 검사로 코더의 그 전설적인 가시나무가 사실 호랑가시나무였다고 밝혀졌는데, 이 사실을 그들이 알았더라면 아마 훨씬 더 놀랐을 것이다.

이런 발견으로 코더의 가시나무 전설과 노래가 타격을 입긴 했으나, 그 나무가 줄곧 호랑가시나무였다는 사실은 그리 나쁜 소식은 아닐지 모른다. 특히 그곳이 맥베스 전설의 배경이라는 것을 생각하면 말이다. 왜냐하면 오랫동안 호랑가시나무는 마녀들을 막는 든든한 수호자로 여겨졌다. 사람들은 종종 호랑가시나무 열매를 집 밖에 심으면서 천천히 자라는 튼튼한 나무가 그곳에 영원히 자리 잡아 고약한 손님과 악령을 쫓아내주기를 바랐다. 호랑가시나무는 산울타리로도 늘 인기 있었다. 거칠고 뾰족뾰족한 타고난 생김새로 침입자를 막는 현실적 이유도 있고, 호랑가시나무에 악령을 물리치는 힘이 있다는 깊은 믿음 때문이기도 했다.

영국의 자연 작가 리처드 메이비가 쓴 《플로라 브리태니커 *Flora Britannica*》에는 호랑가시나무를 둘러싼 속설들, 즉 아직도 남아 있는 몇몇 믿음이 기록돼 있다. 버킹엄셔에는 호랑가시나무를 베면 마녀들이 활개치고 다닐지 모른다는 믿음이 널리 퍼져 있다. 또 이스트 서식스의 농부들은 호랑가시나무가 마녀들이 산울타리를 타고 돌아다니지 못하게 막는다는 오랜 지역 믿음에 따라 산울타리 중간중간에 호랑가시나무들이 크게 자라게 놔둔다. 밭을 넓히기 위해 산울타리를 뽑아낼 때도 호랑가시나무들은 그냥 놔둔다. 옛 경계선을 기억하기 위해서일 수도 있고, 혹시라도 일어날지 모를 불가사의하고 해로운 결과를 막기 위해서일 수도 있다.

뾰족한 잎을 가진 나무라면 어떤 나무든 때로 '호랑가시나무'라고 불리는데, 사람들은 어떻게 진짜와 가짜를 구분할 수 있을까? 털가시나무holm oak라고도 불리는 사철가시나무holly oak는 호랑가시나무와 실제로는 아무 관계가 없지만 속칭도, 학명(쿠에르쿠스 일레스

Quercus ilex)도 호랑가시나무*Ilex aquifolium*에서 나왔다. 상록수이 면서 잎이 바늘 끝처럼 뾰족하기 때문이다. 연지벌레 참나무kermes oak, 곧 켈메스 참나무*Quercus coccifera*도 거친 상록수 잎과 나무에 거주하는 주홍색 딱정벌레 때문에 호랑가시나무와 혼동되었다. 시 홀리•도, 니홀리••도 호랑가시나무와 아무 관계가 없다. 둘 다 전혀

•   sea holly. 에린지움속에 속하는 다년초.
••   knee holly. '부처스 브룸butcher's broom'이라고도 하는데, 가지를 말려 푸줏간용 빗자루를 만든다고 해서 붙여진 이름이다.

다른 종에 속한다. 하나는 엉겅퀴의 일종이고 다른 하나는 금작화의 일종이다. 피처럼 붉은 열매나 뾰족한 잎처럼 눈에 잘 띄는 특성으로 구별되는 나무가 있다면 비슷한 특징을 지닌 다른 식물은 무엇이든 그 식물을 따라 이름이 붙기 쉽다. 식물 전문가들의 결정과는 관계없이 말이다.

유럽 이주민들이 미국 서해안에 도착해서 주홍 열매와 상록수 잎을 단 토착 나무를 보았을 때 그들은 고향에 있는 비슷한 나무를 떠올렸고, 캘리포니아 홀리California Holly라 이름 붙였다. 문제의 나무는 이제 헤테로멜레스 아르부티폴리아*Heteromeles arbutifolia*라고 분류되며 토연나무toyon tree라 널리 알려져 있다. 하지만 미국 영화산업이 애초에 잘못 붙인 캘리포니아 홀리라는 이름에서 아이디어를 얻은 것은 잘된 일인지 모른다. '프랭키 고즈 투 토연우드'●는 느낌이 달랐을 테니 말이다. '할리우드Hollywood(호랑가시나무 숲)'는 반짝이 조각이 12월 크리스마스 기간에만 한정될 필요가 없는 캘리포니아 영화산업이라는 화려한 세계에 딱 맞는 이름이다. 할리우드의 아이콘인 산비탈의 글자마저 이상하게 호랑가시나무의 흰 목재를 떠올리게 한다.

호랑가시나무를 동경하는 이 모든 나무들 말고도 호랑가시나무 품종 자체가 워낙 다양해서 이 나무를 둘러싼 오랜 혼동의 역사는

●　　Frankie goes to Toyon wood. 리버풀에서 결성된 영국 밴드 '프랭키 고즈 투 할리우드'에서 호랑가시나무 숲을 뜻하는 '할리우드' 대신 '토연우드'를 넣었다.

결코 놀랍지 않다. 진짜 호랑가시나무 중에는 잎이 한 가지 색이 아니라 얼룩덜룩한 것도 있다. 초록 유화 물감을 붓에 발라 크림색 바탕에 살짝 건드린 듯 보인다. 간혹 나무 윤곽이 금빛이나 은빛을 띠는 품종도 있는데, 마치 여름 숲 끄트머리에 살짝 모습을 드러낸 서커스 천막처럼 보인다. 잎이 더 부드러운 종류도 있다. 특히 나이가 들면서 윗가지에 달린 잎들이 덜 뾰족해진다. 그래서 사람들은 호랑가시나무를 연륜과 함께 부드러워지는 모습의 상징으로 여기기도 한다. 우뚝 솟은 원뿔 모양 산처럼 자라는 데다 잎이 너무 매끈해서 튼튼한 토종 나무가 아니라 이국적인 수입 상록수처럼 보이는 호랑가시나무도 있다. 그러나 고슴도치 호랑가시나무*Ilex aquifolium* 'Ferox'는 잎 가장자리뿐 아니라 표면 곳곳에도 가시가 돋아 있다. 호랑가시나무 열매도 모두 주홍색이 아니다. '황실 노랑가시나무 Bacciflava'와 '골든 걸Golden Girl'처럼 노란색이나 금색 열매 송이가 달리는 종류도 있다. 반면 잉크베리 호랑가시나무inkberry holly는 이름이 암시하는 대로 열매가 검다.

호랑가시나무의 놀라운 다양성 덕택에 사랑스러운 속칭이 많이 탄생했다. 구불구불한 이파리를 지닌 '황금빛 우유 짜는 처녀'라는 이름도 있고, 희미한 빛의 구름에 에워싸인 듯한 '달빛 호랑가시'나 서정적인 느낌이 조금 덜한 이름인 '가죽 이파리'도 있다. 보석 같은 열매와 귀금속처럼 돌기가 돋은 잎 때문인지 왕실과 연결된 이름도 많다. 또한 오해를 일으키는 속칭도 있다. '골든 퀸Golden Queen'과

'실버 퀸Silver Queen'은 둘 다 수컷 나무인 반면 '골든 킹Golden King' 과 '실버 밀크보이Silver Milkboy'는 암컷 나무다.

호랑가시나무는 식물학 용어로 암수딴몸식물이다. 암꽃과 수꽃 이 서로 다른 나무에서 자란다. 그래선지 열매가 잘 열리게 하려면 여러 그루를 심으라고 조언한다. 왜냐하면 호랑가시나무 열매는 근 처 수컷 나무에 의해 수정된 암컷 나무에만 열리기 때문이다. 다 자 란 호랑가시나무는 옮겨심기가 쉽지 않으므로 자랄 만한 공간을 충 분히 띄어주되 어린 묘목을 무리 지어 심는 것이 중요하다. 그래야 나무들이 위로, 양 옆으로 충분히 성장하는 동안 본의 아니게 과부 로 남겨지는 나무가 없다. 자연 서식지에서 자라는 나이 든 호랑가 시나무들은 일정한 거리를 유지하며 자란다. 그래서 슈롭셔 구릉지 대 스티퍼스톤스Stiperstones의 '더 홀리스The Hollies'라 불리는 호랑 가시나무 숲에는 옹이 진 노목들이 저마다 공간을 차지하며 메마른 산등성이 곳곳에 흩어져 있다.

호랑가시나무의 가장 두드러진 특징인 선명한 열매는 암컷 나무 에 열리지만, 호랑가시나무는 항상 남성성을 상징했다. 예부터 반항 적이고 까칠한 호랑가시나무왕Holly King은 여름을 통치하는 근엄한 참나무왕Oak King의 겨울 경쟁자였다. 중세 크리스마스 이야기《가 윈 경과 녹색 기사Sir Gawain and the Green Knight》에서 가윈 경의 무 시무시한 적수, 적색 기사는 이 고대 설화의 힘을 암시하는 호랑가 시나무 가지를 들고 있다. 우리에게 친숙한 크리스마스 캐럴에서 알 수 있듯, 숲에 있는 모든 나무들 가운데 왕관을 쓰고 있는 것은 바로 호랑가시나무다.● 겨울 왕은 주현절●●까지만 다스린다.

영국의 여러 지역에서는 쓸모없어진 호랑가시나무 장식을 쌓아 근사한 모닥불을 피워서 주현절을 기념한다. 크리스마스 축제를 장식했던 호랑가시나무 가지를 모아 새해에 불을 붙여본 사람이라면 이것들이 얼마나 잘 타는지 알 것이다. 그러니 웨스트모어랜드의 브러Brough에서 해마다 1월 6일에 열리는 횃불 행진이 얼마나 인상적일지 상상하기란 어렵지 않다. 호랑가시나무 한 그루에 불을 붙여서 깜깜한 밤 동안 줄지어 걸어간다.

영국의 많은 지역에서는 이들보다 뒤에 열리는 겨울 축일인 참회 화요일Shrove Tuesday을 기념할 때 호랑가시나무로 만든 '홀리 보이스Holly Boys'가 마을 도로를 행진하는 카니발을 연다. '홀리 보이스'가 행진하는 동안 '아이비 걸스Ivy Girls'는 멀리 떨어져 있어야 한다. 어쨌든 수컷 호랑가시나무 한 그루는 근처에 있는 암컷 나무를 몇 그루라도 수정시킬 수 있지만, 그렇다고 모두 호랑가시나무 열매를 원하는 것은 아니니 말이다. 로버트 번스가 호랑가시나무에 끌린 것도 이러한 생식력 때문이었을 것이다. 반갑게도 뮤즈가 그의 오두막을 찾아온 환영에서, 눈부시게 아름다운 뮤즈는 '초록 잎으로 뒤덮

● 　　　영국의 오래된 크리스마스 캐럴 〈호랑가시와 담쟁이The Holly and the Ivy〉의 한 구절이다.
●● 　　Twelfth Night. 크리스마스 후 12일째 되는 날로, 성경에서 동방박사들이 아기 예수께 경배 드리러 온 것을 기념하는 공현 축일 전날 밤.

인 호리호리한 호랑가시나무 가지를⋯ 꼬아서 이마에 우아하게 두르고' 있었다. 뮤즈는 그가 스코틀랜드의 음유시인으로서 할 일을 늘어놓고 나서 자신의 추종자를 위한 대관식을 베푼다.

그대, 이것을 쓰세요. — 그녀는 엄숙하게 말했지.
그러고는 호랑가시나무 가지를 내 머리 둘레에 묶었어.
반짝이는 잎과 붉은 열매가 바스락거리며 연주했지.
그리고 마치 지나치는 상념처럼 그녀는 사라졌어.
멀어지는 빛으로.

칼레도니아°의 음유시인으로 등극하는 번스에게는 활기차고 정력적인 토종 호랑가시나무가 고대의 월계관보다 어느 모로 보나 어울렸다. 특히 호랑가시나무의 장난기 있고 자기 풍자적인 특징은 분명 그 어떤 거드름도 무색케 할 테니 말이다. 젊은 번스가 뮤즈의 환영을 본 지 50년도 더 흘렀을 무렵, 70대의 나이 든 계관시인 윌리엄 워즈워스는 호랑가시나무 리스를 쓴 그의 영웅을 추억하며, 호랑가시나무 열매 한 움큼을 그래스미어 호숫가 이즈데일Easedale의 플레처 부인 집에 심었다. 요즘에도 호수 지방을 찾는 사람들은 이 문학

● Caledonia. 스코틀랜드의 옛 이름으로, 영국 제도를 점령했던 로마인들이 자신들이 점령하지 못한 북부 지역을 일컬을 때 썼다.

적 유산이 담긴 나무들의 열매를 찾아 랜크리그*의 마당을 샅샅이 뒤진다.

요즘 들어 호랑가시나무는 훨씬 더 여성적인 느낌을 띤다. 이제 '홀리'는 여자아이 이름으로 인기가 있다. 특히 12월 말에 태어나는 여자아이 이름으로 많이 선택된다. 미국 배우 홀리 콤스와 유명 모델 홀리 매디슨 모두 12월에 태어났다('홀리'라는 이름을 가진 유명인사들 중에는 봄에 태어난 사람도 많다). '홀리'라는 이름은 1960년대 오드리 헵번이 영화 〈티파니에서 아침을〉으로 세상을 사로잡은 뒤 멋진 이름이 되었다. 트루먼 커포티가 소설 초고를 쓸 때는 주인공 이름이 '코니 구스타프손'이었지만 다행히 그의 마음이 바뀌어 '홀리데이 골라이틀리'가 되었다. 나중에 '홀리'라는 이름으로 더 잘 알려졌다. 커포티의 변덕 심한 여주인공만큼 고집 세고 천천히 자라며, 가시가 뾰족뾰족하고 옮겨 심는 걸 싫어하는 상록수와 닮은 존재가 또 있을까? 화려하고 매혹적이며 인습을 거스르는 자신만만한 자유 영혼이면서도 눈에 보이는 모습이 전부가 아닌 인물이 탄생한 배경 어디쯤에 호랑가시나무가 있을지도 모른다.

* Lancrigg. 시인 워즈워스와 가깝게 지냈던 플레처 부인의 집터로, 1841년 워즈워스는 자신이 숭배하는 시인 로버트 번스를 기념하기 위해 이곳에 호랑가시나무 열매를 심었다.

시커모어
Sycamore

요즘 철도회사들은 10월 초부터 특별 '낙엽 시간표'를 운영하며 '시간표보다 최대 3분 늦게' 도착할 수 있다고 승객들에게 경고한다. 이 내용은 1990년대 신문 머리기사를 장식했고, 지금도 여전히 10월 무렵이면 정당별 전당대회를 다룬 기사 사이사이에 등장하는 이른바 '선로의 낙엽leaves on the line' 또는 미국식 표현을 쓰자면 '미끄러운 철로slippery rail' 문제에 대한 해결책이다.

가을마다 눅눅한 낙엽이 비처럼 철로에 떨어져 눌리면 철로 표면이 미끌미끌해지는 탓에 열차가 미끄러진다. 낙엽을 치우는 작업은 시간도 들고 돈도 들지만 열차가 안전하게 운행하려면 꼭 필요하다. 안 그래도 비싼 교통비를 쓰며 매일 똑같은 길을 따분하게 지나야 하는 통근자들은 귀갓길이 더 길어지는 게 달갑지 않을 것이다. 영국에서는 '선로의 낙엽'이 우스갯거리가 되었을 뿐 아니라 예측할 수 없는 날씨 변동에 효과적으로 대처하지 못하는 것을 일컫는 문구가 되었다. 이 문구는 불만스러운 승객들이 《데일리 텔레그래프Daily Telegraph》에 보낸 편지를 모은 책의 제목으로 쓰였고 심지어 《선로의 낙엽: 효과적으로 불평하는 법 Leaves on the Line: How to Complain Effectively》이라는 자기계발서의 제목으로도 쓰였다. 그런데 이 성가신 나뭇잎들은 대체 어디에서 오는 것일까? 주로 시커모어*에서 떨어지는 듯하다.

잎이 무성한 이 친숙한 나무는 많은 교외 철로 옆에 줄지어 서서 승객들의 시야에서 흉측한 낡은 창고를 가려주고, 기차의 덜컹거리는 소음으로부터 교외 주택의 정원을 보호해준다. 그러나 계절이 바뀌면 시커모어는 변절자가 된다. 우리에게 줄곧 손을 흔들던 우거진 초록 잎의 친근한 수행원은 온데간데없고 그 자리에 앙상한 해골이 서서 주춤대는 우리의 열차를 비웃는다.

윌리엄 블레이크가 "모든 사람이 비슷하게 보지는 않는다. 누군가에게 기쁨의 눈물을 터트리게 하는 나무가 다른 사람의 눈에는 길을 가로막는 초록 물건으로만 보인다"고 했을 때 아마 시커모어를 마음에 둔 게 아니었을까? 그만큼 호불호가 심하게 갈리는 나무가 아마 없을 테니 말이다.

* 영국산 단풍나무의 일종으로 '큰 단풍나무'라고도 한다. 미국에서는 플라타너스를 가리키는 말이다.

손바닥을 쫙 펼친 모양의 부드럽고 납작한 시커모어 잎 때문에 가을마다 통근자들의 혈압이 급상승한다면 걸쭉한 작은 수액 방울들은 그보다 훨씬 더 불쾌한 느낌을 준다. 왕립원예협회 웹사이트를 보면 정원을 가꾸는 사람들이 시커모어 때문에 겪는 수난을 한눈에 알 수 있다. 어느 고통스러운 게시물은 이렇게 절규한다. "시커모어~ 아아아아아악! 낙엽을 비처럼 떨구더니 이제는 수액과 온갖 곤충이 나오는군요. 곳곳에 수액 천지예요. 정원 가구가 하나같이 다 끈적거려요⋯. 악취 나고 끈적거리는 악몽이에요!" 이 게시물 아래에는 시커모어 문제를 '해결하는' 법이 줄줄이 달렸다. 이를 보면 시커모어는 분명 많은 사람에게 문제아로 여겨지는 게 틀림없다.

그런데 요즘 들어 이런 문제가 유별나게 사람들을 성가시게 하는 것은 아니다. 1664년 이블린이 《실바》를 출판할 때도 시커모어는 이미 걱정거리였다. "단물로 덮인 나뭇잎은⋯ 일찍 떨어져서 끈적대는 점액으로 변한다." 이 부패한 곤죽은 지저분하고 보기 흉할 뿐 아니라 '해충' 소굴이다. 시커모어 잎이 '단물'로 덮인 이유는 풍부한 수액을 먹고 사는 진딧물이 우글거리며 끈적거리는 단물을 분비하기 때문이다. 아름답고 그늘진 산책로를 만들기 위해 시커모어를 심는 경우가 늘고 있었지만, 이블린이 보기에 시커모어는 "산책길을 더럽히고 손상시킬" 뿐이므로 "모든⋯ 정원과 거리에서 추방되어야" 했다. 이블린의 묘사는 끈적대는 수액의 악몽뿐 아니라 '선로의 낙엽'의 옛 버전이라 할 만하다.

하지만 '단물로 덮인' 나뭇잎이라는 말에는 신비로운 느낌, 낙원의 우유 같은 느낌이 맴돈다. 시인 존 클레어에게는 햇빛에 반짝이는 무성한 잎이 산처럼 우거진 '찬란한 시커모어'가 봄의 사랑스러운 장관 가운데 하나였다. 시커모어가 점잖은 사교계에서 설 자리가 없다 해도 아무 문제가 되지 않았다. 그에게 시커모어는 들판의 귀족, 찾아오는 모든 이와 자신의 풍요를 나눌 준비가 된 '풍성한 아름다움'이었다. 그는 달콤한 수액과 끈적대는 잎을 정원사들을 성가시게 하는 것으로 생각지 말고 세상을 위한 위대한 선물로 여기라고 한다. 또 '단물로 덮여 반짝이는, 널따란 잎을 / 열심히 날갯짓하며 먹는 즐거운 꿀벌'과 곤충의 콧노래를 들으라고 사람들에게 말한다. 클레어의 시를 읽으면 논란이 많은 이 나뭇잎을 보금자리로 삼은 꿀벌들의 소리가 들리는 듯하다. 그리고 이 '행복한 공기의 정령들happy Ariels'과 함께 눈앞에 있는 자연의 맛있는 자원을 연료 삼아 영감을 빨아들이며 상상력의 비행을 벌이는 시인의 목소리가 들리는 듯하다.

클레어는 종종 향수에 젖곤 하지만 시커모어가 생태계를 어떻게 돕는지 이해했다는 점에서 시대를 훨씬 앞서갔다. 그러나 흔해 보이는 꿀벌들이 꽃가루 매개자로서 얼마나 중요하며, 따라서 식량안전 지킴이로 얼마나 소중한지 이해하기까지는 시간이 조금 걸렸다. 시커모어는 진딧물들의 거대도시로서 푸른박새와 정원솔새, 울새, 솔새뿐 아니라 수많은 제비와 흰털발제비에게도 영양을 공급한다. 꿀벌에게도, 새들에게도 구내식당 같은 곳이다. 수액을 흘리는 시커모어 때문에 정원이 벌레 소굴과 새똥 천지로 변해버린 모습을 봐야 하는 사람들에게는 이 모든 게 사소한 위안처럼 보이겠지만 시커모어는 정원의 자연생태계에서 중요한 일을 하고 있다. 또한 시커모어 수액을 추출한 다음 끓이면 시럽이 되고, 발효시키면 술이 된다. 자급자족적 삶이나 소박한 삶을 원하는 사람들은 수액을 혐오하는 이웃들보다는 꿀벌들을 따라 끈적대는 액체가 가득한 나무 줄기에서 수액을 받아낼 수 있다.

많은 사람에게 시커모어는 지나치게 관대한 나무로 보인다. 사람들의 균형 감각을 뒤흔들고 심지어 지나침을 경계하는 잠재된 청교도적 불안을 들춰낸다. 시커모어는 넘침의 나무다. 수액이 너무 많고 잎이 너무 많다. 사실, 시커모어도 너무 많다. 어디에서나 마주치는 이 나무의 무신경한 건강과 활기가 오히려 인상을 해친다.

시커모어 목재는 참나무 목재만큼 단단하지만 훨씬 덜 가치 있게 여겨진다. 이 목재는 반죽 밀대와 나무 수저를 만드는 데 좋다. 색이 밝고 결이 섬세한 시커모어 목재는 부엌에서 부드럽고 환하고 상쾌해 보일 뿐 아니라 씻기도 쉽기 때문이다. 그러나 반죽 밀대는 큼직한 참나무 배나 훌륭한 마호가니 조각상처럼 존경받지는 못하는 법이다. 시커모어는 웅장한 연회장이 아니라 부엌을 위한 목재다. 회의 탁자가 아니라 도마를 위한 목재다.

지난 몇 년 동안 시커모어 목재는 웨일스에서 명성을 누렸는데 그럴 만한 이유가 있었다. 시커모어 줄기 하나를 통째로 깎아서 만든 6미터가 넘는, 세계에서 가장 큰 러브스푼* 때문이었다. 1989년에 에드 해리슨이 만든 이 웅장한 스푼은 지금도 여전히 카디프에 전시 중이지만 세계 최대라는 칭호는 2008년 그가 적삼목으로 만든 멋진 러브스푼에 넘겨줘야 했다. 이 적삼목 러브스푼은 길이가 시커모어 러브스푼의 두 배이며 비스듬히 누운 자세로 칼레온에 웅장하게 전시돼 있다.

시커모어 목재는 결코 부족하지 않아서 희소가치가 떨어진다. 사실, 사람들이 시커모어에 이런저런 강력한 반감을 느끼는 이유도 나무가 다소 흔한 탓이다. 이 정력적인 나무는 프로펠러를 닮은 독특한 씨 덕분에 어디에나 갑자기 나타나서 급속히 퍼진다. 이 작고 투명한 부메랑들은 잔가지에서 날아 흩어져 돌풍이나 회오리바람과 함께 활공하며, 누가 더 멀리 나는지 시합을 벌이는 것처럼 보인다. 잘 정돈된 잔디밭 모서리든, 사랑스럽게 가꾸어진 장미화단이든 그다지 신경 쓰지 않고 쉽게 싹을 틔운다. 이 생기 넘치는 작은 싹은 대개 잡초로 여겨져서 제대로 뿌리를 내리기도 전에 흙에서 뽑히고 만다.

또한 시커모어는 리처드 메이비의 재기 넘치는 책 《잡초Weeds》에 등장하는 몇 안 되는 '나무'에 속한다. 메이비는 이 책에서 시커

•   love-spoon. 장식적 문양이 조각된 나무 스푼으로, 웨일스를 비롯한 지역에서 구혼자가 청혼할 때 선물로 주던 전통이 있다.

모어에 정이 안 가는 또 다른 이유를 밝힌다. "시커모어는 외래종이
다." 존경할 만한 참나무와 물푸레나무, 느릅나무, 주목과 달리 시커
모어는 15세기 말에 영국에 들어왔으므로 토종 나무가 아니라고 널
리 여겨진다.

사실 외래종이라는 것 자체는 그다지 큰일이 아닐 수도 있다. 문
제는 시커모어의 놀라운 번식력이다. 성장도 빠르고 번식도 빠른 시
커모어는 많은 사람의 눈에 불쌍한 토종 나무를 몰아내고, 소중한
야생화들에게 무성한 나뭇잎 지붕을 드리워 빛을 빼앗는 적의 침략
군으로 보인다. 텃밭을 망치는 회색다람쥐 같은 존재다. 나타나자마
자 어디에나 있는 것처럼 보인다.

그런데 시커모어가 토종 나무일 가능성도 있다. 옥스퍼드의 크
라이스트처치 대성당에 있는 13세기 성 프라이즈와이드● 성소에는
시커모어 잎이 새겨져 있다. 이 때문에 시커모어가 진짜 외래종인지
를 둘러싼 논쟁이 이어졌다. 전설에 따르면 프라이즈와이드는 나무
들 사이에 숨어서 머시아 왕의 집요한 추적을 피해 순결 서약을 지
켜냈다. 프라이즈와이드가 나뭇잎에 동그랗게 둘러싸여 밖을 내다
보는 모습을 중세 조각가가 그녀의 유골을 모신 감실 위에 돋을새김
으로 새길 때 지역에 자라는 나무들을 염두에 두었는지를 지금 와서

<hr>

●   St. Frideswide. 옥스퍼드와 옥스퍼드대학교의 수호성인. 옛 앵글로색슨 왕국 가운
데 하나인 머시아의 왕이 청혼했으나 순결서약을 지키기 위해 옥스퍼드의 숲에 숨
어 있었다는 이야기가 전해 내려온다.

판단하기는 다소 힘들다. 주춧돌에 새겨진 다섯 갈래로 갈라진 손바닥 모양 잎은 상징적 이유로 선택되었을 수도 있다. 그리스도가 십자가에 못 박힐 때 생긴 성흔, 곧 거룩한 오상*을 떠올리는 상징으로 말이다.

고고학적 증거도 시커모어의 유래를 둘러싼 논쟁에 기름을 부었다. 시커모어의 꽃가루는 화석이 되었을 때 수천 년간 영국 제도 생태계의 일부였음이 틀림없는 토종 캄페스트레 단풍나무의 꽃가루와 구분하기 힘들다.

시커모어가 영국에서 자라기 시작한 것이 고작 튜더 시대부터라 해도 신참이라고 부르기는 힘들다. 500년이라면 혈통 같은 것을 중시하는 사람들이 충분히 존중할 만한 족보다(스쿤 성Scone Palace의 오래된 시커모어는 스코틀랜드의 메리 여왕이 심었다고 여겨지는데, 그런 유래 덕에 귀족 같은 느낌을 더러 풍기는 듯도 하다). 그리고 시커모어가 그렇게 공격적으로 팽창하는 나무라면 그 오랜 세월 동안 어떻게 그 모든 다른 나무들이 이곳에 살아남아 있을까? 1970년대 이후 영국의 시커모어는 두드러지게 증가하지 않았다. 어린 시커모어는 밝은 숲에서 잘 자라기 때문에 다 자란 시커모어의 촘촘히 우거진 잎은 번식을 스스로 억제하는 효과가 있으며, 같은 시커모어끼리 숲을 이루기보다는 다른 나무들의 틈새에서 더 잘 자란다.

•   Five Holy Wounds. 예수가 죽을 때 몸에 난 다섯 상처. 두 손, 두 발, 옆구리에 입은 상처를 말한다.

어쨌든 나무의 원산지는 유행을 타는 문제다. 19세기에는 이국적인 수입종이 인기 있었다. 원예사 존 루든은 이렇게 논평했다. "현대적 양식으로 지은 어떤 집도 모든 나무와 떨기나무가 외래종이거나 개량된 토종이 아니라면 좋은 취향으로 배치되었다고 주장할 수 없다." 빅토리아 시대 유행의 첨단을 걷는 사람들에게 어느 나무가 토종이냐는 질문은 요즘과는 무척 다른 의미를 지녔다. 영국의 정원은 국제적으로 팽창하는 국가의 상징이 되고 있었다. 제국이 팽창하니 나무 품종도 팽창했고, 원산지는 멀수록 더 좋았다. 그 무렵 초라한 시커모어는 매혹적인 이방인으로 재기하기에는 너무 익숙해져 있었다.

토종이든 외래종이든 시커모어는 워낙 적응력이 좋아서 다른 나무들이 감히 들어가지 못하는 곳에서도 기꺼이 자란다. 새 도로와 주택 단지의 딱딱한 가장자리에서도 빨리 든든하게 자라 아이들의 놀이터를 초록 나뭇잎으로 보호한다. M6 고속도로와 서해안선을 지날 때면 컴브리아의 노출된 구릉지대에 줄줄이 늘어선 시커모어를 볼 수 있다. 베릴 쿡의 그림 속에 있는 파티에 가는 사람들처럼 어깨동무를 한 나무들이 에머럴드색 주름장식으로 치장하고 날씨가 어떻든 좋은 시간을 보낼 태세다. 이 튼튼한 나무들은 도심의 매연도 잘 견뎌낼 준비가 되어 있으며, 찐득한 진창을 제외한 거의 모든 토양에서 자란다.

시커모어는 북부 해안의 서늘하고 소금기 있는 바람을 다른 어느 활엽수보다 잘 견뎌낸다. 노스요크셔의 온천마을 스카버러 Scarborough에 가면 북해에서 오는 바람을 정면으로 받는 절벽을 키 크고 튼튼한 시커모어들이 보호하는 모습을 볼 수 있다. 한편, 에든 버러에서는 시커모어들이 웨이벌리 가든 위로 엄청나게 높이 자란 다. 육지와 그리 멀지 않은 작은 스코틀랜드 섬들에 가면 굽이진 해 안에 시커모어가 우아하게 열을 지어서 먼 언덕 풍경에 줄무늬를 그 린다. 습한 숲에 자라는 꺼칠하고 땅딸막한 노목도 있고, 협만의 차 가운 물로 막 뛰어 들어갈 듯 보이는 연한 어린 나무들도 있다. 꽤 잦 은 산들바람에 흔들리는 나무들의 모습이 물결치는 파도에 비추고 손바닥 같은 큼직한 이파리들이 제방에서 앞뒤로, 그리고 다시 앞으 로 물결치며 함께 너울거린다.

시커모어는 유럽에서 지구의 여러 곳으로 퍼졌다. 칠레부터 태 즈메이니아까지, 캐나다부터 카나리아 제도까지. 호주 남부의 숲은 키 큰 시커모어의 서식지다. 이 나무들은 따뜻한 태양과 흥건한 비 에 잘 적응했다. 뉴질랜드의 시커모어들이 황무지에서도, 도로변에 서도 마구 자라는 것을 보면 유럽에서의 명성을 여전히 지키고 있 는 듯하다. 미국에서 시커모어라 불리는 나무는 양버즘나무*Platanus occidentalis*로, 같은 이름으로 불리는 유럽 나무들 못지않게 활기차 고 훨씬 크게 자란다. 애리조나 시커모어캐니언Sycamore Canyon의 외딴 황무지에서는 층층이 쌓인 붉은 반원형 암석들 위로 폭포가 웅 장하게 쏟아져 나뭇잎이 물결치는 울창한 시커모어 숲을 통과한다.

　어떤 환경에서도 꿋꿋한 시커모어는 세계에게 여행을 가장 많이 한 나무인 듯하다. 1971년 '아폴로 14호'가 발사되었을 때 우주비행사들 중 한 명이었던 스튜어트 루사는 지구 대기권 밖에서 어떻게 되는지 확인하려고 씨앗을 가져갔다. 씨앗들은 달 궤도를 서른네 번 돌고 나서 지구에 다시 착륙했고 미항공우주국 과학자들이 이들을 추적 관찰했다. 40년이 지난 지금도 달에 갔다 온 시커모어 씨앗들은 미국 곳곳에서 무럭무럭 잘 자라고 있다. 인류의 용기와 독창성, 그리고 이 '흔하다'고 여겨지는 나무의 놀라운 회복성을 증명이라도 하듯이.

시커모어의 부인할 수 없는 평범함에는 영감을 주는 무언가가 있다. 아일랜드 마운트라스Mountrath의 유명한 소망나무는 오래된 시커모어다. 이 나무의 갈라지고 제멋대로 금이 간 몸통에는 남모를 희망과 소망을 품은 방문객들이 저항할 수 없는 매력이 있는 모양이다. 여러 해 동안 사람들이 소원을 빌러 와서 동전과 못을 때려 박은 바람에 결국 나무는 은빛 비늘로 뒤덮인 늙은 드래곤처럼 빛나게 되었다. 소망을 털어놓아 마음이 가벼워지고 싶은 모든 이의 소망을 짊어진 채 말이다. 불행하게도 그 모든 사람들의 기대 때문에 나무는 죽고 말았다. 히니는 어머니를 위해 쓴 감동적인 비가에서 어머니를 죽은 소망나무로 상상한다. 그러나 늙은 소망나무는 절망을 전달하는 대신에 돌연 하늘로 날아올라 모든 못과 동전을 벗어버리며 행복과 위안이 가득한 아름다운 광경을 선사한다. 시커모어는 '길을 막는 초록 물건'에 그치지 않고 기쁨의 눈물을 끌어낼 수 있는 나무다.

1819년 이탈리아에 거주하던 퍼시 비시 셸리와 그의 아내 메리는 피렌체 주변 숲에서 시커모어 나뭇잎이 떨어지는 모습을 보았다. 부부가 두 아이 윌리엄과 클라라를 잃고 깊은 슬픔에 잠겨 있을 무렵이었다. 당시는 영국 정부가 맨체스터의 평화로운 옥외 정치집회를 무자비하게 진압한 악명 높은 피털루 학살Peterloo Massacre이 일어난 때여서 부부의 슬픔은 사회적 절망감까지 더해져 더욱 깊어졌다. 그 무렵 영국 독자들로부터 멀리 떨어져 있었고, 거의 알려지지 않았던 셸리는 자신의 잎도 '수액을 흘리는 숲'의 잎처럼, 돌연 '두려움 때문에 잿빛으로' 변하고 있는 낙엽들처럼 빨리 떨어지고 있다고 느꼈다. 그러나 모든 것을 소진시키는 절망감에도 그는 시커모어의 시든 잎들이 '새로운 탄생을 재촉'할 수 있다는 희망을 버리지 않았다. 그의 위대한 시에 영감을 준 서풍은 죽은 잎사귀를 그들의 종착지로 실어갈 뿐만 아니라 그들의 '날개 달린 씨앗'도 날려 보냈다. 눈앞의 풍경이 아무리 황량하더라도, 둘레를 에워싼 잎이 아무리 갈색으로 썩어가더라도 몇 달만 기다리면 대지는 꿈에서 깨어난다. 그래서 그의 시는 이렇게 인상적으로 끝난다. '겨울이 오면 봄이 멀 수 있으랴?' 그 이전과 이후의 많은 사람처럼 셸리도 시커모어에서 위안을 발견했다. 전혀 위안이 될 것 같지 않은 이 흔한 길벗의 거슬리는 수액과 지저분한 점액에는 사실 더 좋은 날이 오리라는 약속이 담겨 있었다.

스스로를 무신론자로 여겼던 셸리는 자신의 생각에 남아 있는 기독교적 암시를 달가워하지 않았겠지만 시커모어는 성경에 등장하는 나무로 잘 알려져 있다. 시커모어는 인기 없는 세리 삭개오*가 시야를 가리는 군중의 눈에 띄지 않고 예수를 보기 위해 올라갔던 나

•   Zacchaeus. 로마 시대에 세금을 징수하는 관리를 '세리tax collector'라 불렀는데, 삭개오의 직업이 세리였다.

무가 바로 시커모어라고 알려져 있는데, 사실, 성경에 등장하는 시커모어는 일종의 무화과나무(피쿠스 시코모루스*Ficus sycomorus*)로 서남아시아에는 요즘도 무성하게 자란다. 이 피쿠스 시코모루스는 여러 언어를 거치면서 이동하는 동안 영어로 '시커모어sycamore'가 되었고, 그 후 영국 시커모어*Acer pesudoplatanus*는 더 오래된, 성경적 의미를 띠게 되었다. 워즈워스가 틴턴 수도원 위 와이 강변의 시커모어 아래에서 쉬던 일을 묘사하거나, 아이작 월턴이 《완전한 낚시꾼 *The Compleat Angler*》*에서 강변의 시커모어 그늘을 명상을 위한 장소로 선택했을 때 이들은 신성을 어렴풋이 느끼게 될 가능성을 염두에 두었을지 모른다.

워즈워스나 월턴이 삭개오를 마음에 두었든 아니든 두 사람 모두 시커모어를 '어둡다'고 묘사한다. 이런 묘사에는 또 다른 어원적 전통이 반영됐을 것이다. 피쿠스 시커모루스를 일종의 무화과나무로 보았을 때 시커모어 이파리는 인간의 타락과 연결된다.** 사실 두 시인은 그늘을 염두에 두고 '어둡다'는 표현을 떠올렸을 가능성이 더 크다.

어쨌든 시커모어의 가장 오래되었으며 가장 두드러진 특징들 가운데 하나는 햇빛을 가리는 나뭇잎들이다. 우아하게 뻗은 나무의 키

●　　　'조어대전'으로 알려져 있다.
●●　　성경에서 무화과나무는 에덴동산에 있던 나무로, 아담과 이브는 선악과를 먹은 뒤 무화과나무 이파리를 따서 자신들의 부끄러운 부분을 가렸다.

큰 몸통에서 거대하게 무리 지은 초록 이파리들이 브로콜리의 거대한 머리처럼 자라 해가 내리쬐는 잔디밭에 얼룩덜룩한 그늘을 드리운다. 이블린이 시커모어의 덜 매력적인 습성에 대해 무엇이라 생각했든 산책길을 망친다는 그의 비판에는 그늘지고 시원한 시커모어 산책길의 명성이 이미 반영돼 있다. 어쩌면 그래서 시커모어가 소망이나 개인적 환상의 세상에 자주 등장하는지도 모른다. 사실 영국의 평범한 여름 날씨에 짙은 그늘이 진짜 '필요'할 때가 얼마나 자주 있겠는가? '어두운 시커모어'를 들먹이기만 해도 눈부시게 더운 7월이 떠오른다. 그러나 모든 이가 꿈꾸는 눈부신 여름날은 바비큐 파티나 학교 행사에는 따라주지 않기 마련이다.

때때로 여름 햇살이 진짜 눈부실 때도 있다. 그럴 때 잎이 무성한 시커모어의 그늘은 노상 햇볕에 노출된 사람들에게 실용적인 도움이 된다. 양털을 깎거나 과일을 따는 고된 일을 해야 하는 농장 일꾼들과 에어컨이 나오는 트랙터의 도움 없이 건초를 베거나 작물을 거두는 사람들은 자연의 큼직한 파라솔인 어두운 시커모어에 의지한다. 건설 공사나 여름 스포츠와 관련된 일을 하는 사람들, 여름 행사의 진열대와 시장, 박람회에서 일하는 모든 사람들에게 근처 시커모어는 가혹한 햇빛을 피할 수 있는 피난처이니 이 나무가 아주 흔하다는 게 그저 반가울 따름이다.

도싯의 작은 마을 톨퍼들Tolpuddle 광장에 서 있는 오래된 시커모어는 1834년 이 나무 그늘에 모였던 농업 노동자들을 기념하며 여전히 서 있다. 그들은 서늘한 그늘과 임금 인상이 필요했다. 가족을 더 이상 부양하지 못할 만큼 임금이 삭감된 상태였다. 몇 사람이 모여 공정한 임금을 요구하기로 마음을 모았다. 그러나 그들은 불법 서약을 한 죄로 기소되어 재판에서 유죄판결을 받은 뒤 호주로 이송되었다. 이 톨푸들 희생자들의 추방 사건에 대중은 분노했고, 결국 당국은 공식사과를 해야 했다. 추방된 노동자들은 집으로 돌아올 수 있었다.

이 일화는 노동조합운동의 출발로 여겨졌고 몸통이 굵게 자란 오래된 도싯 시커모어는 차츰 정치적 순례지가 되었다. 톨푸들 시커모어는 살아가는 일이 결코 쉽지 않은 사람들에게 또 다른 희망의 상징이 되었다. 그러나 의견이 분분한 이 나무에 관련된 일이 자주 그렇듯, 이런 상징적 의미가 모든 사람들에게 똑같이 환영받는 것은 아니다.

농업노동의 가혹한 현실과 달리 마을 광장에 무성하게 자라는 나무의 이미지는 끝나지 않는 여름이라는 오랜 목가적 이상향의 일부이기도 하다. 노동과 땀, 가난과는 거리가 먼 세상 말이다. 이런 관점에서 생각하면 해마다 되풀이되는 '선로의 낙엽'에 대한 짜증이 새롭게 해석된다. 직장에 지각할까 짜증을 내는 마음에는 자명종시계도, 전자수첩도 없는 끝없는 여름휴가에 대한 꿈이 서성댄다. '선로의 낙엽'은 어른들에게 '새 학기가 시작됐다'는 신호인 셈이다. 일상과 과제, 획일성의 반복을 알리는 불길한 상징이다. 낮이 짧아지고,

기온이 떨어지며, 샌들이 사라지고, 이런저런 것들이 끝나는 계절이 떠오른다. 그러니 지연된 열차가 인내심을 무너뜨리는 최후의 일격이 되는 게 놀랍지 않다.

자작나무
Birch

할머니 할아버지 댁 정원은 환한 꽃과 끝이 없어 보이는 햇살로 가
득한 천국이었다. 높은 담장 너머에 숨겨져 있다는 사실 때문에 더
욱더 신비로웠다. 길을 지나다니는 사람들은 또 다른 세상이 얼마나
가까이 있는지 눈치채지 못했다. 가을이면 정원을 둘러싼 담장 위로
우뚝 솟아 보초를 서고 있는 다 자란 자작나무의 우아한 윗가지들이
젖은 포장도로에 흔적을 뿌리곤 했지만 금세 금빛에서 갈색으로 변
하고는 사라져버렸다. 우리는 천국의 향이 나는 떨기나무들과 따뜻
한 다년초 화단에 안전하게 틀어박혀서 평일의 리듬을 잊어버렸다.
그리고 신선한 공기와 서로가 지겨워질 때까지 숨바꼭질을 하거나,
빈 크림 상자로 성을 쌓거나, 번갈아 흔들목마를 타면서 놀았다.

　　내가 담장 옆 큰 장작더미를 힘들게 기어올라가 자작나무로 올

라갔을 때는 그리 나이가 들지 않았었다. 담장 밖 길을 내다볼 수 있을 만큼 높이 올라간 순간 매끄럽고 축축한 나뭇가지에서 다리가 미끄러지는 바람에 나는 떨어지지 않으려고 담장 모서리를 붙들고 매달렸다. 그때 삐죽삐죽한 검정 철조망이 눈에 들어왔고 곧 거기에 팔을 베었다. 그날 온종일 팔이 쓰리고 부끄럽고 풀 죽은 나는 반창고 상자에서 가장 큰 반창고를 붙인 것을 뽐내는 것으로 위로 아닌 위로를 삼았다. 물론 상처는 나았지만 손목에서부터 붉은 선이 길게 남았다. 그것은 차츰 희미해지다가 부드럽고 흰 줄 같은 흉터가 되었다. 흉터는 아직도 남아 주변 피부가 갈색이 되는 여름이면 환하게 빛난다. 이 작은 사고는 내게 자작나무의 영원한 초상을 남겼다. 살짝 곡선을 그리는 흰 흉터는 새겨듣지 않은 경고와 뜻밖의 꾸지람을 상기시키는 것이 되었다.

자작나무는 겉보기에는 부드럽고 매혹적인 나무 같지만 사실 무시무시한 명성을 지닌다. 자작나무라는 단어에는 체벌birch의 뜻도 들어 있다. 자작나무의 유연한 잔가지는 얼얼한 꾸짖음을 전달한다. 끔찍했던 '아홉 갈래 채찍질cat o'nine tails'을 대체한 '자작나무 회초리 벌birching'은 한결 자비로운 체벌이긴 했으나, 19세기 영국 해군에 복무한 사람들은 자작나무 회초리 처벌을 여전히 두려워했다. 이처럼 잔인한 처벌은 1948년까지 영국 법정의 사법 판결로 계속 시행됐다. 심각한 비행을 저지른 학생도 자작나무 회초리로 엉덩이를 맞는 고통스럽고 치욕적인 경험을 해야 했다. 이런 체벌이 인격을 형성하는 방법이라고 여겨졌기 때문이다. 하지만 어떤 종류의 인격일까? 떠돌아다니는 민속 신앙대로 자작나무 잔가지가 악령을 쫓는다는 믿음이 학교 선생의 튼튼한 팔을 움직였거나 아니면 적어도 그들의 가학적인 성향을 정당화했을지도 모른다. 매질로 아이들에게 깨달음을 준다는 생각은 요즘 사고방식과는 워낙 어긋나기에 이 야만적인 권위 유지 방식이 당연하게 여겨졌다는 사실을 받아들이기 힘들다.

그러나 전기와 회고록, 자서전적 소설에는 학교에서 일상적으로 이루어진 매질과 부당한 체벌에 대한 고통스러운 기억이 가득하다. 한때 놀라울 만큼 인기 있었던 윌리엄 셴스턴의 시 〈여선생The School-mistress〉에서 학생들은 운동장에서 생생한 공포의 도구를 끊임없이 싹 틔우는 건강한 자작나무 그늘에서 공부한다. 겨울 자작나무의 가늘고 성긴 검정 나뭇가지가 차디찬 강풍에 이리저리 휘둘리는 모습이 겁에 질린 아이의 꿈에 어떻게 등장했을지 상상하기란 어렵지 않다.

자작나무 막대의 힘은 고대 로마가 남긴 다소 엇갈리는 유산에 속한다. 고대 로마에서 릭토르*는 두툼한 자작나무 막대 묶음으로 감싼 의식용 도끼를 휘두르며 사법 권위를 과시했다. '묶음'을 뜻하는 파스케스라는 이름으로 불렸던 이 도끼는 그 뒤 정치 정당에 이

---

* lictor. 고대 로마에서 나뭇가지에 싸인 도끼인 파스케스를 들고 집정관을 수행하며 형을 집행하던 관리.

용됐다. 프랑스 혁명가들에게 로마공화국의 파스케스는 단결의 힘과 세습 지배로부터 벗어날 자유를 표현할 뿐 아니라 잔가지 묶음으로 만들어졌다는 점에서 평범한 사람들이 충분히 잡을 수 있는 것이기도 했다.

자작나무 막대는 민중의 힘을 뜻했다. 민중을 대변한다는 야심가들이 낚아채기 전까지는 말이다. 나중에 베니토 무솔리니는 그의 검은 깃발에 무척 양식화된 디자인으로 형상화한 파스케스를 넣어 자신과 파시스트 정당의 힘을 상징했다. 단단히 묶인 자작나무 막대 사이로 툭 튀어나온 도끼 문양을 가로로 그려 날개를 펼친 파시스트 독수리의 대칭적 형상을 위한 횃대를 표현했을 때, 그 그림이 무엇을 뜻하는지는 너무나 분명했다. 미국에서는 도끼와 자작나무 막대라는 고전적 상징이 여전히 사법기관을 상징한다. 미국 대법원 건물의 프리즈뿐 아니라 미국 주 방위군의 휘장에도 뚜렷하게 등장한다. 대통령집무실 문 위에 자리 잡은 파스케스 문양도 그곳에 들어오는 모든 이들에게 정의의 집행을 상기시킨다.

자작나무 막대는 공적으로나 사적으로나 어마어마한 역할을 했다. 물론 잘 관리되는 가정에서는 자작나무 잔가지 묶음이 도끼를 넣는 칼집으로 쓰이는 일은 없었다. 그러나 빗자루로 가정의 일원이 된 자작나무 가지들에도 여전히 무서운 특징이 있었다. 자작나무 대 빗자루는 거미줄과 고양이털을 휙 쓸어간다. 심지어는 한때 자작나무 가지에 달렸던 낙엽들도 치워버린다. 한밤중 마녀의 교통수단으로 쓰든, 정원에서 당나귀를 몰아내는 무기로 쓰든 자작나무 빗자루는 종종 힘을 휘두르는 도구였다. 물론 원치 않는 쓰레기를 몰아내고 잡동사니를 치워 새 출발을 가능하게 하는 좋은 원동력이 될 수도 있다. 정치 만화가들이 자주 그리곤 하는 새 빗자루는 먼지투성이 낡은 구석구석을 쓸면서 전통주의자들을 사방으로 쫓아내는 상징이다.

무척 호리호리하고 밝은 자작나무의 우아한 몸통도 감시자다. 자작나무 몸통의 짙은 얼룩들을 주의 깊게 살펴보라. 그러면 반쯤 감긴 초점 없는 피곤한 눈처럼 당신을 따라오는 느낌을 받을 것이다. 이 아르고스* 같은 나무가 당신을 지켜보고 있으니 조심하길. 자작나무 몸통은 피부 조각처럼 벗겨진다. 이 얼룩진 옅은 크림색 껍질의 다른 면은 매끄럽고 살색인데, 좁고 기다란 구멍들이 숭숭 박혀 있다. 자작나무 껍질을 벗기는 일은 오래되고 물기를 먹어 글자를 도무지 알아볼 수 없는 책장을 천천히 떼어내는 일과 같다.

여러 나무가 섞인 숲에서 평범한 자작나무는 키가 더 크고 더 우람한 활엽수의 그늘에 가려 처음에는 특별히 눈길을 끌지 않을 때가 많다. 이런 특징도 사람들이 자작나무에 불길한 느낌을 갖는 데 한몫한다. 자작나무는 숲의 미운 오리새끼다. 눈에 띄지 않던 말라깽이 갈색 묘목이 차츰 백조처럼 우아한 목을 지닌 나무로 자라 반짝이는 이파리 달린 가지를 늘어뜨린다. 인정하건대 자작나무는 나이

●   Argos. 그리스 신화에 등장하는 100개의 눈을 가진 거인.

가 들면서 광채를 더러 잃기 시작한다. 나이 든 은빛 자작나무 무리가 키 큰 몸을 진흙에 발목까지 담그고 쓸쓸히 서 있는 모습은 서글픈 얼룩말을 떠올리게 한다. 그러나 모든 자작나무가 은빛으로 변하지는 않는다. 영국에 흔한 또 다른 자작나무 품종은 갈색에 더 가깝고 더 통통한 솜털자작나무downy birch로, 학명인 베툴라 푸베센스 *Betula pubescens*의 의미처럼 평생 동안 힘든 10대로 남아 있을 운명인 듯 보인다.[*] 아마 그래서 솜털 자작나무는 영원히 위로만 자라는지 모른다. 부드럽게 가지를 늘어뜨리는, 더 우아한 친척들과 달리 실제보다 커 보이려고 안간힘을 쓰듯 말이다.

자작나무*Betula pendula*가 항상 은색 자작나무로 불리지는 않았다. 한때는 '흰 자작나무white birch'나 '여인의 자작나무lady's birch' '축 늘어진 자작나무weeping birch' 같은 이름으로 더 자주 불렸다. '은색'은 시와 민요에 처음 씨앗이 뿌려진 다음 19세기가 되어서야 뿌리를 내리기 시작한 듯하다. 20세기에 자작나무의 색깔이 은색으로 못 박히는 데 공헌한 사람은 캐나다 시인 폴린 존슨이다. 그녀가 자신의 모호크족 조상들의 숲을 서정적으로 회상한 시가 초등학교와 스카우트 캠프의 애송시가 된 이래 캐나다는 '은색 자작나무의 땅, 비버의 고향'이 되었다.

자작나무는 잎을 가장 늦게 떨어뜨리는 나무에 속한다. 가끔은

· Betula는 자작나무속을, pubescens는 '솜털이 있는' '사춘기를 거치는'을 뜻한다.

버터색 미상꽃차례가 지난여름의 유물로 매달려 있다가 봄을 맞이하기도 한다. 1805년 트라팔가 해전이 일어났던 11월, 도로시 워즈워스는 얼스호 근처 숲을 오빠 윌리엄과 함께 돌아다니다가 '레몬색' 자작나무를 보고 무척 좋아했다. 그녀의 묘사를 보면 그녀에게 익숙한 레몬의 성숙도가 궁금해진다. 자작나무가 가을의 마지막 불꽃으로 물들 무렵의 짙은 색깔과 비슷해지려면 레몬이 무척 익어야 할 테니 말이다. 우리는 이런 자작나무를 '은색' 자작나무라 부르지만 종종 백랍이 박혀 있는 잘 닦은 뼈처럼 보일 때가 더 많다. 그리고 가을이 미다스의 손길로 건드리면 자작나무는 금색 잎으로 뒤덮인다. 10월의 환한 날이면 은색 자작나무는 얼어붙은 금빛 폭포처럼 산비탈을 빛낸다.

자작나무는 예술가와 디자이너 들에게 영감을 줄 만한 나무다. 자작나무의 창백하고 균형 잡힌 형태는 거의 모든 자연적 색조와 완전한 대조를 이룬다. 그래서 19세기 예술가들은 미묘한 색조의 화폭에 자작나무를 두드러지게 배치하는 것을 좋아했다. 존 러스킨은 계곡 옆 매끈한 바위들 위에 서 있는 은색 자작나무를 묘사한 반면, 일찍이 그의 친구 존 밀레이는 달빛이 비치는 숲 속을 배경으로 한 〈방황하는 기사The Knight Errant〉에서 나무에 묶인 벌거벗은 여인의 빛나는 피부와 자신의 검으로 여인을 풀어주는 기사의 반짝이는 갑옷을 상쇄하기 위해 자작나무의 반짝이는 몸통을 활용했다. 이 그림은 밀레이가 전시했던 그림들 가운데 유일한 누드로, 빅토리아 시대 예

존 에버렛 밀레이, 〈방황하는 기사〉, 1870.

술계에 대소동을 일으켰다. 상반되는 질감을 거의 사진처럼 다룬 탓에 장면 전체가 받아들이기 힘들 만큼 사실적으로 묘사되었기 때문이다.

스웨덴 순드보른에 있는 칼 라르손의 집 양쪽에는 그의 그림을 접했던 방문객들이면 쉽게 알아볼 수 있는 은색 자작나무가 서 있다. 자연스럽게 물결치는 이 토종 자작나무는 가족의 일상을 그린 그의 섬세한 수채화에 완벽한 배경이 된다. 여름 산들바람에 금발 가닥들이 흔들리며 낮은 가지에 닿는다. 라르손과 같은 시대를 살았던 구스타브 클림트도 〈자작나무 숲Birkenwald〉을 거의 추상 디자인에 가까운 평행선과 반짝이는 색깔로 표현해 자작나무 몸통을 강조하여 오스트리아의 가을 자작나무 숲의 눈부신 흰색과 금색 나무를 예찬했다.

1930년대 내내 자작나무는 접시와 냄비, 귀걸이와 면지,[•] 커튼, 쿠션, 숄에 등장했고 자작나무의 우아한 곡선과 개성적인 흑백 색조는 아르데코[••]의 상징이 되었다. 심지어 창턱에 올려놓는 작은 자작나무 모양 장식도 등장했다. 광택을 낸 금속과 구리철사로 만들어진 이 장식용 자작나무에는 햇빛에 반짝이는 자그마한 진주층[•••] 꽃잎이 수십 개 달려 있었다.

그러나 자작나무의 아름다움은 자연적 서식지에서 가장 잘 감상할 수 있다. 북부 산비탈의 습한 황야지대 가장자리에 자작나무들이 무리 지어 있다. 자작나무는 구불구불한 개울가에 왜가리처럼 매끈하게 홀로 서 있는 모습으로 사랑받거나, 숲에서 햇볕이 들이칠 만큼 서로 거리를 두고 떨어져 모여 있는 모습으로 찬양받는 나무다.

- [•] 책의 앞뒤 표지 안쪽에 있는 종이.
- [••] Art Deco. 1920~30년대 장식미술 스타일로, 대담한 기하학적 문양과 선명한 색채를 특징으로 한다.
- [•••] 조개껍데기 안쪽에 있는 진주처럼 광택이 나는 부분.

모든 것이 더 크고 더 길게 보이는 히말라야 산맥에서 자작나무는 거대한 산비탈에 갈라진 금처럼 보인다. 잠시 숨을 내뱉기 위해 벌어진 틈 같다. 가까이 다가가서 보면 흰 자작나무 줄기가 천국에서 내려온 밧줄처럼 쭉 뻗어 있다. 그러나 밧줄을 타고 구름 속으로 올라간다면 결코 되돌아와서 그 이야기를 들려주지 못하리라고 가지들이 속삭이며 경고하는 듯하다.

북부의 민속 전통에서 자작나무는 알려진 세상과 미지의 세상의 경계를 이룬다. 우아하고 유연한 자작나무는 낭창낭창한 몸통을 거의 물음표에 가깝게 구부리고 밀회의 초대장(말라깽이 아가씨, 애버필드의 자작나무 숲으로 올래요?*)을 내미는 듯 보인다. 그러나 자작나무와 관련된 이야기들에는 뜻밖의 반전이 있을 때가 많다. 오래된 민요 〈어셔스웰의 아낙The Wife of Usher's Well〉은 세 아들을 먼바다로 떠나보낸 뒤 아들들이 안전하게 돌아오기를 빌며 남은 평생을 보내는 어머니의 이야기이다. 마침내 어느 추운 겨울날 세 아들이 집에 돌아왔는데 '그들의 모자는 자작나무로 만들어졌다'. 모자에 자작나무 이파리가 둘려 있었다는 것인지, 모자가 자작나무 껍질로 만들어졌다는 것인지는 중요하지 않다. 왜냐하면 이어지는 민요의 구절에 따르면 그 자작나무는 지상의 나무가 아니라 '천국의 대문'에 무성하게 자라난 나무이기 때문이다. 아들들이 자식을 잃은 어머니를 찾아 저

●   스코틀랜드 시인 로버트 번스의 〈애버필드의 자작나무들〉의 후렴구.

승에서 온 것이다. 자작나무는 그들이 더 나은 세상으로 갔다는 표
시일 수도 있지만 몇몇 버전의 민요에서 그들의 운명은 훨씬 불가사
의하게 그려진다.

달밤에 보면 자작나무는 비탈진 언덕을 서성대는 유령처럼 보인
다. 솔리 매클린*은 스카이 섬 근처 작은 섬, 라세이 섬의 폐허가 된
주거지를 둘러싼 텅 빈 자작나무 숲을 한때 그곳에 살았던 소녀들의

●   Sorley Maclean. 20세기 스코틀랜드 시인.

유령으로 묘사했다. 그들은 말없이 허리를 꼿꼿이 세우고 고개를 숙인 채 서 있다. 그의 잊을 수 없는 시 〈할라이그Hallaig〉는 이 소녀들이 산 자들의 땅에 난 오래된 오솔길을 따라 가파른 산비탈을 오르며 '안개 같은 웃음'으로 귀를 덮고, '아지랑이 같은 그들의 아름다움'으로 가슴을 덮는 장면을 상상한다. 라세이 섬의 나무들은 많은 자작나무 숲처럼 잃어버린 세상으로, 안개 너머로, 저 멀리 숲속의 빈 터로 우리를 손짓한다.

누구나 잠시 세상으로부터 달아나고 싶을 때가 있다. 로버트 프로스트가 그의 잘 알려진 〈자작나무Birches〉란 시에서 '그러고는 다시 돌아와 다시 시작하기를'이라고 표현한 대로 잠시 떠나고 싶을 때가 있다. 프로스트는 자작나무 몸통을 통해 다른 세상으로, '눈처럼 하얀 몸통 위의 검은 가지'를 타고 '천국을 향해' 가는 길을 상상했다. 이는 깨달음을 향한 일시적 상승일 뿐이다. 자작나무의 얇은 윗가지들이 결국 그를 다시 지상으로 안전하게 내려놓아주리라 안심시킨다. 자작나무의 훈계가 반드시 가혹하거나 두려울 필요는 없다. 오히려 우리가 알고 있는 세상에서 무엇이 옳은지를 부드럽게 상기시켜주는 형태일 수도 있다.

신비로운 자작나무는 북쪽 미인이다. 북극여우나 북극토끼, 북극곰처럼 얼음과 눈 사이에서 꽤 잘 어울린다. 자작나무는 마지막 빙하기가 끝나고 빙하가 물러날 때 북쪽으로 이동한 첫번째 생물종에 속한다. 그러므로 영국에서 가장 오래된 토착종이다. 자작나무 씨앗은 자유롭게 흩어져 희미한 먼지처럼 날아다니며 어디에 떨어지든 싹을 틔운다. 자작나무의 생존에 무척 도움이 되는 선도적인 꽃가루의 힘을 매해 수백만 명이 느낀다. 자작나무 꽃가루가 봄철의 첫번째 건초열hay fever을 일으키기 때문이다. 그럼에도 자작나무에는 치료적 이점이 가득하다. 베툴린산의 원천으로서 항레트로바이러스와 소염 효과가 이제야 제대로 연구되기 시작했다. 자작나무의 유명한 치료 효과는 단지 처벌에 쓰일 때만 나오는 게 아니다. 존 이블린은 당대의 자작나무 혼합물을 두고 '위대한 정화제'라 찬양했고 폐질환과 치핵에 추천했다. 자작나무에서 추출한 기름도 무사마귀와 습진 치료에 좋다고 여겨진다. 자작나무 잎을 끓는 물에 우린 자작나무 차는 맛은 조금 쓸지 몰라도 통풍과 류머티즘, 신장 결석을 기적처럼 치료한다.

요즘 자작나무 수액 음료의 치료 효과가 널리 알려지면서 자작나무 부산물이 다시 인기를 끌고 있다. 동유럽과 러시아에서 정기적으로 채취하는 수액인 자작나무 음료는 콜레스테롤을 낮춰주고, 피하지방을 줄여주며, 면역체계를 튼튼하게 한다고 여겨진다. 자작나무 수액은 다 자란 가지 아래 조심스럽게 절개한 부분에서 추출하는데 꿀과 정향, 레몬 껍질과 함께 끓인 다음 무척 맛있는 발효주가 될 때까지 발효시키기도 한다. 수액을 끓여서 만드는 자작나무 설탕은 천연 감미료이나 다른 종류의 설탕보다 칼로리가 낮고 치아도 덜 상하게 한다. 미국 남북전쟁 당시의 인상적인 일화에도 자작나무가 등장한다. 싸움에서 패배한 리처드 가넷 장군의 남부군은 자작나무 줄기에서 얻은 자작나무 설탕으로 목숨을 부지했다. 20년이 흐른 뒤에도 가넷 장군의 퇴각로는 껍질이 벗겨진 자작나무 길로 여전히 남아 있었다. 굶주린 군대가 자작나무에 의지한 것은 그게 처음이 아니었다. 1814년 함부르크 주변 숲은 러시아 병사들 손에 초토화되었다. 함부르크 항구를 포위하고 있던 그 병사들은 자작나무 수액이 절실히 필요했다.

자작나무는 척박한 토양에서 자라며 가혹한 날씨도 견뎌내고, 해안에서나 고산지대 시냇가에서나 잘 자란다. 자작나무가 잡초처럼 자라는 나라에서는 자작나무의 거의 모든 부분이 유용하다. 북아메리카 원주민들은 자작나무를 플라스틱처럼 다양하게 쓴다. 가방과 상자, 바구니로 만들기도 하고 삼나무 가닥과 함께 꿰매어 흰 표면에 자국을 내 문양을 만들기도 한다. 무엇보다 자작나무 목재로 카누도 만든다. 이런 카누를 대체로 '버치birch'라고 부른다. 솜씨 좋은 카누 제조자들은 호수의 차갑고 투명한 물을 조용히 미끄러지듯 움직이면서 물고기와 모피용 사냥감을 명중한다.

자작나무는 목재로서는 가치가 낮지만 땔감은 늘 풍요롭게 공급한다. 자작나무 땔감은 축축한 상태로도 잘 탄다. 영국과 아일랜드의 초기 정착지에서 자작나무 목재는 고리와 바구니, 그릇, 스푼을 비롯한 온갖 형태의 작은 물건들을 만드는 데 쓰였고 껍질은 가늘게 잘라 줄을 만들거나 꼬아서 밧줄을 만들었다. 북유럽 곳곳에서

늘 자작나무 수액이 채취되었고 가죽을 무두질할 때도 자작나무 껍질을 썼다. 러시아에서는 껍질을 증류해서 자작나무 타르유를 만들어 가죽에 방수처리를 했고 곤충을 막는 데 썼다. 자작나무 타르유를 페트롤럼 젤리와 섞으면 목재 방부제도 된다. 폴란드에서는 자작나무 잔가지 다발로 오두막 지붕을 이기도 하고, 스웨덴에서는 나무집을 절연 처리하고 방수 처리하는 데 자작나무 껍질을 자주 쓴다. 이것들은 과거 시골에서나 썼던 진기한 방법들이 아니다. 2008년 세계 건축 페스티벌 수상작 중 하나인 스웨덴 라문트베르게트 Ramundberget의 레스토랑 투센은 눈부신 자작나무 목재로 만든 원뿔형 골조가 눈 속의 로켓 발사대처럼 버티고 있다. 이런 구조는 식사하는 손님들을 북극의 돌풍으로부터 보호할 뿐 아니라 목재 건물이 현대 건축이 창조한 초현대적 건물 사이에서도 전혀 어색하지 않음을 보여준다.

재생 가능한 재료가 선호되는 자원이 되면서 한물간 방법처럼 보였던 것이 최첨단 기술로 떠오르고 있다. 녹색 지붕(옥상녹화)은 최근까지도 민속박물관의 그림 같은 볼거리로만 여겨졌으나 이제는 북유럽 곳곳에서 수요가 있다. 지붕 골조를 건축한 뒤 자작나무 껍질 타일을 통나무 위에 놓아서 풀이 자랄 수 있는 토대를 마련한다. 이런 종류의 지붕은 큰 개조작업 없이도 50년간 유지할 수 있다. 요즘 에코하우스에는 은색 자작나무 패널로 타일을 붙인 화장실이 있고, 스웨덴산 은색 자작나무 잎으로 만든, 비누받침대로 쓰는 작은 선반도 있다. 어쩌면 자작나무 합판으로 만든 매끈한 패널로 벽을 둘렀을 수도 있다. 지속 가능한 자작나무 숲에서 나온 목재로 제작된, 등을 편안히 감싸는 의자들을 갖추었을지도 모른다.

캐나다는 '종이자작나무paper birch', 곧 베툴라 파피리페라*Betula papyrifera*의 고향이다. 종이자작나무 껍질은 다른 대륙에 사는 친척 나무들의 껍질보다 훨씬 하얗고 더 얇게 벗겨진다. 캐나다 자작나무는 껍질이 종이처럼 벗겨지는 특성으로 가장 잘 알려져 있지만, 다른 자작나무 종류의 껍질도 고대 중국 사람들에게 비슷하게 쓰였다. 어쨌든 그 얇고 하얀 껍질을 보면서 종이처럼 벗겨낼 수 있겠다는 생각을 해내기까지는 그다지 많은 독창성이 필요하지는 않았다.

존 클레어는 어느 날 껍질이 벗겨지는 자작나무 울타리 기둥을 보고 종이 대신 쓸 수 있겠다는 생각을 떠올렸다. 그는 곧 '자작나무 껍질을 한 바퀴 벗겨내면 10장이나 12장으로 쪼갤 수 있다'는 사실을 발견했고, 몇 번의 실험을 거친 뒤 잉크가 유지되도록 하는 방법을 찾아냈다. 가진 것이 조금밖에 없던 그에게 종이는 엄두를 못 낼 만큼 비쌌기 때문에 글을 쓸 수 있는 공짜 재료를 발견한 것은 하늘이 내려준 축복과 같았다. 너그러운 자작나무들이 계급의 장애를 없애주는 듯했고 클레어는 자기 삶의 진정한 의미를 다시 확신할 수 있었다.

자작나무는 물리적 힘을 동원하지 않고도 무척 유익한 가르침을 전하는 듯하다. 종종 자작나무는 현실로 돌아와 다시 시작하라는 마음 아픈 조언을 솔직하게 드러내는 것처럼 보인다.

오슬로 북쪽 거대한 삼림지대 노르마르카Nordmarka에는 21세기 위대한 비밀 가운데 하나로 길을 안내하는 은색 자작나무들이 있다. 이 눈 덮인 삼림지대 깊숙한 곳에는 미래도서관이 있는데, 예술가 케이티 패터슨이 가문비나무 천 그루를 심은 곳이다. 세계 곳곳의 뛰어난 작가들이 글을 청탁받을 것이고, 이들이 쓴 글은 미공개로 백 년 동안 보관되었다가 지금 묘목에 불과한 이 나무들로 만들게 될 종이에 인쇄될 예정이다. 지어지지 않은 도서관으로 길을 안내하는 신비로운 자작나무들은 빠른 만족과 갑작스러운 유명세, 베스트셀러의 승리감을 원하는 우리를 되돌아보게 한다. 우리 중 그 누구도 그곳에서 마거릿 애트우드Magaret Atwood의 새로운 작품을 읽지는 못하겠지만, 미래도서관은 새로운 세대에 대한 믿음을 뜻한다.•

•   Future Library. 미래도서관은 2014년부터 2114년까지 백 년 동안 해마다 한 작가에게 글을 청탁할 계획이며, 2014년에는 캐나다 작가 마거릿 애트우드가 그 청탁을 받았다. 현재까지 글을 청탁받은 작가로는 영국 작가 데이비드 미첼(2015년), 아이슬란드 시인 숀(2016년), 터키 작가 엘리프 샤파크(2017), 한국 작가 한강(2018)이 있다.

마로니에
Horse Chestnut

영국에서 가장 큰 마로니에는 하이위컴 근처 휴엔든Hughenden에 있다. 2014년 12월 이 나무의 허리둘레는 7.33미터라는 엄청난 수치에 달했고 나뭇가지 몇몇은 어엿한 나무 몸통만큼 두꺼웠다. 휴엔든 마로니에는 나무 중의 나무, 작은 나무 한 무리를 머리에 이고 있는 거대하고 쪼글쪼글한 기둥이다. 마로니에는 150년 넘게 사는 일이 드문데, 이 나무는 300살이라는 나이에도 잘 지낸다. 그러니까 1848년 벤저민 디즈레일리*가 휴엔든 사유지를 구입할 무렵에도 그곳에서 가지를 활짝 펴고 보초를 서고 있었다는 말이다. 요즘에도 휴엔든 저택 정문에 거만하게 서 있는 이 나무는 장래 수상이 될 디즈레

* Benjamin Disraeli. 유대계 상인의 아들로 태어나 토리당을 이끌며 수상을 두 차례 역임했다.

일리의 시골 저택을 방문한 당대의 중요 인사들에게도 깊은 인상을 남겼다. 마로니에는 칠턴 구릉지대의 백악질 토양에서 잘 자라 구불구불한 언덕을 배경으로 장관을 이룬다. 자신의 가족 혈통에 민감했던 디즈레일리는 고작 250년 전에 발칸반도에서 건너왔지만 영국에 너무나 성공적으로 정착해 많은 토종 나무보다 더 토종처럼 보이는 이 나무를 특히 좋아했다.

어쨌든 마로니에는 왠지 당당한 구석이 있다. 낙엽수들이 잠든 겨울 내내 반짝이는 마로니에 싹은 억눌린 에너지로 툭 불거져 보인다. 조바심을 내며 부풀다가 한순간도 더 기다릴 수 없게 될 무렵 봄의 첫 손짓에 끈적이고 갑갑한 옷을 벗고 나온다. 길게 갈라진 손가락을 마침내 자유롭게 펼치며 처음 불어오는 상쾌한 산들바람에 손을 흔든다. 다른 나무들이 감히 싹을 내밀지도 못할 때 마로니에는 큼직한 손바닥 잎사귀를 내밀어 얼마 안 되는 햇살을 움켜쥐며 가장자리가 오톨도톨한 잎사귀들로 햇살과 비에 흠뻑 젖을 준비를 한다.

마로니에는 가장 크고 가장 푸른 잎을 내보일 뿐 아니라 비장의 무기를 숨겨두고 있다. 다른 나무들이 봄 색을 따라잡는 동안 마로니에는 로켓 같은 꽃차례를 쏘아올린다. 5월이면 마로니에 나무는 샴페인처럼 크림 같고, 거품 같은 꽃들로 뒤덮인다. 그게 끝이 아니다. 꽃들이 시들면서 큼직한 초록 손들은 뾰족뾰족하고 동그란 열매들을 뽐내기 시작하는데, 이 열매들이 터지는 모습도 봄의 새순처럼 극적이다. 9월 말 강한 바람이 불면 마로니에 열매가 떨어지면서 땅에 닿는 순간 라임 같은 초록색 겉껍질이 쪼개진다. 안에 편안하게 들어 있는 동그란 열매는 땅에 떨어져도 그저 눈만 깜박이는 듯 보인다. 반짝이는 짙은 색 열매가 더러 기다렸다는 듯 겉껍질에서 가볍게 튕겨 나오기도 한다. 마로니에에는 수수께끼와 은밀한 농담이 가득하다. 시선을 독차지하는 능력을 자신하는 듯 보이는 이 나무 앞에서 거주 자격 질문 따위는 무색해지고 만다.

　이 친숙한 나무의 이름은 그 자체로 수수께끼 같다. 공식 학명인 아이스쿨루스 히포카스타눔*Aesculus hippocastanum*도 그렇고, 더 친숙한 이름인 호스 체스넛horse chestnut*도 그렇다. 대체 마로니에는 말horses과 무슨 관계가 있을까? 마로니에 잎 꼭지가 떨어진 뒤에 남겨진 무늬가 말굽 편자를 닮아서 붙여진 이름일 수도 있다. 웨일스 단어로 '뜨거운' '격렬한'을 뜻하는 '구레스gwres'에서 나왔다고 주장하는 사람도 있다. 마로니에 열매의 맛이 구미에 맞지 않기 때문에 쓰였다는 것이다. 또한 흰 껍질 밖으로 얼굴을 내민 동그랗고 반짝이는 마로니에 열매가 깜짝 놀란 말의 눈을 연상시켜서 그런 이름이 붙었다는 이야기도 그럴듯하다. 마로니에의 미국 사촌들인 미국 칠엽수*Aesculus pavia*, 오하이오버크아이*Aesculus glabra*, 캘리포니아 버크아이*Aesculus californica*는 어쨌든 '버크아이buckeye(수사슴 눈)'라는 이름으로 흔히 불린다. 원주민들이 동그란 갈색 열매가 사슴 눈

●　　　마로니에의 영어 이름.

을 닮았다고 생각했기 때문이다(오하이오 주는 그곳에 자라는 마로니에 때문에 버크아이 주라 불린다. 한때 그곳에 살았던 사슴을 따라 나무의 이름을 짓고, 그 나무를 따라 주의 이름을 지었다. 그 연결관계가 흥미롭다).

어쩌면 마로니에라는 이름은 말의 눈과는 관계가 없고 신선한 마로니에 열매의 눈부신 색깔과 관계있지 않을까? 껍질이 쪼개졌을 때 처음 드러나는 진한 적갈색 열매는 건강한 밤색 말의 반들반들한 궁둥이와 닮았다. 마로니에가 잉글랜드에 도착한 무렵 말을 밤*으로 묘사하기 시작한 것이 우연이 아닐지 모른다. 대체로 너무나 귀중한 자료를 제공하는, 권위 있는 《옥스퍼드 영어 사전》은 '호스 체스닛' 단어의 유래에 대해서는 믿기 힘들 만큼 불확실하다. 《옥스퍼드 영어 사전》은 '호스 체스닛'이라는 단어가 '동방 사람들'이 기침과 호흡기 질환으로 고생하는 말을 치료할 때 마로니에 열매를 썼다는 믿음에서 나왔다고 전한다. 마로니에 열매가 말 치료제로 가치가 있다는 증거는 거의 없다. 어쩌면 반어적인 의미가 담긴 이름일지도 모르겠다. 유럽밤나무Spanish chestnut나 밤나무sweet chestnut로 불리는 카스타니아 사티바Castanea sativa 열매는 건강에 좋지만 마로니에 열매는 말에게나 적합하다. 사실, 말에게도 그리 좋지는 않다.

밤나무 열매는 직접 불에 구워 먹을 뿐 아니라 폴렌타polenta와 푸딩에도 쓰고, 마롱글라세marrons glacés와 몬테비앙코montebianco

---

●   chestnut. '체스닛chestnut'은 밤과 비슷한 적갈색이나 황갈색 말을 지칭할 때도 쓴다.

에도 들어가고, 수프와 음식 속과 전분 재료로도 쓴다. 밤나무 목재는 튼튼해서 갱도 버팀목과 막대, 가구, 지붕 목재로 쓴다. 그에 비해 마로니에는 실용적인 면에서는 제공할 게 거의 없다. 그러다보니 이 놀라운 나무를 게으르고 쓸모없는 사람처럼 여기는 이들도 있다. 마로니에 목재는 중요한 건축에 쓰기에는 너무 부드럽고, 땔감으로 쓰기에는 그리 잘 타지 않는다. 열매에는 영양도 그다지 없다. 오히려 건강에 다소 해로울 수 있다. 식성이 까다롭다고 알려진 바 없는 돼지조차도 마로니에로 가득 찬 여물통에서는 코를 들어올린다. 제1차 세계대전 기간에 식량 공급이 원활하지 않았을 때 마로니에 열매를 으깨고 물에 불려 끓이는 과정을 포함한 실험을 거쳐 양과 소의 식사 보충제로 쓸 만한 동물 사료를 만들었다. 돼지들은 여전히 그 사료에 끌리지 않았지만 전쟁이 끝날 때까지 마로니에 사료는 빈약한 식량 공급을 보충하는 데 도움이 되었다.

마로니에의 전통적 사용법이 있기는 있다. 마로니에 껍질에는 진통 효과가 있어서 한때 열병을 치료하는 데 썼고, 열매는 류머티즘과 치핵 치료에 썼다. 마로니에는 거미를 조금이라도 무서워하는 사람들의 친구로 오랫동안 여겨졌다. 마로니에 열매가 거미를 쫓아낸다는 믿음 때문이다. 마로니에에는 거미줄이 잘 쳐져 있지 않으며, 많은 사람이 마로니에 열매를 신중하게 배치하면 날이 추워질 때 거미가 집 안으로 들어오는 걸 막을 수 있다고 믿는다. 나는 이 말을 곧이곧대로 믿지는 않는다. 지하 아파트에 통통한 마로니에 열매 부대를 배치했지만 무척 실망스럽게도 하룻밤 사이에 방어벽이 완전히 무너졌던 경험을 한 뒤로는 믿지 않게 됐다. 이처럼 거미를 퇴치하는 민간요법을 미심쩍게 여긴 사람이 나만은 아닌 모양이다. 2009년 가을 왕립화학협회는 이를 검증하기로 결정했다. 누구든 마로니에의 거미퇴치 효능을 입증하는 결정적 증거를 제시하거나, 더 나아가 과학적으로 설명할 수 있는 사람에게 도전장을 던졌다. 마로니에 열매로 만든 장애물 코스와 무당거미를 사용한 몇몇 기발한 실험을 거친 뒤에 마로니에가 거미를 퇴치한다는 이론은 근거 없음이 확실히 입증됐다. 마로니에의 모습이나 냄새, 촉감 때문에 조금이라도 움직임을 멈춘 거미가 하나도 없었다.

왜 한 나무의 가치가 얼마나 실용적인지, 얼마나 인간에게 편의를 주는지에 따라 평가되어야 할까? 통통한 새싹과 하늘하늘한 꽃, 넓은 잎사귀, 뾰족뾰족한 꼬투리, 반짝이는 열매를 가졌는데 무엇이 더 필요하단 말인가. 마로니에는 눈으로 보기에 근사하다. 계절마다 화려하게 단장한다. 그러니 이 나무가 밝은 망토와 비단 조끼, 레이스 소맷동과 주름 옷깃이 유행한 시대에 서유럽에서 인기를 끌었다는 게 놀랍지 않다. 붉은칠엽수*Aesculus rubicunda* 같은 마로니에는 진홍빛 꽃을 피우는데 여인의 붉은 볼연지와 신사의 판탈롱 바지pantaloon에 더할 나위 없이 어울렸다. 베르사유의 새 정원의 거품 같은 꽃과 움직이는 그늘 아래서 시간을 보내는 프랑스 귀족을 위한 나무였다. 결국 마로니에는 그 귀족들보다 더 잘 살아남았다. 파

리에는 여전히 마로니에가 가득하다. 센 강둑을 따라 자유롭게 퍼져 있거나 샹젤리제 거리에 차렷 자세로 고지식하게 늘어서 있다. 파리에서 가장 유명한 랜드마크인 에펠탑 아래에는 탑이 세워지기 오래 전부터 그 자리를 지킨 대단한 마로니에가 있다. 관심을 가로채는 이 노목 위에서 에펠탑은 정교하고 거대한 무대장식 아치 같다.

화려한 마로니에는 영국 공원과 정원에도 꽤나 대단한 주연배우다. 영국은 유럽대륙만큼 마로니에 그늘이 그다지 아쉽지 않은 곳인데도 그렇다. 크리스토퍼 렌 경은 부시 파크Bushy Park를 재단장하면서 윌리엄 3세를 위해 테딩턴에서 헴프턴의 왕궁까지 마로니에가 이어지는 거대한 행차로를 만들었다. 빅토리아 여왕은 해마다 5월이면 샹들리에 같은 상큼한 마로니에 꽃을 보기 위해 이곳을 찾았다. 그 무렵이면 완연한 꽃들은 여왕을 위해 밝은 초록과 하얀 제복을 걸쳤다. 여왕의 충직한 백성들도 그녀를 따라 가벼운 산책과 대담한 소풍을 즐기며 마로니에 꽃을 찬양했다. 여왕이 세상을 떠난 뒤 이 전통은 쇠락했지만 요즘 들어 다시 살아나고 있다. 사람들은 화려한 마로니에 꽃을 보기 위해 '체스닛 선데이'●에 외출한다.

18세기에는 이 화려한 나무를 무리 지어 심는 것이 유행했다. 이런 유행에 힘입어 케이퍼빌리티 브라운●●은 윌트셔의 토트넘 사유지 한 곳을 위해서만 4,800그루를 주문했다고 한다. 이것을 보면 동지중해에서 온 이 이주자가 얼마나 인기를 끌었는지 짐작할 만하다. 옥스퍼드에 가면 거대한 마로니에들이 우스터대학 호수 위로 몸을 구부리고 잔잔한 수면 위에 똘똘 말린 꽃잎을 떨어뜨리거나 대학 무도회와 졸업 사진의 배경에 나른한 포즈를 취한다. 또 다른 마로니에는 램 앤드 플래그 펍 옆 통로를 차지하고 서 있는 바람에 자전거가 이 무시할 수 없는 체구의 나무를 피하려면 휙 방향을 틀어야 한다.

현대 도시에서 자라는 아이들은 마로니에에서 자연 세계의 감각을 익히기 시작한다. W. B. 예이츠가 런던에서 보낸 소년 시절의 기

●　　Chestnut Sunday. 5월 중순쯤 마로니에 꽃이 활짝 피는 시기의 일요일로, 부시 파크의 체스닛 애비뉴에서 행진이 벌어진다.
●●　Capability Brown. 18세기 활동했던 영국의 정원 설계사 랜슬롯 브라운의 별명. 장소가 지닌 '가능성capability'을 살리는 정원 개조 방식을 주장해 이런 별명을 얻었다.

억으로 오래 간직했던 것이 베드퍼드 파크에 있던 집 정원의 커다란 마로니에였다. 결국 여러 해 뒤 이 나무는 예이츠의 시 〈학교 아이들 속에서Among School Children〉에서 온전함과 내면의 만남, '위대하게 뿌리 내려 꽃 피우는 존재'의 이미지로 새 생명을 틔웠다. 그의 성장기 기억 속 마로니에의 이미지는 아일랜드로 돌아온 뒤 더블린에서 골웨이까지 무성하게 자란 웅장한 마로니에들로 더욱 강화되었다. 많은 아이들이 생일케이크의 밝고 하얀 양초 같은 꽃을 들고서, 공원이나 정원에 서 있는 커다란 초록 나무를 보며 계절의 순환 감각을 체득한다.

더비셔의 모턴 마로니에Morton Horse Chestnut처럼 다 자란 마로니에는 시골 지역에서 다양한 세대의 사람들이 모이는 장소가 된다. 이 나무는 엘리자베스 2세 재임 50주년을 맞아 '위대한 영국 나무 50'으로 선정되기도 했다. 옥스퍼드셔의 크로프레디 마을에서는 해마다 열리는 음악축제 몇 주 전에 익숙한 진홍색 꽃이 마을 가운데를 환하게 밝힌다. 이 나무들은 지역의 전통적인 중심지다. 사람들이 반갑게 두 팔 벌린 모습을 흉내 내며 부르는 옛 노래 〈팔 벌린 마로니에 아래에서Under the spreading chestnut tree〉가 예찬하는 마로니에처럼 말이다.

19세기 예술가 제임스 티소가 〈소풍The Picnic〉이라는 이름으로 더 널리 알려진 그의 그림 〈휴일Holiday〉에서 묘사했듯이 마로니에는 놀이와 여가를 주관한다. 요즘 테이트 브리튼Tate Britain에 걸려 있는 이 그림은 작가 자신이 머물기도 했지만 로드 크리켓 구장으로 더 잘 알려진 세인트 존스 우드St. John's Wood의 호숫가를 배경으로 한다. 9월 말 황록색으로 물든 이파리를 달고 활짝 펼친 나뭇가지 아래 한껏 차려입은 두 여인 중 한 명이 빨강과 노랑 줄무늬로 알록달록한 크리켓 모자에 흰옷을 입고, 누워 있는 젊은 남자에게 차를 따라주는 이 그림에서 가장 눈길을 끄는 존재는 나무다.

9월은 긴 여름방학의 끝을 알리는 시간이기도 하다. 하지만 학기가 시작되는 우울한 전망을 달래주는 콩커*가 시작되는 계절이기도 하다. 운 좋게도 운동장에 마로니에가 자라는 학교의 학생들은 이 무렵이 되면 낮은 가지에 막대와 신발을 던지면서 육두구를 닮은 껍질에 싸인 열매를 떨어뜨리려 애쓴다.

콩커를 하려면 매듭이 있는 신발 끈 끝에 꿴 마로니에 열매와 똑같이 열매를 준비한 상대, 그리고 파괴 성향만 있으면 된다. 강력한 마로니에 열매는 허약한 도전자를 하나씩 산산조각 내면서 꽤 많은 점수를 얻을 수 있다. 승부욕 있는 아이들은 다소 부정직한 방법을 쓰기도 한다. 자신의 마로니에 투사를 식초에 담그거나 뜨거운 오븐에 구워 더 단단하게 만드는 것이다. 이런 술책도 우리 삼촌이 부린 요령에 비하면 꽤 순진해 보인다. 우리 삼촌은 개선 영웅으로 추앙받겠다는 마음이 너무 굳은 나머지 승리를 위해 단단한 나무 조각을 마로니에 열매 모양으로 깎아서 반짝이게 윤을 냈다. 아무리 튼튼

---

*   Conker. 마로니에 열매를 실에 매달아 열매끼리 쳐서 깨는 놀이.

제임스 티소, 〈휴일〉, 1876.

한 마로니에 열매도 이 전설적인 강타 앞에서는 맥을 못 추었다. 물론 정직한 승부로 쟁취한 승리보다는 기쁨이 덜했겠지만 말이다. 세계 정복에 별 관심 없는 아이들에게도 마로니에 열매는 좋은 놀잇감이 될 수 있다. 골무를 줄 세워놓고 그 위에 타원형 구슬처럼 얹으면 축소판 코코넛 맞히기 게임coconut shy이 되기도 한다. 무명실 한 얼레와 핀 몇 개를 잘 활용하면 마로니에 열매로 인형의 집을 채울 가구를 만들 수도 있다. 처음에는 반들반들한 마호가니 가구 같겠지만 차츰 윤기 없고 쭈글쭈글한 형태로 시든다.

　콩커는 아득한 옛날부터 즐겨온 진기한 게임 같지만, 실은 빅토리아 여왕 시대 사람들이 창조한 전통들 중 하나다. 그러나 이제는 한물간 놀이가 되었다. 요즘 들어 이 계절 놀이가 얼마나 눈에 띄게 줄었는지, 영국 보건안전청이 운동장에서 콩커를 못 하게 해서 그렇다는 소문이 돌 정도였다. 그 바람에 보건안전청은 이를 부인하는 발표를 해야 했다. 콩커의 종말은 안전을 염려하는 교장선생님들보다는 눈을 뗄 수 없는 휴대폰의 매력과 더 관계가 있는 것 같다.

마로니에 열매가 더는 영국 아이들의 관심을 사로잡지는 못할지라도 세계 콩커 챔피언십에서 지속적인 매력을 아낌없이 드러내고 있다. 매해 노샘프턴셔의 애시튼 마을에서 열리는 이 대회는 놀랄 만큼 멀리 떨어진 지역의 참가자들까지 끌어모은다. 국제 스포츠로서 콩커 경기에는 참가 규칙이 필요하므로 끈의 길이와 끈을 매듭짓는 방법, 타격하는 횟수가 엄격히 정해졌다. 영광스러운 승리를 거머쥔 사람들에게는 반짝이는 마로니에 열매로 만든 목걸이와 왕관을 씌운다. 런던의 '펄리 킹스 앤드 퀸스'●의 시골 버전이라 할 만한 이 마로니에 열매 군주들은 오랜 전통의 후광을 입었다고 착각하기 쉽지만, 사실 모두 1965년에 시작된 일이다.

마로니에 열매만 경쟁심을 자극하는 게 아니다. 자기 나라의 마로니에가 너무 자랑스러워서 국제 대회에 출전시키는 나라도 있다. '유럽의 나무 2015'에 참여한 벨기에 후보는 '못나무Nail Tree'라고 알

●   Pearly Kings and Queens. 19세기에 유래한 런던의 자선행사로, 자개단추로 장식한 옷을 입은 '펄리 킹스 앤드 퀸스'가 기부금을 모집한다.

려진 멋진 나무로, 네덜란드과 국경을 접한 림뷔르흐Limburg, 부런 Voeren의 비탈진 땅에 아슬아슬하게 서 있다. 나이가 들어서 껍질이 벗겨지고 있는 이 웅장한 마로니에는 병을 치유하는 나무로 오랫동안 숭배되었다. 오래전, 아픈 사람들은 병이 있는 신체 부위에 못을 갖다 댄 다음 나무에 박아넣었다. 그렇게 하면 나무가 통증을 가져간다고 믿었기 때문이다. 나무의 몸통에는 십자가가 붙어 있어서 그리스도의 수난과 나무 십자가를 떠올리게 한다.

제2차 세계대전 뒤에는 암스테르담의 오래된, 또 다른 마로니에가 '못나무'보다 더 명성을 얻었다. 암스테르담의 마로니에는 안네 프랑크와 그녀의 가족이 나치 점령군을 피해 숨어 있던 비밀 별채의 작은 창문으로 보이던 나무다. 안네가 원치 않게 갇혀서 끊임없이 불안해했던, 상상조차 할 수 없는 시기에 썼던 일기에는 계절에 따라 마로니에가 펼치는 기적이 잘 기록돼 있다. 1944년 4월 18일자 일기에서 안네는 마로니에가 "벌써 꽤 초록빛이고 여기저기 작은 꽃마저 보인다"고 썼다. 또 아버지의 생일 다음 날이던 5월 13일 무렵엔 햇빛이 "1944년 들어 여태껏 볼 수 없던 모습으로" 빛나고 마로니에는 "꽃을 활짝 피우고 나뭇잎으로 울창하게 덮여 작년보다 훨씬 아름답다"고 썼다. 세 달 뒤 나치에 붙들린 프랑크 가족은 집단수용소를 옮겨 다녔다. 안네와 언니 마르고트는 베르겐-벨젠 강제수용소에서 죽음을 맞았는데, 전쟁이 끝나기 몇 주 전이었다. 그냥 그 자리에 있음으로써 안네에게 큰 행복을 전했던 마로니에는 계속 살아서 환한 잎과 양초 같은 눈부신 꽃을 봄마다 들어올렸다.

그러나 안네 프랑크의 마로니에도 나이를 속일 수는 없었다. 새 천년이 시작될 무렵 곰팡이가 잔뜩 퍼지고 곤충이 들끓는 이 나무는 삶을 긍정하는 힘에 경의를 표하기 위해 방문하는 사람들에게 위협이 되었다. 2007년 벌목 지시가 내려졌지만 대중의 항의가 워낙 거세서 벌목 집행이 유예되었고, 나무의 병든 줄기와 시들어가는 가지를 보존하려는 노력이 뒤따랐다. 하지만 2010년 나무는 강풍을 견디지 못하고 쓰러졌다. 그 뒤 안네 프랑크 나무에서 나온 묘목들은 세계 곳곳에 심겨, 이 나무가 세계에서 가장 유명한 희생자에게 주었던 희망을 기억하며 다음 세대들의 마음에 희망을 전하고 있다.

안네 프랑크 나무를 벤다는 소식에 사람들이 분노한 것은 단지 안네 프랑크를 기억하기 때문만은 아니었다. 이 사건은 마로니에가 사람들에게 무척 중요한 의미를 지녔음을 보여준다. 활력 넘치는 마로니에는 건강과 에너지, 생명 자체를 표현한다. 마로니에는 얼마나 생명력이 끈질긴지 떨어진 나뭇잎도 납작하게 누워 있으려 하지 않는다. 차가운 기온에 오히려 자극을 받은 듯 튼튼한 잎맥들이 구릿빛 등줄기로 모인다. 된서리를 맞으면 깃털 펜처럼 말려서는 자신들의 놀라운 비밀을 기록할 태세처럼 보인다.

그래서 사람들은 아픈 마로니에를 보면 큰 충격을 받는다. 늘 생기가 넘쳤던 나무가 병에 걸린 모습은 더욱 우울하다. 최근 몇 십 년 사이에 이 기운 넘치는 거인들은 아주 작은 나방의 애벌레가 그 사랑스러운 잎들에 구멍을 내는 바람에 허약해져서 위기를 겪었다. 잎나방벌레 때문에 여름잎이 생기를 잃고 축 처진 갈색 잎이 돼버렸다. 파리의 거대한 마로니에들이 한여름에 시들어가는 모습은 휴가철 흥을 심각하게 깨는 광경이다. 서둘러 가을로 다가가는 마로니에는 봄을 열망하는 마로니에와는 사뭇 다른 모습이다.

무엇보다 가장 걱정스러운 것은 영국 마로니에들에 퍼져가는 박테리아 감염병이다. 박테리아에 감염된 나무는 줄기에서 진액이 흐르다가 결국 죽고 만다. 줄기에서 스며 나오는 진한 물질은 마로니에궤양병 박테리아*Pseudomonas syringae pv Aesculi*와 식물병원체 파이토프토라*Phytophthora* 때문에 생기는 감염병인 마로니에궤양병 bleeding canker에 대한 나무의 방어기제다. 치료제는 아직까지 없다. 감염 정도는 진액이 흐르는 상처 둘레의 껍질을 벗겨 안쪽 껍질에 든 멍 색깔로 판단할 수 있다. 비교적 작은 부위만 감염되어서 나무가 계속 자랄 수 있는 경우도 더러 있다. 그러나 줄기 전체에 멍이 퍼져 있다면 나무가 생존할 확률은 거의 없다.

갑자기 마로니에가 그 어느 때보다 가치 있는 나무로 여겨지기 시작했다. 아직까지 잎나방벌레의 습격은 만성질환보다는 잠깐 지나가는 염증에 가깝다. 마로니에궤양병도 사형 선고보다는 건강 경고에 가까울 수도 있다. 어쩌면 마로니에가 죽은 척하는 것이 술수를 부리는 것처럼 보이기도 하니까. 하지만 무턱대고 그렇게 믿어서만은 안 될 것이다.

느릅나무
Elm

스토니 스트랫퍼드Stony Stratford의 마켓광장 구석 담장 안에 나무한 그루가 있다. 한창 곧고 크게 자라는 어린 참나무인 것으로 보아, 어린 나무를 파괴하는 일을 재미있게 여길지 모를 사람들의 달갑지 않은 관심을 막고 나무를 보호하기 위해 담장을 두른 모양이다. 그런데 더 가까이 다가가보면 둥근 담장 둘레에 보호 철책이 한 겹 더둘려 있다. 장이 서는 작은 소읍에 어울리지 않게 다소 지나친 보호조치가 아닐까 싶다. 철책 안에 있는 작은 명판을 들여다보면 이 별난 보호 장치를 이해할 만한 실마리를 얻을 수 있다.

명판에 따르면 그 참나무는 한때 존 웨슬리가 설교했던 느릅나무가 서 있던 장소를 표시한다. 스토니 스트랫퍼드의 많은 주민의기억 속에는 이 어린 참나무보다 먼저 살았던 존경스러운 선임자가 여전히 남아 있다. 아마 나무보다는 나무둥치에 가까웠겠지만 봄마다 반항의 몸짓으로 쐐기풀 같은 잎을 많이 틔웠을 것이다. 스토니스트랫퍼드는 한때 런던에서 홀리헤드Holyhead까지 가는 여행자들이 긴 여행길에 잠시 쉬어가는 기착지였고, 여러 해 동안 그 머리 없는 외로운 나무둥치는 '크라운Crown'이라는 이름의 오래된 여관 바로 밖에 남아 서글픈 대조를 이루었다.

이 텅 빈 유물은 웨슬리가 한때 광장 건너편에 있는 오래된 교구 교회의 정규 예배에 도전하는 야외 기도집회를 열었던 웅장한 느릅나무의 잔해였다. 1950년 지역 감리교회 신자가 웨슬리의 즉석 설교단을 기념하는 명판을 주문했을 때 느릅나무는 웨슬리 시절보다 훨씬 더 크고 더 무성하게 뻗어 있었다. 30년 뒤 네덜란드 느릅나무병 때문에 나무는 예전 모습의 잔해 신세가 되고 말았고, 함부로 버린 담배꽁초 몇 개가 남은 생명마저 끝내버렸다. 유서 깊은 나무의 잔해를 보호하려고 철책을 세웠지만 오히려 너무 오래 홀로 감금돼 있어서 아무도 걸음을 멈추고 들여다보지 않는 불구의 죄수처럼 보였다. 그럼에도 느릅나무 둥치는 웨슬리의 전도와 한때 영국 전역에 무성했던 다른 모든 느릅나무를 기억하며 여전히 그곳에 남아 있었다. 다른 느릅나무들처럼 웨슬리의 느릅나무도 이제 더 이상 볼 수 없는 존재가 됐다.

어디에나 있는 나무에서 위험에 처한 나무로, 그리고 멸종된 나무로 느릅나무는 현대인의 의식에서 뚜렷한 변화를 거쳤다. 한때 영국의 풍경 속에 어김없이 서 있던 느릅나무는 고작 10년 사이에 거의 자취를 감추었다. 이제 다 자란 느릅나무가 남아 있는 몇 안 되는 곳은 한때 흔했던 나무가 운 좋게 살아남은 것을 기리는 신성한 장소가 되었다.

1987년 10월 큰 폭풍 때문에 나무가 늘어선 많은 거리가 철거 현장처럼 엉망이 돼버렸다. 그 뒤 '런던의 위대한 나무들'을 목록으로 정리할 때 매릴번 느릅나무Marylebone Elm는 웨스트민스터 자치구에서 마지막으로 남은 느릅나무였다. 브라이튼 느릅나무들Brighton elms은 브라이튼의 다채로운 문화의 일부로, 로열 파빌리온*만큼이나 나름의 방식으로 독특하다. 갑작스러운 멸종 위기에 처한 것들이 늘 그렇듯 평범한 것이 여전히 그곳에 있다는 이유만으로 특별한 존재가 된다.

잉글랜드와 웨일스의 많은 지역에서 다 자란 느릅나무는 대개 과거의 풍경이 되고 말았다. 느릅나무는 거의 모든 오래된 풍경화에서 쉽게 눈에 띈다. '컨스터블 컨트리'**의 두드러진 풍경이고, 나무가 줄지어 선 템스 강을 그린 터너의 스케치에서 두드러진 존재이며, 조지 스터브가 그린 〈추수하는 사람들Reapers〉의 배경에도 부드러운 윤곽으로 등장한다. 영국 마을을 묘사한 엽서에도 있고 1970

●   Royal Pavillion. 19세기 초반 브라이튼에 지어진 궁전. 인도와 중국의 영향을 받은 독특한 건물이다.

●●   Constable country. 19세기 영국의 풍경화가 존 컨스터블이 즐겨 그린 서퍽과 에식스 지역을 일컫는다.

년대 전에 찍힌 영화와 사진에도 보존돼 있다. 단단한 물레 가락에 잣지 않은 거친 초록색 울이 감긴 것처럼 투박한 잎을 무겁게 머리에 인 키 큰 나무의 모습으로 남았다. 느릅나무 잎은 작고 톱니 모양이다. 첫봄 햇살을 흡수하기 위해 일찍 펴지며 표면은 살짝 거칠다. 느릅나무는 이스트 앵글리아˙의 도로와 강을 따라 돋아났고 중부 지방의 운하를 따라 천천히 이동하는 대형 보트들에 그늘을 드리웠다. 또한 오래된 도시들에서 우아한 산책로를 만들었다. 조지왕조 시대 요크의 우즈 강을 따라 만들어진 뉴 워크New Walk나 옥스퍼드의 크라이스트처치 풀밭부터 이시스 강에 이르는 널찍한 산책로에 서 있다.

20년 자란 느릅나무는 옮겨 심어도 잘 살아남기 때문에 18세기 풍경 정원에서 우아한 기학학적 패턴을 만드는 데 이상적이었다. 켄징턴 가든의 라운드 폰드를 둥글게 에워싼 그레이트 보˙˙에도, 스토 가든에서 언덕 꼭대기의 코린토스풍 아치까지 1마일 이상 꾸준히 오르막길로 이어지는 그랜드애비뉴에도 느릅나무가 심겼다. 산들바람이 불면 느릅나무 잎들이 예쁘게 파닥이면서 군대 대형처럼 곧은 느릅나무 대열에 부드러움을 더하지만, 강한 바람이 불면 줄지어 선 나무들이 고된 일과를 끝낸 말처럼 이리저리 뒤척이곤 했다. 이런 풍경은 이제 더 이상 친숙한 모습이 아니다. 남아 있는 몇 안 되

● East Anglia. 노퍽과 서퍽, 에식스와 케임브리지셔의 일부를 포함하는 잉글랜드 동부 지역을 일컫는 명칭.
●● Great Bow. 18세기 조경 디자이너 찰스 브리지먼이 만든 가로수 길.

는 잉글랜드 느릅나무가 이들 종족의 마지막 생존자다. 넘치는 생명력으로 한때 콘월부터 컴벌랜드까지, 켄트부터 카나본까지 번성했던 느릅나무 종족의 살아 있는 기억이다. 이 나무들을 보면 다른 흔한 토종 나무들을 볼 때와는 다른 생각을 떠올릴 수밖에 없다. 느릅나무의 오랜 의미는 이제 이들이 더 이상 존재하지 않는다는 사실에 영원히 영향을 받을 수밖에 없다.

지난 세기에 대대적으로 초토화된 이래 '느릅나무'는 '질병'이라는 단어와 떼려야 뗄 수 없는 관계가 되었다. 1920년대에도 네덜란드 느릅나무병이 크게 발발한 적이 있으나, 1970년대 내내 맹위를 떨치며 마거릿 대처가 압승을 거둔 뒤처럼 영국을 영원히 바꾸어놓은 나무 전염병에 비하면 아무것도 아니었다. 더 치명적인 이 새로운 변종 네덜란드 느릅나무병은 1960년대 말에 처음 발견되었지만, 10년도 채 안 걸려 영국의 느릅나무 2,500만 그루를 죽이며 초토화시켰다. 막을 수 없는 이 전염병 앞에서 식물학자와 환경 보호자들은 웃음거리가 되고 말았다. 그들은 전염병의 탐욕스러운 전진을 막을 힘이 없는 듯했다. 일단 전염병이 발병하면 줄줄이 늘어선 거대하고 건강한 느릅나무들이 하나씩 병에 걸려 앙상한 해골만 남게 되는 것을 막을 길이 없었다. 마을 광장과 웅장한 가로수 길, 오래된 노목이나 평범한 산울타리나 할 것 없이 전염병에 굴복했다. 네덜란드 느릅나무병은 나이도, 위치도, 역사적 지위도 아랑곳하지 않았다.

네덜란드 느릅나무병이 사람들을 불안하게 만드는 이유는 그 근원—우유와 치즈, 타일과 튤립의 나라 네덜란드—이 가까운 곳에 있는 듯한 느낌 때문이었다. 달리 말해 한때 건강의 원천으로 여기던 곳이 이제 치명적인 침략군의 출발지가 된 배신감 때문에 이 눈에 보이지 않는 위협이 훨씬 더 불안하게 느껴졌다. 사실 네덜란드 느릅나무병은 네덜란드가 아니라 대서양 맞은편에서 왔다. 아마 감염된 목재에 묻어왔을 것이다. 네덜란드 느릅나무병이라는 이름은 1920년대에 네덜란드 과학자들이 이 전염병 연구를 이끌었기 때문에 붙여졌다. 질병의 핵심은 네덜란드 느릅나무병원균 *Ophiostoma novo-ulmi*(예전에는 '*Ceratocystis ulmi*'라고 불림)이라는 치명적인 곰팡이다. 이것은 나무의 내부 관개조직을 막아서 물이 수관에 이르지 못하게 한다. 나무는 위에서부터 아래로 시들어간다. 일단 곰팡이가 뿌리로 침투하면 운이 다했다고 봐야 한다. 갈색 날개 달린 작은 딱정벌레인 느릅나무껍질딱정벌레 *Scolytus scolytus*가 나무 몸통에 내려앉아 깊이 주름진 껍질에 알을 낳기 위해 파고들려 애쓰면서 나무에서 나무로 곰팡이 포자를 운반한다. 질병의 첫 징후는 병에 걸린 나뭇가지들이 나뭇잎 지붕 위 하늘로 손을 뻗는 해골 팔처럼 삐죽 나오고, 잎이 우툴두툴하게 파이며, 줄기 내부에 짙은 얼룩이 또렷이 생기는 것이다. 그러나 나무 전체가 굴복하기까지는 1년 또는 그 이상이 걸린다.

느릅나무가 쇠락하자 그 넉넉한 품에 의존했던 다른 생물종도 멸종했다. 밝은 호랑이 줄무늬가 있는 신선나비는 한때 영국에서 가장 흔한 곤충에 속했지만 지금은 흔적조차 없다. 느릅나무 잎이 유일한 식량원인 까마귀부전나비의 운명도 브라이튼의 프레스턴 파크에 남은 몇 안 되는 나이 든 느릅나무의 잎에 위태롭게 달려 있다.

느릅나무는 바닷가 공기에서 잘 산다. 브라이튼에는 섭정 왕자[•]가 19세기 초반에 중대한 느릅나무 식수 계획에 적지 않은 무게를 실어준 이래로 모든 공원과 광장에 느릅나무가 가득하다. 1970년대 브라이튼 시의회는 지역의 수목학자 롭 그린랜드의 조언에 따라 브라이튼의 상징 나무를 구하기 위해 극적인 조치를 취했다. 브라이튼과 나머지 잉글랜드 사이에 자연적 장벽을 형성하는 사우스다운스[••]가 네덜란드 느릅나무병에 저항할 잠재력이 있는 고립지대와 미기후[•••]를 형성하는 데 도움이 되었다. 건강한 나무들의 안전을 보장하고 사우스다운스를 방역선으로 만들 수 있도록 감염된 나무를 베어내는 절박한 방법이 도입됐다. 브라이튼은 이제 도시 심장부에 자리 잡은 더 레벨 파크를 따라 당당하게 서 있는 국립 느릅나무 군락 National Elm Collection의 서식지가 되었다. 19세기 전성기에 천 그루 넘게 심겼던 것에 비하면 나무의 수는 크게 줄었지만 다 자란 멋진 느릅나무가 무리 지어 서 있는 모습을 잉글랜드에서 유일하게 볼 수 있는 곳이다.

[•]   Prince Regent. 조지 4세가 즉위하기 전 1811년부터 1820년까지 아버지 조지 3세를 대신해 섭정을 펼쳤던 시기의 호칭.
[••]   The South Downs. 영국 남부를 동서로 잇는 낮은 구릉.
[•••] microclimate. 주변 지역과는 다른, 특정 좁은 지역의 기후.

도시를 바로 벗어난 곳에 있는 서식스대학교에도 큰 느릅나무들이 있다. 수업을 듣고 서둘러 점심을 먹으러 가는 학생들보다, 대학 교정보다 훨씬 오래된 나무들이다. 브라이튼의 느릅나무는 고난을 이겨낸 영웅적 승리의 이야기를 들려주지만 여전히 끊임없는 위험에 처해 있다. 질병이 생기기 쉬운 여름 내내 지역 질병관리인이 정성껏 보살피고 많은 주민이 끊임없이 조심하는데도 2014년 들어 브라이튼은 다 자란 느릅나무를 30그루가량 잃었다. 지역 사회가 느릅나무를 지키는 데 열정을 쏟다보니 나무가 한 그루라도 쓰러지면 지역적 슬픔이 된다.

많은 지역에서 다 자란 느릅나무는 거의 사라졌지만 그들의 조상들처럼 자신 있게 싹을 틔우는 어린 느릅나무는 여전히 볼 수 있다. 파괴적인 네덜란드 느릅나무병은 어린 묘목은 건드리지 않고 열다섯 살쯤 넘긴 나무만 덮치는 것처럼 보인다. 죽음을 알리는 나무좀이 덩치가 큰 몸통만 공격하는 탓인지, 뿌리에서 솟아난 새로운 싹이 이미 곰팡이에 감염돼 있는 탓인지 어린 느릅나무는 성목이 될 때까지 자라지 못하고 증상을 드러낸다. 느릅나무는 대개 흡지*로 번식한다. 그래서 하나의 원뿌리에서 나온 '느릅나무 형제'로 줄줄이 이어지며 자라거나 무리 지어 자라지만, 나무 하나하나가 뿌리로 다정하게 연결되며 지하에서 엉켜 있을 수 있다. 옛 마을은 느릅나무

*   sucker. 원줄기나 원뿌리에서 새로 돋는 움. 이렇게 새로 움을 틔우며 무성번식(무성생식)하는 식물로는 라즈베리, 개나리, 라일락, 느릅나무 등이 있다.

에 에워싸여 있을 때가 많았다. 느릅나무는 가혹한 날씨를 막아주기도 하고, 약탈하는 침략자들 눈에 띄지 않게 가려주는 천혜의 위장이 되기도 한다. 이렇게 서로 연결되고 무리 지어 마을을 보호하는 습성이 이제는 느릅나무의 치명적 약점이 돼버렸다.

이제 느릅나무는 한때 포플러와 참나무, 물푸레나무와 나란히 서 있던 크고 무성한 토종 나무가 더 이상 아니다. 호리호리한 애송이 나무, 때 이른 죽음을 맞아야 할 나무다. 수관부터 아래로 생명을 잃어가며 결국 망가진 잔해로 서 있다가 베이거나 쓰러진다. 느릅나무는 이제 잃어버린 힘, 사라짐, 그리움을 뜻한다. 또는 가슴 아프게도 꺾여버린 젊음의 희망을 뜻한다. 요즘 느릅나무는 부서진 나무다. 잃어버린 온전함이나 결코 오지 않을 광대한 미래에 대해 생각하게 만든다.

느릅나무 수를 보충하려는 시도로 질병 저항력이 있어 보이는 나무를 심기도 한다. 주로 바다 건너에서 수입해온 나무들이다. 중국과 일본의 느릅나무는 네덜란드 느릅나무병에 대체로 면역성이 있다고 밝혀졌고, 미국의 몇몇 느릅나무도 영국의 느릅나무보다는 덜 감염된다고 알려졌다. 영국 토종 느릅나무 중에도 크게 피해를 입지 않는 품종이 있다. 잎이 좁은 헌팅던 느릅나무Huntingdon elm와 위치 느릅나무wych elm•라고도 불리는 스코틀랜드 느릅나무

•　　　가장 널리 분포하는 유럽 느릅나무. '위치wych'는 '유연함'을 뜻하는 고대 영어에서 유래했다.

Scottish elm가 그렇다. 먼 북쪽 지방에 가면 이들을 여전히 꽤 많이 볼 수 있다.

심한 타격을 받은 것은 잉글랜드 느릅나무다. 잉글랜드 느릅나무가 갑자기 초토화되는 바람에 한때 어디에서나 흔했던 나무가 달리 보이게 되었다. 느릅나무가 잉글랜드 문화에서 드러나지 않게 중요했음은 그림과 글, 이야기, 공예품, 역사기록, 식물학 연구에서 확인할 수 있지만 이 모든 게 지금과는 조금 거리가 있어 보인다. 다행히 1955년과 1976년 사이에 R. H. 리친스가 이스트 앵글리아의 느릅나무들을 꼼꼼하게 연구했다. 학문적 집요함과 강렬한 개인적 애도의 느낌이 결합된 그의 뛰어난 책 《느릅나무*The Elm*》는 그가 연구한 많은 느릅나무가 갑자기 사라진 직후에 출판되었다.

존 클레어 같은 옛 시골 작가들의 시에서 우리는 느릅나무가 무척 일상적인 존재였음을 알아차릴 수 있다. 양털 깎는 사람들이나 뜨거운 들판에서 추수하는 사람들에게 반가운 그늘을 제공하는 나무를 지나치며 언급하는 부분에서 말이다. 19세기 후반 웰시보더스Welsh Borders에서 성직자의 삶을 그린 프랜시스 킬버트의 일기에도 마을 길과 교회 뜰에 그늘을 드리우던 커다란 느릅나무에 대한 언급이 가득하다. 교구 기록과 마을 역사를 보면 오래된 느릅나무가 모임 장소와 경계목 구실을 했음을 분명히 알 수 있다. 옥스퍼드셔에 있는 파이필드 마을 경계선을 표시하는 튜브니 느릅나무Tubney Elm는 몸통 둘레가 11미터에 달해 지역의 두드러진 랜드마크 역할을 톡톡히 해

낸다. 요크셔의 이스트라이딩에 있는 혼시 근처 시글손Sigglesthorne
에는 오래된 느릅나무 세 그루가 마을 우물로 가는 길을 표시한다.
사람들은 물동이를 들고 집으로 가기 전에 베이스, 알토, 테너라 불
리는 이 낭랑한 나뭇가지들 아래 앉아서 천하를 논하곤 했다.

　오래된 느릅나무는 700년 넘게 살 수 있어서 차츰 지역의 땅과
사람들의 마음에 영원한 형상으로 자리 잡곤 했다. 예를 들어 크롤
리 느릅나무Crawley Elm는 제이콥 스트러트가 방문했을 때 높이가
21미터였고 몸통 둘레도 거의 그만했다. 이 나무의 거대한 뿌리와

낮은 나뭇가지에 기어오르며 노는 아이들을 지켜보는 할머니 할아버지들은 그들의 할머니 할아버지가 '자신들'의 어린 시절에 그 나무에서 어떻게 놀았는지 들려주었던 이야기를 기억할 것이다. 이 느릅나무는 나무라기보다 듬뿍 사랑받는 가족에 가까웠다. E. M. 포스터는 소설 《하워즈 엔드Howards End》에서 느릅나무로 정신적 영속성의 느낌 같은 것을 표현했다. 이 소설에서 정원에 서 있는 오래된 위치 느릅나무는 자신들을 그 나무의 주인으로 여기는 가족의 실용적, 세속적 태도와는 결코 화해할 수 없는 관점 같은 것을 상징한다.

스트러트의 기념비적 기록에는 영국의 큰 나무들을 그린 그림뿐 아니라 그가 그 나무들을 그리며 떠올린 생각도 들어 있다. 느릅나무들은 그 무렵에도 병에 걸리기 쉬운 특성 때문에 불안을 유발했음이 틀림없다. 이를테면 스트러트는 근래 들어 세인트 제임스 파크의 느릅나무들이 사라지는 것이 걱정스럽다고 기록해두었다. 그러나 이 위대한 느릅나무들은 이른 새싹과 무성한 잎, 놀랄 만큼 긴 수명으로 생명력을 과시하며 그런 두려움에 대꾸하는 듯했다. 해충과 질병이 어떤 영향을 미치든 1970년대 전에는 느릅나무가 영국 땅에 더 이상 늠름하게 서 있지 않으리라고는 상상도 못 했다.

사진가에게 최초로 찍힌 나무들 중에 라콕Lacock의 커다란 느릅나무가 있다. 이 나무는 윌리엄 폭스 탤벗이 1840년대에 찍은 빼어난 사진으로 영원히 남았다. 잎이 없는 나무가 적갈색 덤불 위로 안개에서 나온 다른 세상의 전사처럼 우뚝 서 있는 모습이 마치 유령처럼 기이하다. 탁 트인 들판에 서 있는 이 거인은 웅장하고 경외감을 불러일으킨다. 시간의 파괴에도 의연해 보인다.

평범한 사람들과 잉글랜드 느릅나무의 끈끈한 관계를 무척 잘 포착한 사람은 토머스 하디다. 그의 소설 가운데 가장 나무가 많이 등장하는 《숲 사람들 Woodlanders》에서 느릅나무는 중요한 구실을 한다. 리틀 힌톡에 사는 나이 들고 병든 사우스 씨는 오두막 밖에 서 있는 커다란 느릅나무를 걱정하며 시간을 보낸다. 그는 나무가 쓰러져 집을 덮치리라는 두려움에 사로잡힌 나머지 병이 들어 집 밖으로 나갈 수 없게 된다. 느릅나무 가지를 쳐내 빛이 들어오게 하는 전통적인 방법을 비롯해 느릅나무의 위협적인 어둠을 걷어내기 위한 온갖 시도가 실패한다. 결국 런던에서 새로 교육받은 의사가 등장해 논리적인 결정을 내린다. 나무를 베어야 한다고. 나무를 베자 사우스 씨의 삶에 드리웠던 물리적 어둠은 사라졌지만 갑작스러운 변화의 충격은 훨씬 더 파괴적이었다. 이튿날 사우스 씨는 죽고 만다. 하디는 사람과 나무의 복잡하고 내밀한 관계를 대부분의 사람들보다 잘 이해하고 있었다. 지난 세월 동안 사우스 씨의 자아 정체성과 세계관은 그 전능한 느릅나무에 의지했고, 언제나 그 자리에 있는 나무는 두려움을 주면서도 이상하게 삶을 긍정하게 해주었던 것이다. 나무를 잃는 것은 자신을 잃는 것이었기에 사우스 씨는 느릅나무를 베어낸 것을 받아들일 수 없었다.

신경증 심리를 다룬 이 우화에 느릅나무를 등장시킨 것은 하디다운 예리한 선택이다. 느릅나무는 뿌리가 얕아서 강풍에 특히 쓰러지기 쉽다. 1970년대 네덜란드 느릅나무병을 버텨낸 느릅나무들 가운데 많은 나무가 1987년을 휩쓴 거대한 폭풍에 쓰러졌다. 느릅나무는 지금도 쓰러질 위험이 있다. 2015년 5월 어느 날 아침, 서퍽에 살아남은 몇몇 느릅나무 가운데 하나인 윌링엄의 거대한 늙은 느릅나무(76미터 높이)가 옆으로 쓰러지면서 근처 방갈로 지붕을 박살냈다. 또 느릅나무는 커다란 가지를 경고도 없이 곧잘 뚝 떨어뜨리곤 한다. 2007년 7월 어느 더운 여름 저녁, 뉴욕의 한 사회복지사가 개를 데리고 맨해튼의 스타이브센트 스퀘어 파크에 왔다가 아주 큰 불운을 겪었다. 키 큰 느릅나무 아래 벤치에 앉아 있다가 몇 분 뒤 갑자기 떨어진 거대한 나뭇가지에 깔리고 만 것이다. 느릅나무 가지가 아무 경고 없이 떨어진 사례는 많다. 길버트 화이트는 1703년 셀번에서 거대한 느릅나무 가지가 부러진 사건을 언급했는데, 80년이 흘러 그가 글을 쓰던 무렵에도 분명 지역 사람들 사이의 화젯거리였던 듯하다. 그렇다면 리틀 힌톡의 자기 오두막 옆에 서 있는 느릅나무에 대한 사우스 씨의 두려움은 전적으로 합리적이라 할 만하다. 그럼에도 하디는 일단 불안이 뿌리를 내리면 온 마음에 흡지를 뻗으리라는 것을 잘 보여주었다.

하디는 느릅나무가 관 짜는 나무로 유명하다는 사실을 틀림없이 알았을 것이다. 1970년대까지 느릅나무 목재는 잉글랜드에서 언제든 충분했다. 느릅나무 판자는 튼튼할뿐더러 견디기 힘든 환경에서도 오래 버틴다. 느릅나무 가지는 속을 파서 종종 파이프로 쓰기도 했다. 다른 목재보다 잘 썩지 않아서 초기 급수시설에도 자주 사용했다. 느릅나무 목재는 증기선 물갈퀴와 물레방아를 만들 때 썼고, 조선공들도 선박의 용골과 전함 옆면의 포가를 비롯해 짠물에 끊임없이 닿도록 고안된 것이라면 뭐가 됐든 거의 느릅나무 목재를 썼다. 느릅나무의 커다란 둥근 목재는 다리 기초 공사에 쓴 반면 느릅나무 판자는 외양간과 농가 외벽을 눈비로부터 보호해주는 용도로 썼다. 그러니 축축한 땅 밑 약 1.8미터 깊이에 묻을 시신을 감싸기 위해 느릅나무를 선택하는 것은 당연했다. 토머스 그레이가 〈시골 교회 묘지에서 쓴 비가〉에서 무덤을 둘러싼 '튼튼한 느릅나무'를 묘사했을 때, 그는 아마 느릅나무가 관을 짜는 판자로 쓰이는 것을 누구든 알리라 생각했을 것이다.

그레이의 시에 등장하는 교회 묘지는 버킹엄셔 남부 스토크 포지스Stoke Poges에 있다. 아마 그곳에 묻혀 있는, 시에서 애도하는 사람들 가운데는 살아 있을 때 그 울퉁불퉁한 느릅나무들을 목재 재료로 여겨 크기를 재보던 가구 장인도 더러 있을 것이다. 느릅나무는 자연적으로 —그리고 국가적으로— 의자 제작 중심지였던 칠턴Chiltern에서 수요가 많았다. 고전적인 윈저체어*는 물푸레나무나

---

* Windsor chair. 등이 높고 반원형 등받이의 목제 의자로, 영국의 조지 3세가 윈저 궁 근처 시골집에서 발견한 의자를 좋아해 궁정용으로도 만들게 한 것이 시초라고 전해진다.

참나무를 휘어 만든 차바퀴 모양 등받이에 목공 선반으로 깎은 자작나무 봉을 끼우고 느릅나무 좌판을 단다. 좋은 느릅나무 토막은 서로 맞물리는 결 때문에 자귀와 트래비서*의 끊임없는 공격에도 둘로 쪼개지지 않을 만큼 튼튼하다. 나무토막을 고되게 도려내고 사포로 닦고 윤을 내며, 인체 형태에 맞는 매끄러운 물결 모양 좌판을 만드는 숙련된 장인은 '보터머bottomer(의자의 다른 부분을 만드는 장인은 '보저bodger')'라 불린다. 느릅나무 의자의 매끈한 좌판은 워낙 정교하게 만들어져서 가운데 볼록 솟은 부분에서부터 선이 퍼지는 모습이 꼭 토탄 늪에서 매끄러운 바위 주변으로 물결이 퍼지는 모양 같다. 바트머가 솜씨를 제대로 발휘했다면 쿠션은 없어도 된다. 느릅나무 목재는 편안하고 방수성이 좋다. 변기를 플라스틱으로 찍어내지 않고 나무로 만들던 시절에는 느릅나무 목재를 최고의 변기 재료로 여겼을 정도다.

　느릅나무 목재는 여러 면에서 목재 가운데 집 안에서 가장 쓰임새가 많지만 느릅나무는 여전히 살짝 불편한 연상 작용을 일으킨다. 느릅나무와 무덤에 얽힌 끔찍한 전설들이 지방 사람들의 마음에 오래도록 남아 있었다. 모드의 느릅나무Maude's Elm는 지금은 첼트넘으로 대부분 흡수된 스윈던 마을에 자라던 나무였다. 사람들은 (그 나무가) 모드 보웬이 마을 교차로에 묻힐 때 그녀의 심장에 찔러넣었던

　●　　Travisher. 서양의 의자 제작자들이 좌판을 깎을 때 쓰는 공구.

나무 막대에서 자랐다고 여긴다. (언제인지 알 수 없는) 그 시절, 자살한 사람에겐 기독교식 매장이 허락되지 않았다.

모드의 이야기는 이렇다. 모드는 벌거벗은 채 누워 있는 모습으로 강에서 발견되었다. 손수 자은 털실을 평소처럼 소읍에 배달하고 돌아오는 길에 강에 빠진 듯 보였다. 모드 삼촌의 시신도 발견되었는데 가슴에 치명적인 화살 상처가 있었다. 두 죽음 모두 설명할 길이 없었지만 모드는 스스로 물에 빠져 죽었다고 여겨졌다. 슬픔을 달랠 길 없던 모드의 어머니는 딸의 무덤가에 몇 시간씩 앉아 있곤 했다. 그곳에서 어린 느릅나무가 싹을 틔웠다. 스윈던의 대지주는 그 모습에 진저리를 치며 모드의 어머니를 다른 곳으로 끌고 가려 했다. 그가 이 가여운 여인을 거칠게 다루는 동안 부하 한 사람이 화살에 맞았다. 모드의 어머니는 마법을 썼다는 이유로 재판을 받았는데, 딸의 무덤가에서 화형시키라는 판결이 내려졌다. 뒤이어 끔찍한 사건이 일어난다. 모드의 어머니는 모드의 느릅나무에 묶였고 장작이 그녀를 에워쌌다. 장작더미에 불이 붙자 지주가 다가와 그녀를 조롱했다. 그때 어디에선가 화살이 날아와 그를 맞혔고, 그는 불 위로 쓰러졌다.

이 기이하고 복잡한 사건은 여러 해가 지난 뒤 보웰 모녀가 살던 오두막에 한 남자가 도착하면서 진실이 밝혀진다. 그는 자신이 지주와 그의 부하, 모드의 삼촌을 죽였노라고 자백했다. 그는 모드와 사랑하는 사이였는데 모드가 지주와 삼촌에게 강간당하는 것을 목격했던 것이다. 이 이야기가 조금이라도 사실인지 아닌지는 모르겠으나, 모드의 느릅나무는 화형의 불길을 견뎌내고 몇 백 년 동안 잘 자라서 권력자들의 손에 부당하게 고통받는 사람들의 상징이 되었다. 이 거대한 나무는 폭력의 장소를 표시하기도 하지만, 묘비 없는 무덤 위에 살아 있는 웅장한 기념비로 서서 사회에 의해 버려진 자들의 이름을 기억하고 있다.

느릅나무는 종종 첫눈에 보이는 것 이상을 뜻하기도 한다. 워즈워스의 감동적인 시 〈폐허가 된 오두막The Ruined Cottage〉에서 한 무리의 우뚝 선 느릅나무들은 같은 원뿌리에서 자라난 나무였다. 이들은 버림과 절망, 죽음이라는 인간의 이야기 속에서 생명과 공동체의 모티프로 거듭 등장한다. 건강한 느릅나무들은 낡은 오두막 위로 불길한 그림자를 드리우며, 오래전 마지막으로 그곳에서 살다 죽은 사람들을 알고 사랑했던 이들에게 말을 거는 신비로운 존재로 그려진다. 이 느릅나무들의 의미를 완전히 이해하기는 힘들다. 한때는 가족이 사는 집의 표지이자 나그네들의 만남의 장소였지만 이제는 아마 기념비로서, 어쩌면 자연의 '고요하고 무감한 성향'을 떠올리게 하는 존재로서 서 있는지 모른다. 〈폐허가 된 오두막〉은 지혜로운 늙은 남자와 젊은 나그네의 대화로 이루어져 있는데, 거대한 느릅나무 한 그루가 두 사람 위로 우뚝 서서 그들을 보호하고 그늘을 드리우고 있다.

매슈 아널드가 친구이자 동료 시인 아서 휴 클러프를 위해 쓴 비가에서는 '서쪽을 등지고 선 / 빛나는 느릅나무 한 그루'가 애도 과정에서 중요한 역할을 한다. 친구를 잃은 화자가 젊은 시절 황홀했던 우정의 나날을 기억하려 애쓸 때 느릅나무 밑에서 했던 맹세가 떠오른다.

> 나무가 서 있는 동안, 우리는 말했지.
> 우리 친구, 방랑학자는 죽지 않아.
> 나무가 살아 있는 동안 이 들판에서 그는 계속 살 거야.

아널드와 클러프가 발견하기 오래전부터 늙은 느릅나무는 그곳에 있었고, 그들이 떠난 뒤에도 오랫동안 계속 번성할 것이다. 그렇게 느릅나무는 두 사람이 공유한 이상 세계로 구현된 가치의 수호자처럼 보였다. 경제적 요구나 시장 세력, 더 파괴적인 근대성으로 오염되지 않은 세상 말이다. 슬픔에 빠진 아널드는 쓰라린 외로움에도 그 느릅나무를 다시 방문하면서 위안을 찾는다.

> 절망하지 않으리, 나는 여전히 볼 수 있으니
> 온화한 영국의 대기 아래
> 서쪽 하늘을 등지고 선, 저 외로운 나무를.

그럼에도 외로운 나무의 모습과 서쪽 하늘의 저녁 색조를 표현한 구절은 그가 받은 위로에 대한 의혹을 암시한다. 아널드는 위로를 구하며 나무에 의지했지만 나무의 모습에는 표현되지 않은 연약함과 어두워지는 시야를 암시하는 무언가가 있다.

이제 느릅나무는 두말할 나위 없이 상실을 의미하는 형상이 되었다. 에든버러의 왕립식물원에는 느릅나무 유물을 둥그렇게 에워싼 또 다른 담장이 있다. 아이올로스의 정자Aeolian Pavilion라 불리는 이곳은 느릅나무를 기리는 기념비다. 이곳에는 스토니 스트랫퍼드의 작은 명판이 아니라 더 눈에 띄는 기념물이 있다. 2003년 네덜란드 느릅나무병으로 끝내 쓰러진, 늙은 위치 느릅나무로 만든 커다란 켈틱 하프다. 나무는 사라지고 정원은 비었지만 바람이 오시안●의 하프 줄을 튕기며 애처로운 진혼곡을 연주한다.

느릅나무의 전통적 의미가 결국 나무의 운명과 그리 어긋나지 않았음을 생각하면 마음이 뭉클해진다. 느릅나무는 수백 년 동안 그 가지 아래 펼쳐지는 인간의 삶과 죽음을 관장했고 가끔은 뜻밖의 역할을 맡기도 했다. 느릅나무 목재는 사람들이 마지막 안식처로 향하는 길에 동행했고, 그들의 축축한 무덤에 함께 묻혔다. 그러나 결국 느릅나무 자신도 쓰러졌다.

바이런은 해로스쿨에 다닐 때 무덤가의 늙은 느릅나무 밑에 앉아 시간의 흐름과 기쁨의 덧없음을 생각하며 시간을 보내곤 했다.

●   Ossian. 고대 켈트 신화에 등장하는 전설적인 음유 시인이자 전사.

이 우울한 장소에서 영감을 받아 쓴 구슬픈 시에서 그는 느릅나무의 늘어진 가지가 이렇게 속삭인다고 상상한다. '할 수 있을 때 오래도록 마지막 작별 인사를 하라'. 이 구절을 쓸 때 바이런은 지나가버린 자신의 어린 시절을 아쉬워하고 있었다. 그리고 고작 몇 년이 흐른 뒤 그의 딸 알레그라가 다섯 살의 나이로 세상을 떠나 해로 묘지에, 바로 아버지가 좋아했던 느릅나무 아래에 묻혔다. 그렇게 해서 바이런이 청년기에 쓴 우울한 시에 훨씬 더 깊고, 더 구체적인 슬픔이 더해졌다. 지금은 이 거대한 느릅나무도 다른 많은 느릅나무 친척들처럼 사라져버려 바이런의 시는 어린 시절에 대한 그리움뿐 아니라 미래에 대한 예언이 담긴 시가 되었다. 소년 바이런이 좋아했던 나무의 속삭임은 이제 영국 느릅나무의 묘비명이 되고 말았다.

버드나무
Willow

창백한 가운데 잎맥을 중심으로 나뉜, 길고 우아한 버드나무 잎은 끝이 살짝 위로 들린 모습이 모나리자의 미소와 조금 닮았다. 다 자란 버드나무는 살짝 웃는 환한 입술 무리다. 산들바람이 불 때마다 소곤소곤 중얼거리며 아주 약한 바람에도 속삭이고, 바람이 잠잠할 때도 가볍게 흔들린다. 바람이 세져 흐트러진 잔가지 사이로 번지면 입술들이 웃고 떠들기 시작한다. 가을이면 더 가늘어지고 갈색으로 물들긴 해도 여전히 마지막 불협화음의 합창을 바스락거리며 미친 듯 나뭇가지를 두드리다가 거센 바람에 휩쓸려간다.

조심스럽게 새싹을 틔울 때부터 마지막으로 서리에 꺾일 때까지 버드나무 잔가지는 끊임없이 움직이며 소리로 대기를 가득 채운다. 버드나무는 무어라 말하는 걸까?

어쩌면 우리는 낮은 한숨이나 달랠 길 없는 흐느낌을 듣게 될지 모른다. 오랫동안 버드나무는 상실의 나무로 알려졌다. 포로로 끌려가던 이스라엘인들이 바빌론 강변 버드나무의 늘어진 가지에 하프를 매달았던 때부터 그러했다.

포크록이 유행하던 1970년대 해리 닐슨은 청중에게 버드나무의 울부짖음을 들으라●고 호소했고, 스틸아이 스팬●●은 버드나무 가지를 꽂은 모자와 머나먼 곳에 있는 진정한 사랑을 읊은 노래를 잊을 수 없는 리듬으로 레코드 세대의 마음에 각인시켰다. 시편에서 1970년대에 이르기까지 버림받은 연인과 실연으로 마음 아픈 이들의 애처로운 행렬이 이어진다. 오래된 민요부터 재즈 고전에 이르기까지 버드나무의 노래는 슬프다.

셰익스피어는 버드나무의 우울한 이미지를 강화하는 데 크게 기여했다. 《베니스의 상인》의 로렌조는 아이네아스가 배를 타고 멀어져갈 때 디도가 버드나무 가지 하나만 쥐고 있었다고 상상한다. 《햄릿》의 거트루드 왕비는 버드나무가 비스듬하게 서 있는 개울 아래 물속 무덤으로 오필리아가 미끄러져 들어가는 슬픈 모습을 묘사했다. 무엇보다 가장 마음이 아픈 것은 데스데모나가 살해되는 날 밤 불렀던 '푸른 버드나무' 노래다. W. B. 예이츠에게 사랑을 잃

●　　해리 닐슨이 부른 〈버드나무의 울부짖음Wailing of the Willow〉의 첫 구절.
●●　Steeleye Span. 1969년 결성된 영국의 포크록 밴드로, 〈내 모자에 온통All Around My Hat〉이라는 노래에 멀리 있는 진정한 사랑을 위해 모자에 버드나무 가지를 꽂겠다는 구절이 있다.

는 것은 여자들만이 아니다. 〈버드나무 정원으로Down by the Salley Gardens〉*에서 버드나무는 다시 한번 밀회와 비탄의 장소가 된다(버드나무는 샐리salley, 샐리sally, 샐로sallow라는 다른 이름으로도 불리며 아일랜드어로는 살러흐saileach라 불린다. 이 모두가 라틴어 학명인 '살릭스Salix'와 밀접한 관련이 있다). 이처럼 부드러운 노래에서 버드나무의 흔들리는 연한 잔가지는 사랑이 훌쩍 떠나가기 전 달콤한 비밀을 속삭이는 것처럼 보인다.

사람들 사이에서 오랫동안 전해 내려온 가슴 아픈 '버드나무' 노래는 결국 길버트와 설리번**의 손에 패러디되었다. 길버트와 설리번은 강변에 자리한 평범한 버드나무에 올라앉아 "윌로, 티틀로, 티틀로"라고 지저귀는 작은 새를 등장시켰다. 이 후렴이 워낙 애처로워서 가만히 듣고 있던 코코***가 이렇게 묻는다. "작은 새야, 지성이 부족한 탓이냐? / 아니면 네 조그만 몸 안에 큰 벌레가 있는 탓이냐?" 대답은 물론 "윌로, 티틀로, 티틀로"였다. 이것은 청혼을 거절당한 코코가 '흐느끼고' '한숨 쉬다가' '굽이치는 파도'에 몸을 던져버린 작은 새의 이야기를 빌려 상대에게 죄책감을 느끼게 하려는 의도로 가볍게 부른 노래다. 또 사랑 때문에 절망한 사람들과 구애자를 극

---

* 예이츠가 1889년 발표한 《오신의 방랑 외 시편들The Wanderings of Oisin and Other Poems》에 들어 있던 시로, 이후 여러 음악가가 곡을 붙여 노래로 불렀다.

** 19세기 영국에서 활동한 풍자적 뮤지컬의 공동 창작자들로, 윌리엄 길버트가 대본을 쓰고 아서 설리번이 곡을 붙였다. 대표작으로 〈펜잔스의 해적〉〈미카도〉 등이 있다.

*** Ko-Ko. 길버트와 설리반이 공동 창작한 오페라 〈미카도〉의 등장인물.

단적 선택으로 몰고 갈 냉혹한 심장을 지닌 사람들에게 충고하는 이야기다.

버드나무는 무너진 애정과 자살에 이르게 하는 절망을 상징하는 나무다. 버드나무는 어딘지 모르게 모든 사람을 울고 싶게 만드는 속성이 있는 듯하다. 가지가 엄청나게 축 늘어지고 끄트머리가 촉촉한 나무이다보니 그렇게 여겨지는 게 당연해 보인다. 그러나 이처럼 간단하게 결론을 내리기는 곤란하다. 버드나무에 관한 민요 가운데 많은 노래가 수양버들weeping willow이 영국에 들어오기 오래전부터 널리 퍼져 있었기 때문이다. 요즘 어디에서나 보이는 수양버들은 셰익스피어나 옛 버드나무 민요를 부르던 사람들에게는 전혀 익숙하지 않은 나무다. 그러니 오필리아가 길게 나부끼는 버드나무 가지 아래로 떠내려갔다는 상상은 무척 아름답기는 하나 역사와는 분명 어긋난다.

수양버들, 곧 살릭스 바빌로니카*Salix babylonica*(린네가 그 유명한 성경의 버드나무를 기념해 이렇게 이름 붙였지만, 실제로는 중국에서 유래했다)는 18세기까지만 해도 영국에 발을 들이지 못했다. 전해 내려오는 이야기에 따르면 영국에 수양버들을 퍼트린 사람은 시인이자 열정적인 정원 애호가인 알렉산더 포프●였다.

●　Alexander Pope. 18세기 영국의 신고전주의를 대표하는 시인으로, 런던 교외 트위크넘 저택에 아름다운 정원을 조성했다. 영국식 풍경 정원에 영향을 미친 인물이다.

포프의 집은 트위크넘Twickenham에 있었는데, 서퍽 백작부인 헨리에타 하워드가 그의 이웃이었다. 하워드 부인이 사는 템스 강변의 팔라디오풍 저택은 그녀의 정부 조지 2세가 지어준 집이었다. 어느 날 하워드 부인은 터키산 무화과를 선물로 받았다. 포프는 그 선물 포장을 눈여겨보다가 그녀에게 무화과가 담긴 이국적인 바구니의 잔가지 하나를 달라고 부탁했다. 그는 하워드 부인의 저택에서 조금 떨어져 있는 자신의 강변 저택 정원에 이 잔가지를 심었고, 거기에서 근사한 수양버들이 자랐다고 한다. 만약 포프가 진짜로 템스 강변에 수양버들을 심었다면 집주인 토머스 버넌에게서 가지를 얻었을 가능성이 훨씬 더 크다. 버넌은 레반트 지역[•]을 상대로 수익성 좋은 교역을 해서 재산을 모은 사람으로, 식물에 관심이 많았다. 아마도 그래서 매혹적이고 아름다운 나무를 수입했을지도 모른다.

포프는 수양버들이 영국에 뿌리 내리는 데 힘을 쓰기는 했다. 죽기 직전에 버드나무 가지를 배스에 있는 친구들에게 더러 보내기도 했으나, 버드나무 문화에 대한 진정한 공헌은 그의 사후에 의도치 않게 이루어졌다. 그가 죽은 뒤 회화와 소묘로 묘사된 그의 비탈진 강변 정원에 우아하게 서 있곤 했던 '포프의 버드나무'는 사실상 낭만적 고안물이었다. 이 수양버들은 1807년 포프의 집이 철거될 때

[•]   Levant. 그리스와 이집트 사이에 있는 동지중해 연안 지역을 이르는 말로 팔레스타인, 이스라엘, 시리아, 요르단, 레바논 등을 포함한다.

잘려나갔고, 그의 유명한 작은 지하 동굴 입구에 밑동만 남았다. 결국 포프의 버드나무는 작고 자질구레한 나무 장신구와 장식품으로 만들어져 시 애호가들에게 '성 십자가'* 조각처럼 숭배되었다. 템스와 템스 강 투어 안내서들은 영국의 신성한 문학적 장소 가운데 하나가 파괴된 것을 여러 해 동안 애도했고, 포프의 버드나무는 상실의 상징으로 자리 잡았다. 결코 감상적이지 않았던 시인을 위한 감상적인 기억으로 말이다.

18세기 말 무렵, 가지를 축 늘어뜨린 버드나무 특유의 형상이 영국에 널리 퍼졌다. 파란색과 흰색으로 버드나무 문양을 그린 다기 세트와 식기류 세트가 곳곳에서 인기를 얻은 탓이 적지 않았다. 요즘에도 여전히 울타리로 에워싼 중국식 호반 정원에 탑이 서 있고 배경에는 나룻배가 있으며, 탁 트인 하얀 하늘을 가로질러 한 쌍의 새가 날아가는 모습으로 디자인된 제품이 나온다. 우리는 알게 모르게 수프나 스테이크, 샐러드 아래에 있는 버드나무의 메시지를 듣고 있는 셈이다.

접시들은 폭군 같은 아버지와 지독한 앙심을 품은 귀족 구애자 때문에 사랑을 이루지 못한 동양의 젊은 연인 이야기를 묘사하고 있다. 고관대작의 딸이 아버지가 고른 부유하고 권력 있고 장래가 촉

---

* True Cross. 그리스도교의 성물로, 예수가 못 박혔던 실제 십자가라고 알려져 있다. 콘스탄티누스 대제의 어머니 성 헬레나가 성 십자가의 환영을 보고 발견했다는 전설이 있으며, 많은 교회에서 이 십자가의 조각들을 성물로 보관하고 있다.

망되는 남편감을 거부하고, 결혼식 바로 전날 버드나무 꽃이 막 떨어지려 할 때 사회적 지위가 그다지 높지 않은 연인과 함께 멀리 달아난다. 젊은 커플은 궁전에서 달아나 다리를 건너 비밀의 섬으로 가서 더없이 행복한 시간을 보낸다. 그러나 청혼을 거절당한 귀족이 그들의 사랑을 훼방놓았다. 그는 연인의 피난처를 알아내고 병사들을 보낸다. 젊은 커플은 죽은 뒤 잉꼬새의 형상으로 이승을 초월한다. 도자기 문양 한가운데에 있는, 궁전 정원과 다리와 나룻배 위에 우뚝 솟아 있는 것은 나긋나긋한 버드나무다. 버드나무는 밝은 푸른 잎을 들어 떠나는 연인에게 손을 흔든다.

동양적인 모든 것을 좋아했던 당대의 유행과 잘 맞는 이야기이긴 하지만 완전히 영국에서 고안된 이야기인 듯하다. 독창적인 도예 작가 토머스 민튼은 고객들에게 중국이 무엇을 뜻하는지, 무엇이 팔릴지 예리하게 간파하고 있었다. 버드나무 문양 도자기는 초기 마케팅의 성공 신화이며 편견과 낭만적 이야기가 어떻게 상업적 목적으로 주도면밀하게 이용될 수 있는지를 보여준다.

청화백자풍 접시의 엄청난 인기 덕에 수양버들은 사랑과 상실의 슬픈 이야기와 더욱 강하게 연결되었다. 중국풍 색채와 탑과 중국의 작은 돛단배라는 소품에서 분명하게 드러나듯 수양버들은 18세기 영국에서 이국적인 동양의 나무로 널리 인식되었다. 새로 도착한 '수양버들'은 버드나무와 애도를 연결하는 영국의 전통에 완벽히 접목될 줄기를 제공했다. 동양에서 도착한 이 새로운 품종과 더불어 버드나무가 흐느끼는 것처럼 보인다는 오랜 생각이 물리적 실체로 구현되었다.

민요에 등장하는 버드나무는 이런저런 토착종 버드나무였을 것이다. 이를테면 서양흰버들white willow이나 무른버들crack willow, 호랑버들goat willow, 회색버들grey willow, 반짝버들bay willow, 고리버들common osier이었을 것이다. 모두 영국에서 여러 세기 동안 번성한 나무들이지만 그 어느 품종도 눈물을 흘리지는 않는다. 사실 많은 버드나무는 숱 많은 머리에서 발랄한 가지들이 삐져나오고 하늘을 배경으로 잔가지들이 물보라처럼 퍼지는 모습이 오히려 더벅머리 페터*를 닮았다.

어떤 사람을 두고 '버들 같다willowy'고 묘사하면 대개 밝고 젊고 체구가 가늘고 호리호리하다는 느낌을 주지만, 버드나무는 대개 중년에 이르면 복부 비만에 걸리기가 너무나 쉽다. 사실 버드나무는 워낙 빨리 자라서 나이 든 나무는 엄청난 무게를 견디지 못하고 몸통이 둘로 찢어질 위험이 있다. 무른버들 *Salix fragilis*은 속칭대로 가운데로 요란하게 쪼개진다. 예상치 못했던 여름 폭풍 때문에 몸통이 굵은 노목이 도끼로 잘 조준해서 쪼갠 땔감처럼 쩍 갈라지기도 한다. 다 자란 나무들이 자칫 목숨을 앗아갈 수도 있는 풍요로운 잎사

●   Struwwelpeter. 독일의 정신과 의사 하인리히 호프만이 1847년 출판한 어린이 그림책. 손톱과 머리 깎기를 싫어하는 더벅머리 소년 페터를 주인공으로 등장시켜 생활예절 등의 교훈을 전한다.

귀 지붕 아래에서 힘을 쓰는 모습은 마치 삶 전체가 기나긴 힘 자랑 대회인 것처럼 보인다. 우리 집 정원에 있는 늙고 살찐 버드나무는 바람이 거세지기 시작하면 몸을 비틀며 으르렁댄다. 마치 그렇게 삐걱거리다가 언제든 쩍 하고 쪼개질 수 있다는 사실을 우리에게 상기시켜주려는 듯이.

윗부분 가지치기를 자주 해주면 문제가 줄어든다. 가지를 잘라주면 나무 윗부분의 무게를 덜 수 있다. 이 전통적인 가지치기 방법을 써서 홀쭉한 연두색 막대를 정기적으로 얻을 수 있다. 이런 막대는 울타리를 두르거나 정원을 장식할 때 쓰거나 잘라서 땔감으로 쓸수 있다. 가지치기를 한 버드나무들은 갑자기 대머리가 된 자기 모습에 깜짝 놀라고 꽤 당황한 듯 보인다. 그렇게 벌거벗은 몸통이 언제 다시 위엄을 찾을 수 있을까 싶다. 그러나 억제할 수 없는 가지들이 다시 돋아나 예전보다 더 굵고 싱싱하게 자란다. 지금까지 가장 인기 있는 어린이 책을 뽑는 여론조사에서 종종 1위를 차지하는《버드나무에 부는 바람The Wind in the Willows》에서 E. H. 셰퍼드의 삽화에 등장하는 버드나무가 바로 이런 나무들이다.

버드나무는 놀라운 생명력을 지닌 탓에 잔가지와 새순을 줄기에서 거칠게 잘라내도 대개 태연하다. 굵든 가늘든 버드나무 꺾꽂이용 가지는 생존력을 타고났다. 촉촉한 땅에 꽂아두면 보통 싱싱한 초록 싹이 나서 몇 달 안에 작은 막대기가 어린 나무로 자란다. 버드나무는 번식시키기 가장 쉬운 나무다. 나폴레옹 버드나무의 후손이라는 나무들이 19세기에 유럽 도처에서 발견될 수 있었던 이유다. 그들은 분명 세인트헬레나 섬의 나폴레옹 무덤가에 우뚝 솟은 버드나무의 작은 가지로부터 나왔을 것이다. 요즘에는 버들가지로 종종 오벨리스크와 퍼걸러*, 아치, 위그왬**을 만드는데 벌거벗은 갈색 해골 같던 뼈대가 연초록 이파리의 두터운 모피 아래로 금방 사라진다. 어린 버들가지로 엮은 나무 그늘은 여름이 두 번 지나는 사이에 벌거벗은 격자 골조에서 호젓한 초록 휴식처로 변신한다.

로마인들이 포도덩굴을 받치는 데 썼던 버드나무 막대는 장미와 인동, 심지어 말을 잘 듣지 않는 피라칸타***까지 훌륭하게 잘 지탱한다. 버드나무 막대 덕택에 정원사들은 지극히 생기 없는 땅을 초록색의 곧추선 형상과 형태들이 무리 지어 우거진 곳으로 만들 수 있다. 여름 내내 잎이 우거지며 꽃을 피우는 덩굴식물이 가득한 곳이 탄생한다. 튼튼한 버들가지를 신중하게 엮으면 철사 없이도 덩굴장미를 원하는 모양으로 키울 수 있다. 이토록 활기 넘치는 나무가 왜 상심과 연결되는 걸까? 잘 알려진 성경의 이미지에도 불구하고 수수께끼다(성경의 이미지도 알고 보니 완전히 오해였음이 드러났다. 시편 137편에 등장하는 버드나무는 이제 유프라테스 포플러로 여겨진다).

버드나무를 구분하는 일은 늘 어렵다. 다양한 종류가 빠른 속도

---

*　　　　pergola. 덩굴식물이 타고 올라가도록 만든 구조물.
**　　　wigwam. 과거 아메리카 원주민이 사용하던 원형 천막 또는 그 형태를 본뜬 구조물.
***　　pyracantha. 장미과 식물로, 흰색 꽃과 붉은색의 둥근 열매를 가졌다.

로 번식하는 데다 서로 공유한 특징이 많은 까닭이다. 버드나무의
밝은 레몬색 노란 꽃차례는 곤충들을 일찌감치 초대하는 한편, 가루
같은 씨앗은 가벼운 봄바람에도 곳곳으로 날아간다. 버드나무는 타
고난 바람둥이다. 타가수분을 끊임없이 하며 수많은 잡종을 낳는다.
세계 곳곳에 450종쯤 되는 품종이 퍼져 있으며, 지금도 여전히 식물
학자들이 새로운 품종을 추가하고 있다. 영국에서만도 버드나무는
놀라울 정도로 다양하다. 특히 온갖 갯버들과 고리버들까지 포함하
면 더욱 그렇다.

서머싯 평원Somerset Levels에서는 버드나무가 여전히 상업적으
로 재배되고 있다. 그곳에서 버드나무는 항상 지역 경제의 주요 부
분이었다. 바구니를 만드는 데 가장 좋은 버드나무는 고리버들로 알
려진 짧고 뭉툭한 종류다. 고리버들 줄기는 세공품을 만들기 위해
구부려도 쪼개지거나 부러지지 않을 정도의 강도와 유연성을 지녔
다. 고리버들은 검은색 선버들이나 붉은색 버들, 갈색 버들, 따뜻한
여름빛의 황금버들까지 상당히 다양한 색상으로 자란다. 색상이 선
명해서 토탄에 가까운 갈색과 자주색부터 오렌지색과 금색, 녹이
슨 듯한 붉은색에 이르기까지 각양각색의 자연 색상으로 바구니를
엮을 수 있다. 또한 말려서 갈색을 내거나 끓여서 담황색으로 만들
거나, 껍질을 벗겨서 안에 있는 희고 환한 목재를 드러내기도 한다.
바구니 하면 우리는 대개 반짇고리나 장바구니를 떠올리지만, 최근
들어 창작 재료로서 버드나무의 가능성이 널리 알려지기 시작했다.

다양한 품종이 자연 조각을 위해 재생 가능한 색상을 제공하기 때문이다.

검은색 선버들, 곧 살릭스 트리안드라*Salix triandra*는 새천년이 시작되는 해에 거대한 '버드나무 인간Willow Man'을 만드는 재료로서 조각가 세레나 드 라 헤이*에게 선택되었다. 성큼성큼 걸어가는 거인 같은, 그녀의 거대한 조형물은 서머싯에 우뚝 서서 지역의 전통 산업을 찬양하고 있다. 브리지워터의 M5 고속도로 곁에 팔을 쭉 내민 극적인 형상으로 서 있는 서부의 '버드나무 인간'은 앤서니 곰리가 만든 〈북쪽의 천사Angel of the North〉**에 대한 서부 지역의 응답인 셈이다.

버드나무 인간은 제막식을 한 지 1년도 채 안 되어 방화범의 손에 불타고 말았다. 이 '버드나무 인간'이 버드나무로 만든 거대한 형상에 죄인들을 가두어 희생제의에서 산 채로 태우던, 전설적인 드루이드 의식에 쓰인 위커 맨Wicker Man의 어두운 기억을 떠올리게 했을까? 고대의 이 끔찍한 형상은 아마 영국 제도를 침략할 만한 이유가 필요했던 율리우스 카이사르의 창작물일 것이다. 위커 맨은 여러 세기 동안 상상 속에서 살아남았고, 영화 〈위커 맨〉에서 강렬한 인상을 남기는 형상으로 그려졌다. 어쩌면 방화범은 무방비 상태의 거

• Serena de la Hey. 케냐 태생의 영국 조각가.
•• 잉글랜드 북부의 게이츠헤드에 설치된 높이 20미터, 너비 52미터에 달하는 거대한 강철 천사상. 쇠락하던 탄광도시 게이츠헤드 재생사업의 일부로 추진된 공공미술 프로젝트로 탄생했다.

버드나무

294

인을 보고 불을 확 지르고 싶은 충동을 느꼈는지도 모른다. 아니면 먼 곳에서도 눈길을 끌 만한 봉화를 불붙이는 흥분을 느껴보고 싶었는지도 모른다. 방화범의 동기가 무엇이든 '버드나무 인간'은 끈기 있게 다시 만들어졌고 주위에 거대한 해자를 둘러 보호되었다. 그 뒤로 버드나무 인간은 둥지를 지을 잔가지를 쉽게 얻으려는 지역의 새들과 씨름해야만 했다.

버드나무 조각의 발상지인 서부 지역의 평평한 습지에서는 지역 축제가 정기적으로 열려 지역의 재배자를 격려하고, 다른 사람들에게는 버드나무 세공품을 직접 엮어볼 기회를 제공한다. 세계적으로 널리 알려진 버드나무 조각가 에마 스토터드도 서머싯 평원에서 기술을 배웠다. 이제 그는 뒤틀린 거대한 버드나무 타래를 이용해 실물 크기의 말과 황소, 사슴, 토끼, 심지어 한 무리의 개들도 창조해낸다. 채스워스 하우스에서는 로라 엘런 베이컨이 고리버들을 엮어 만든 기이한 유기적 형태가 정원 과수원을 이리저리 비틀리며 들락거린다. 버드나무 목재를 태워 나온 목탄이 예술가들에게 최고로 좋은 목탄이므로, 이런 조형물은 스케치 단계에서부터 버드나무의 덕을 볼 때가 많다.

율리우스 카이사르는 버드나무의 다양한 용도에 깜짝 놀랐다. 특히 작은 타원형 배를 만드는 재료로 쓸 수 있다는 점에 감탄했다. 버드나무로 만든 배에 동물 가죽을 씌우면 물이 스미지 않는다. 이 단순한 배는 어깨에 둘러메고 땅을 건널 수 있을 만큼 가벼워서 수

류양용 자동차의 원형이라 할 수 있다. 로마의 백인대장*들은 귀갑진, 곧 거북이 진형을 형성할 수 있었지만 딱정벌레 같은 브리튼인들에게도 그들만의 전술이 있었다. 그 뒤에도 코러클**부터 마차까지, 열기구 바구니부터 글라이더와 유모차, 노약자용 휠체어에 이르기까지 바구니 세공품은 사회가 합리적인 이동방식이라 여기는 무엇에든 순응했다.

버드나무는 과일과 채소, 리넨 제품과 장작, 빵과 자전거를 보관하는 튼튼한 상자를 만들 만큼 강하다. 버드나무의 다양한 품종이서로 다른 짐의 무게를 버텨내기 때문이다. 고리버들 세공품으로 만든 의자와 리넨 보관함, 소파, 행잉체어, 선반, 흔들의자, 커피탁자, 카펫먼지떨이는 저마다 가정에서 쓰임새가 있다. 생태에 신경을 쓰는 사람이라면 이제 버드나무 관도 주문할 수 있다. 비닐 쇼핑백에 환경세가 붙기 때문에 전통적인 장바구니(파손되기 쉬운 물품을 완벽히 보호하도록 고안된)가 곧 되돌아올 듯하다. 무성한 버드나무 울타리는 분주한 도로를 따라 늘어선 살아 있는 장막으로서 지나가는 트럭의 소음을 줄여주고, 아이들을 차로부터 보호해줄 수 있다. 그보다 가벼운 버드나무 허들***은 마음대로 위치를 옮길 수 있고 바람이 잘통하는 안식처를 정원에 만들 수 있다. 다루기도 쉽고 강풍에 쉬이

- ●   고대 로마 군대에서 100명으로 구성된 부대를 거느리던 지휘관.
- ●●   coracle. 버드나무 가지를 엮어 바구니 모양으로 만든 다음 가죽을 두른 배.
- ●●●   hurdle. 나뭇가지를 엮어 만든 얕은 울타리나 이동식 칸막이.

쓰러지지도 않는다.

버드나무는 불에 잘 타므로 요즘에는 바이오매스로 개발되고 있다. 스칸디나비아에서 버드나무 칩은 가정용 난방 원료로, 심지어 공장에서는 석유를 대체하는 친환경 연료로 이미 사용되고 있다. 버드나무는 꽤 빠른 속도로 쑥쑥 자라기 때문에 재생 가능한 연료로 적절하다. 그리고 자라나는 버드나무는 이산화탄소를 계속 흡수하므로 버드나무를 많이 심으면 연료가 탈 때 나오는 탄소를 상쇄할 수 있다. 영국에서 버드나무는 더 근사한 형태로 환경에 중요한 일을 한다. 고리버들은 더러운 물에 담갔을 때 중금속을 흡수할 수 있으므로 폐기된 산업 부지를 재생할 때 종종 쓰인다. 최근 큰 홍수에서도 버드나무는 갑작스러운 범람을 막는 방어물 역할을 톡톡히 해냈다. 버드나무의 긴 뿌리는 습한 토양에서 잘 번성하며, 물을 흡수하고 정화하는 한편 강둑을 튼튼하게 한다.

버드나무 목재는 사람들을 지탱하는 데도 도움이 된다. 버드나무 목재는 가볍고 질감이 매끈해서 팔, 다리 절단 수술을 받은 사람을 위한 의수나 의족을 만드는 데 적절하다. 제1차 세계대전 기간에 로햄턴 병원을 찍은 사진을 보면 인공사지를 긴급히 공급하기 위해 커다란 버드나무 토막을 세공하는 장면이 있다.

불에 잘 타는 특성에도 불구하고 버드나무는 오래전부터 열병 치료에 쓰였다. 소화불량과 장내가스로 고생하는 사람들은 버드나무 숯을 가까이 하면 좋다(개 비스킷 봉지에 들어 있는 암회색 비스킷●은 개를 키우는 집에서 가까이하면 좋다). 오랫동안 버드나무 껍질은 염좌부터 설사에 이르기까지 온갖 질병 치료에 효능이 있다고 여겨졌는데, 거기에는 타당한 근거가 있었다. 버드나무 껍질에는 아스피린 활성성분 살리신이 들어 있다. 버드나무의 진통과 해열 효능은 부드러운 겉모습과 잘 어울리는 특징이다. 버드나무의 연약한 이파리가 색이 바라기 시작하는 모습을 보기만 해도 길고 나른했던 여름과 느긋하

●　　소화를 돕기 위해 버드나무 숯이나 활성탄을 섞은 비스킷.

게 흐르는 시냇가의 소풍 기억이 떠오르면서 불안이 사라지고 마음의 격랑이 가라앉는다.

많은 사람(유명하게는 존 메이저 경)에게 버드나무라는 이름은 '크리켓 공을 탁 치는 소리'를 연상시키며 애프터눈 티, 영국다움과 같은 말이다. 다들 아는 대로 버드나무는 크리켓 방망이 원료로 쓰인다. 서양흰버들의 새로운 품종인 살릭스 알바 카에룰레아*Salix alba caerulea*가 서펴에서 발견된 1780년대부터 쭉 그러했다. 유난히 빨리 크는 이 품종에게 이스트 앵글리아 지역의 비옥하고 습한 토양은 최상의 환경이다. 서양흰버들은 강과 개천의 물을 먹고 커서 남달리 탄력 있고, 결이 넓은 목재를 제공한다. 특히 크리켓 방망이 생산을 위해 이 나무를 키울 때는 몸통을 따라 지저분한 싹이 자라는 것을 막기 위해 신중하게 다듬는다. 15년쯤 지나 나무가 18미터 높이에 달하면 언제라도 벌목되어, 처음에는 기다란 통나무로 잘린 다음 방망이 크기 정도의 토막으로 잘릴 수 있다. 무른 나무가 완전히 마르려면 1년이 걸리지만, 일단 습기가 완전히 증발하면 목재를 압축해서 세상에서 가장 빠른 투수의 공도 견뎌낼 만큼 강한 방망이를 만들 수 있다. 크리켓 버드나무는 원산지 영국에서 가장 잘 자라므로 호주와 파키스탄, 인도, 서인도 제도의 크리켓 타자들 모두 국제경기에서 영국산 방망이를 써야 한다. 한마디 덧붙이면 크리켓 방망이를 만들 때는 암컷 버드나무에서 나온 목재만 쓴다.

버드나무는 천성적으로 물을 좋아하는 특성 때문에 매우 다양한 분야에서 꼭 필요한 역할을 한다. 가뭄이 들었을 때 수맥을 찾는 사람들은 전통적으로 Y자 모양의 버드나무 가지를 잡고 서성거린다. 그러다보면 마침내 갈라진 가지가 비틀리면서 아래로 향해 지하 수맥을 가리킨다. J. K. 롤링은 해리 포터 시리즈에서 몇몇 마법 지팡이가 버드나무로 만들어졌다고 구체적으로 언급했다. 이것을 보면 마법을 숭배하는 이교에서 버드나무를 중요시했음을 틀림없이 알고 있었던 것 같다. 버드나무의 마법은 해리 포터 시리즈에서 인상적으로 묘사되지만, 그중에서 가장 잊을 수 없는 이미지는 '되받아치는 버드나무Whomping Willow'가 몸부림치는 모습이다. 이 나무는 특히 보름달이 뜨는 밤에 활발하게 움직여서 루핀 교수가 늑대인간으로 변신하는 모습이 다른 사람 눈에 띄지 않도록 해준다. 해리와 친구들이 이 커다란 버드나무를 우연히 알게 된 것은 하늘을 나는 자동차가 거대한 나뭇가지에 붙들렸을 때였다. 이 사건은 겉보기에 부드럽고 나긋나긋한 버드나무의 또 다른 측면인 무시무시함을 잘 드러낸다. 이 되받아치는 버드나무의 직계 조상이《반지의 제왕》3부작에 등장하는 늙은 버드나무Old Man Willow다.

버드나무들이 왜 이토록 무서운 형상으로 그려지는지 이해하기는 쉽다. 기다란 잎을 울창하게 늘어뜨린 다 자란 버드나무 모습은 아무 의심 없이 지나가는 동물을 낚아채 동굴 같은 내부로 빨아들이려고 기다리는 초록색의 거대한 타란툴라를 닮았다. 달이 뜬 밤에 키 큰 버드나무의 크고 덥수룩한 그림자가 흔들리는 모습은 꽤 괴물 같은 형상으로 보일 수 있다.

달은 끊임없이 얼굴이 달라지며 밀물과 썰물을 통제하므로 항상 변화하며 끊임없이 움직이고 물을 사랑하는 버드나무와 연결하기 적합한 천체다. 버드나무와 달의 관계는 깊다. 켈트, 심지어 수메르 신화에도 등장한다. 1653년 니콜라스 컬페퍼가 그의 대표적인 《약초도감Complete Herbal》을 편찬했을 무렵, 버드나무와 달의 관계는 이론의 여지가 없었던 모양이다. '버드나무' 항목에서 그는 '달이 버드나무를 가진다'고 간단하게 설명한다. 버드나무 잎을 으깨 포도주에 달인 약을 정욕해소제로 추천한 것으로 보아 달과 순결의 여신 디아나를 연결했던 로마 신화의 영향을 받은 듯하다(낙담한 구애자들이 부르는 그 모든 슬픈 상사병 노래의 뿌리도 아마 여기에 있을 것이다). 《더버빌 가의 테스Tess of the D'Urbervilles》에서 조금씩 다른 색조의 흰옷을 입고 5월 무도회에 참가하는 시골 소녀들은 성적 순결을 의미하는 껍질 벗긴 버드나무 지팡이를 들고 있다.

버드나무는 달을 섬기는 나무로 여겨지면서 광인과 연인, 시인을 위한 나무가 되었다. 워즈워스는 자신의 시심이 어떻게 성장했는지 헤아리며 젊은 시절을 되돌아볼 때 달빛이 비치는 강을 홀로 가로질러 간 중요한 여행을 떠올린다. 이 여행은 '바위투성이 동굴 속에서… 버드나무에' 묶인 작은 노 젓는 배를 그가 훔친 일부터 시작한다. 셰이머스 히니도 모스본의 가족 농장에서 자신이 나무들에 만들었던 비밀 은신처를 기억할 때 속이 빈 늙은 버드나무에 무척 애착을 느꼈다. 히니는 이 늙은 버드나무의 목구멍을 기어올라가 '다른 삶'으로 들어가곤 했다. 일단 그 안에 들어가서 "거친 고갱이에 이마를 갖다대면 나긋나긋하고 속삭이는 버드나무의 정수리 전체가 하늘로 움직이는 것이 느껴졌다"고 그는 회상한다.

전혀 새로운 이야기가 아니겠지만, 버드나무는 영감을 주는 나무다. 버드나무는 시냇가에 서서 자신의 가지가 만들어내는 자연적인 음악으로 흐르는 시냇물 소리에 반주를 한다. 요소들 사이의 경계가 종종 녹아내리는 것 같다. 버드나무 잎에 맺힌 이슬방울과 가지에서 나오는 수액이 나무 아래를 흐르는 시냇물로 말없이 흘러든다. 수양버들 아래 작은 배에 앉아 있으면 샘 안에 앉아서 초록 나뭇잎 폭포가 강의 더 진한 초록색으로 떨어지는 것을 지켜보는 느낌이 든다. 모서리도 경계선도 없다. 프랑스 화가 클로드 모네는 해안으로도 수평선으로도 제한되지 않는 '끝없는 전체'의 이상을 표현하고자 지베르니에 있는 자신의 정원 연못에 거듭 의지했다. 그는 수련으로 연못을 가득 채우고 연못 주변에 수양버들을 둘러심으며 마치 식물로 그림을 그리는 듯했다. 모네는 조경과 나무 심기를 하지 않을 때는 자신의 연못을 그리며 차원과 표면이 녹아내리는 이미지를 창조했다. 꽃잎이 여러 개인 꽃들이 나무가 비치는 수면을 떠다니고, 기다란 버드나무 잎이 물보다 더 또렷하게 물결치는 이미지를 그렸다.

너무나 빨리 환경에 자신을 맞추는 탓에 버드나무는 물이나 하늘, 땅으로 보이기도 한다. 그토록 빨리 모습을 바꾸는 버드나무의 속삭임을 우리는 거듭거듭 들을 수 있다. 그러나 아무리 귀 기울여 듣는다 해도 그들이 무슨 말을 하고 있을지 모두 제대로 알아듣지는 못할 것이다.

산사나무는 깃털 같은 잎과 구름 같은 꽃 때문에 부드러워 보이지만, 유혹적인 초록색과 흰색 아래에 길이가 2.5센티미터쯤 되는 날카로운 가시가 있다. 이 가시를 완전히 막을 수 있는 장갑은 많지 않다. 어린 산사나무까지 작은 검을 곤두세우고 있다. 그렇다고 산사나무가 공격을 한다는 말은 아니다. 나무는 그저 자신을 지키고 있을 뿐이다.

차가운 강풍이 뼈만 남은 다른 나무들을 할퀴고 지나가는 황량한 계절에 이리저리 얽히고설킨 산사나무 가지들은 반쯤 굶주린 새와 야생동물들에게 안식처를 제공한다. 시간이 흐르면 산사나무(5월에 꽃이 핀다 해서 '메이 트리May tree'라고도 부른다)는 노래하는 새들이 보금자리를 틀기에 좋은 장소가 된다. 새들의 매혹적인 목소리가 관심을 끌지 않을 수는 없겠지만 가시 울타리를 층층이 두른 덕에 아주 집요한 포식자가 아니고서야 새 둥지에 접근하지 못한다. 존 클레어는 '울창하게 퍼진 산사나무 덤불' 안에서 개똥지빠귀들이 둥지에 찰흙을 토닥이는 모습을 지켜보길 좋아했다. 그는 그곳이 개똥지빠귀들의 반짝이는 하늘색 알들에게 가장 안전한 곳이라는 걸 알고 있었다. 산사나무는 덤불 안에 숨은 모든 것에 자연적 은신처를 제공하지만 특유의 방어력 때문에 역공을 당하기 쉽다. 여러 세기에 걸친 인간의 끈질긴 개입으로 이제 산사나무를 진짜 '나무'라 부를 수 있는지 의심스러울 정도다.

산사나무를 마음껏 자라게 놔두면 가느다란 가지가 모여 우아하고 둥근 나뭇잎 지붕을 이루는, 9미터 넘는 나무로 자란다. 또는 가시가 우거지고 땅딸막한 나무 고슴도치처럼 자라 계절에 따라 색이 달라지기도 한다. 노출된 장소에서 산사나무는 아슬아슬하게 균형을 잡으며 여러 해에 걸쳐 바람에 맞서 나뭇가지를 뻗은 모습이 눈길을 끈다. 그러나 이 자연적인 아름다움은 농부들의 관심사가 조금도 아니다. 농부들의 눈에 산사나무의 타고난 무성함과 빽빽한 가시는 산울타리로 맞춤해 보인다.

목재산업이 땅에서 수익을 가장 많이 얻는 산업이었을 때 산사나무는 그 자체로는 나무로 거의 여겨지지도 않았다. 더 크고, 더 귀중한 나무들을 지키는 하찮은 수비병으로 심겼을 뿐이다(산사나무 hawthorn라는 이름 자체가 게르만 어원에서 산울타리를 뜻하는 'hecg/ hegge'에 뿌리를 둔 고대 영어 'haga'에서 나왔다).

이블린이 쓴 《실바》를 보면 산사나무('퀵셋'●이라고도 부른다)는 산울타리를 다룬 장에서 잠깐 소개하고 있는데, 주로 산사나무 묘목을 되도록 빠른 시간에 울타리로 조성하는 실용적인 방법에 대해 설명한다. 나중에 출판된 《실바》 판본에는 꽃이 핀 산사나무 가지를 아름답게 새긴 전면 판화가 실려 있어, 산사나무를 무시하는 이블린의 말투에 의문이라도 제기하는 것처럼 보인다. 어쨌든 이블린에게 산사나무의 주요 쓰임새는 목재용 나무를 보호하는 것이었다. 특히 어린 참나무는 다치기 쉽다. 소와 사슴, 토끼 들이 모두 어린 참나무의 싱싱하고 아삭아삭한 이파리를 너무나 좋아하기 때문이다. 이들의 끊임없는 공격을 막는 방법은 철옹성 같은 산사나무 울타리로 나무농장을 에워싸는 것이다.

산사나무 묘목이 줄지어 서 있는 모습은 물론 철옹성과는 거리가 멀다. 어린 산사나무는 조금 볼품없는 편이다. 울창한 산울타리로 자랄 것처럼 보이기보다는 호리호리한 병솔이 한 움큼 모여 있는 것처럼 보인다. 사지를 쭉 편 '비트루비우스 인간Vitruvian man'처럼 대담하게 가지를 제법 활짝 펴긴 했지만, 제멋대로 뻗어나온 가지가 항상 삐져나와 있어서 그다지 완벽한 비례를 이루지는 못한다. 이 흐느적대는 말라깽이 애송이들을 튼튼하고, 잘 훈련된 경비대로 만

●　　　Quick-set. 주로 산사나무로 이루어진 산울타리를 뜻한다.

들려면 솜씨 좋은 울타리 일꾼이 필요하다. 울타리 일꾼은 나무들이 꼼짝 못할 때까지 마구 자르고 얽어맨다. 이처럼 잔혹한 통과의례를 거치고 나서야 비로소 산사나무는 그런 대로 쓸 만한, 아니 지나가지 못할 만한 산울타리가 된다.

해마다 열리는 전국 산울타리 선수권대회는 영국 곳곳의 울타리 일꾼들이 모여 최고 챔피언이 되기 위해 실력을 겨루며 자신의 기량을 뽐내는 자리다. 제멋대로 마구 자란 나무들이 믿기 힘들 정도로 길게 펼쳐진 곳이 그들의 손끝에서 단 몇 시간 만에 상상할 수 있는 한 최고로 깔끔한 산울타리로 변신한다. 산울타리 다듬기는 별나지도 정적이지도 않은 취미 활동이다.

현대의 산울타리 관리자들은 고르곤*과 싸우러 나가는 고대 영웅처럼 호기롭지만, 수없이 많은 머리를 지닌 엄청나게 무시무시한 초록 괴물조차 전기톱에 꽤 빨리 굴복하고 만다. 물론 참가자들이 산사나무를 '살해'하는 게 아니라 '관리'하고 있음을 잊지 말아야 한다. 땅과 가까운 몸통 부위를 얇게 베어내 나무를 비스듬히 넘어뜨리되 완전히 베어내지는 않는 것이 요령이다. 이렇게 하면 산사나무 한 그루 한 그루가 바로 옆 산사나무로 삐뚜름하게 쓰러지면서 비스듬하게 '엮인 가지들pleachers'의 견고한 장벽이 만들어진다. 산사나무 윗부분을 쳐내는 게 더 쉬운 방법처럼 들리겠지만, 그렇게 하면

●   gorgon. 그리스 신화에서 머리카락이 뱀이고 쳐다보는 사람을 돌로 변하게 만드는 힘을 지닌 흉측한 세 자매 스테노, 에우리알레, 메두사를 일컫는다.

산울타리의 주요 목적을 해칠 수 있다. 윗부분을 쳐내면 바닥까지 쭉 틈새가 남아서 양과 토끼가 지나다닐 수 있는 낮은 터널이 곳곳에 생기며, 치아 엑스레이 사진처럼 보이는 산울타리가 된다.

영국 제도 곳곳에서는 지역별 소재와 농사 관행, 지형에 따라 서로 다른 산울타리 양식이 발달했다. 데번과 도싯에서는 양을 안전하게 지키기 위해 대개 강둑에 산울타리를 만들지만 중부 지방 곳곳에 있는 산사나무 산울타리는 소떼에 우연히 무너지는 일이 없도록 튼튼해야 한다. 그러려면 '미들랜드 불럭Midland bullock' 방식이 좋다. 미들랜드 불럭은 산사나무 밑동 옆에 지지대를 박은 다음 개암나무 막대와 함께 연결해서 지지력을 최대로 높이는 정교한 방식이다. 웰시보더스에서는 지지대를 비스듬히 박은 다음 배고픈 양들이 산사나무 새순을 먹어치우는 일이 없도록 죽은 땔나무로 나무를 겹겹이 둘러싼다. 모두 품이 다소 많이 드는 방식이나 산울타리를 엮으며 쓰는 시간은 아깝지 않다. 산울타리는 일단 잘 엮어놓으면 해마다 조금씩만 다듬어 상태를 유지해주어도 50년은 끄떡없다.

이런 들판의 담장은 이웃 농장이 얼마나 잘 관리되는지 한눈에 알 수 있는 표시가 되기도 한다. 경계를 나눈 울타리 한쪽이 매끄럽게 깎인 반면, 다른 쪽이 부스스하게 헝클어져 있으면 모히칸 헤어스타일을 닮기 십상이다. 산울타리는 빽빽하고 가지런한 모양일 수도 있고, 제멋대로 기운차게 자란 나무들이 늘어선 모양일 수도 있다. 멀리서 보면 산사나무 산울타리는 잘 감싸인 거대한 파이프라인

이 이어진 듯 보이기도 하고, 조금 지저분한 잉크 얼룩처럼 보이기도 한다.

요즘 농부들은 철조망 등을 사용해 더 쉽게 소유지를 구분할 수 있다. 하지만 가시철조망이나 전기철조망은 토양이 쓸려가는 것을 막지 못할뿐더러 겨울에 양들에게 은신처가 되거나 뜨거운 여름에 소들에게 그늘이 되어주지도 못한다. 철조망과 달리 산사나무는 좋은 땔감도 제공한다. 단단한 산사나무 장작은 무척 뜨거운 장작불로 타오를 뿐 아니라 라일락 색깔의 기묘한 불꽃을 낸다. 한편 산울타리를 다듬고 남은 잔가지들은 훌륭한 불쏘시개가 된다. 줄지어 선 산울타리는 수많은 새와 곤충, 작은 포유류의 서식지가 되므로 산울타리를 만드는 농부는 하나의 공동체를 세우는 셈이다. 물론 꽤 정기적으로 그곳 주민들에게 공포의 물결을 일으키곤 하지만 말이다.

산사나무 목재는 단단하고 풍부하므로 망치나 지팡이, 단검 손잡이와 물레방아의 물받이를 만드는 데도 전통적으로 이용되었다. 심지어 산사나무 뿌리로 빗도 만든다. 가시는 천연 갈고리, 낚시 도구, 바늘, 핀, 끝이 뾰족한 구두에 쓰였고 레코드판을 읽는 임시 바늘이 되기도 했다. 가시 돋친 가지는 고양이와 비둘기가 평평한 창턱에 내려앉지 못하게 막아주기도 한다. 아름답고 결이 고운, 장밋빛 산사나무 목재를 다듬어 반짝이는 상자나 촛대를 만들 수도 있고 장식 베니어판을 만들 수도 있다.

산사나무의 특징적인 열매인 주홍 열매에도 실용적 이점이 있다. 이 열매를 곤죽으로 만든 뒤 걸러내 색이 선명한 젤리로 만들거나 브랜디에 담가 강력한 리큐어*를 만들 수도 있다. 강장제로 마시면 심장으로 들어가는 혈류를 증가시키고, 어쩌면 콜레스테롤 수치도 낮춰줘서 심장질환과 부정맥을 방지할 수 있다. 산사나무 열매가 이질이나 촌충을 막는다는 증거도 더러 있다.

산사나무는 수천 그루씩 노역에 동원됐다. 산사나무만큼 영국의 전체 인상을 바꾼 나무도 없다. '영국 시골'이란 가파르지 않은 언덕과 금색 교회 첨탑, 산울타리와 나무로 경계를 표시한 형형색색의 들판을 뜻한다. 헤리퍼드셔의 시골길을 달리든, 코츠월드 언덕의 인공위성 사진을 보든 누빈 이불 같은 들판은 한눈에 푸근하게 알아볼 수 있는 시골 풍경이다. 그러나 요즘 우리가 보는 영국의 자연 풍경은 실제로는 예전 농업 활동들이 층층이 쌓인 팰림프세스트**다. 초창기 숲 개간부터 최근의 주택단지까지 땅은 인간의 필요에 따라 형태가 달라졌다. 따라서 친숙한 풍경 뒤에 그만큼 눈에 쉽게 띄지 않는 토지 소유권 변화의 역사가 있다.

중세 시대 마을은 탁 트인 넓은 들판에 둘러싸여 있었고 들판은 지역 사람들이 농사를 짓는 기다란 구획으로 나뉘어 있었다. 그러나 소유주가 바뀌고 농사 방법이 개선되면서 영국은 대대적인 구조조

-      liqueur. 과실과 당을 첨가해 단맛이 나는 독주.
- ••   palimpsest. 썼던 글자를 지우고 그 위에 다시 글을 쓴 양피지를 가리키며, 남아 있는 흔적 위에 새로운 글을 덮어 써서 다층적 의미를 지니는 것을 뜻한다.

정을 거쳤다. 과거의 들쭉날쭉한 농경지는 생산성을 높이는 기하학적 효율성을 좇는 근대 사유지에서 설 자리가 없었다. 농경지는 새로운 경계를 뚜렷하게 표시해야 했으므로 인클로저* 시대는 또한 산사나무의 시대이기도 했다.

18세기 후반에는 몇 킬로미터씩 길게 늘어선 산사나무가 수백만 에이커의 광활한 땅을 정사각형과 직사각형으로 나누어 에워쌌다. 한 세기도 지나지 않아 영국의 시골은 나중에 수많은 그림과 목판화, 사진에 사랑스럽게 묘사될 특징을 지니게 되었고 새로운 풍경이 향수를 불러일으키는 풍경으로 차츰 바뀌었다. '셀 가이드'**와 철도 포스터, 배츠퍼드 출판사의 책들은 모두 고지대를 제외한 영국이 산울타리의 나라였고, 여전히 그렇다는 생각을 확인시켜주곤 했다.

산사나무는 여전히 많은 시골에서 친숙한 풍경이다. 그러다보니 산울타리를 뽑는 일은 지역 주민들에게는 너무도 큰 충격이 될 수 있다. 수염을 죄다 깎아버린 옛 친구를 만나는 것보다 마음이 훨씬 더 불편하다. 항암화학요법으로 생기는 상실감과 더 비슷하다고 할까? 지금까지와는 달리 무방비 상태가 된 듯한 느낌이다.

1960년대와 1970년대에 이런 충격적인 일이 잇따라 일어났다. 곡물 수확량 증가와 농업 기계화를 위해서 생산적인 농업 지역에서

---

* enclosure. 공유지로 여겨지던 토지에 울타리나 담을 둘러 사유지를 표시하는 것으로, 15세기 중엽 이후 영국을 중심으로 일어났다.
** Shell Guides. 정유회사 셸의 지원을 받아 1934년부터 1984년까지 발행된 영국 시골 지방 가이드북 시리즈.

는 기계식 쟁기와 콤바인을 사용할 수 있는 거대한 농경지를 만들어야 했고, 결국 많은 산울타리가 뽑혀나갔다. 그 뒤를 이어 곡물이 과잉 생산되고 유럽공동체 협정이 체결되면서 농경지 전체가 집약농업에서 제외되기도 했다. 이런 농경지의 산울타리들은 흐트러진 채 남겨졌다. 산사나무를 영국 풍경의 변함없는 특징이라고 말하기는 어렵다. 산사나무는 산울타리로 경계선이 표시된 풍경만큼이나 기복이 심한 역사를 갖고 있다.

비생산적인 농경지는 누군가에게는 실망스럽겠지만 오랫동안 메여 있던 울타리 노역에서 마침내 해방되어 나무로서 자신들의 정체성을 다시 찾게 된 그 모든 산사나무들을 나는 무척 좋아한다. 가지를 사방으로 뻗어올린 산사나무들을 보면 해방감이 느껴질 정도다. 버려진 길을 따라 방치된 산울타리들이 나란히 이어지며 손발을 뻗고 서로 가지들을 건드리며 아치형 지붕을 이루기도 한다. 이들이 봄 잎으로 뒤덮이면 길 전체가 초록빛 터널로 보호되는 고요한 비밀 세상으로 변신한다. 그러면 어린 사슴이 들러 가만히 쳐다보다가 이제 더는 철옹성 같지 않은 벽을 통과해 사라질지도 모른다.

나이 든 산사나무는 오랜 굴종의 세월로 여전히 구부러지고 뒤틀려 있지만 그들의 성장하는 몸통 다발에는 인간의 손길에 비틀리지 않은 호리호리한 어린 가지가 돋는다. 햇빛이 이 길들여지지 않은 형태를 뚫고 들어와 새 풀이 자라는 작은 땅뙈기나 여러 해 전 버려진 채 녹슬어가는 써레에 내려앉는다. 이렇게 버려진 길이 잘 다

듬어진 산울타리가 늘어선 도로와 만나는 곳에는 인동덩굴 자국이
나 빈 요구르트 병, 카우파슬리 무더기, 일회용 스티로폼 용기 들이
있을지도 모른다.

산사나무는 온갖 예상 밖의 것에 등장한다. 가시나무 아래에 숨
겨진 금 항아리에 대한 옛이야기들이 아주 많다. 아마 자연의 경비
원이 지키는 지하 비밀창고는 도둑들의 손길이 닿지 않을 것처럼 보
이기 때문인 듯하다. 브랙널Bracknell 근처 호손 힐Hawthorn Hill(산사
나무 언덕) 마을은 동네 주민의 운 좋은 발견을 기억하기 위해 지은 이
름이라고 한다. 그 주민은 런던에 가서 거액을 벌게 되리라는 꿈을
꾼 뒤 보물을 찾아 런던으로 출발했다. 런던에 도착한 그는 어떤 낯
선 사람으로부터 어느 산사나무 아래에서 금 항아리를 발견하는 꿈
을 꿨다는 이야기를 듣는다. 낯선 이는 그 이야기를 하며 꿈을 진지
하게 받아들이는 사람들을 비웃었다. 하지만 브랙널 주민은 집으로
돌아가 언덕에 있는 산사나무 아래를 파보기로 결심했고, 결국 그곳
에서 보물을 발견했다.

산사나무 주변에는 신비한 기운이 맴돈다. 그러나 산사나무가
최고의 보물을 내준 것은 1485년 보즈워스 전투*에서 산사나무의
갈고리 모양 가지에 잉글랜드 왕관이 걸려 있는 게 발견됐을 때였
다. 어떻게 왕관이 가지에 걸려 있게 되었는지, 아니 정말 걸려 있기

• 　잉글랜드 왕위를 둘러싼 요크 가문과 랭카스터 가문의 마지막 전투. 헨리 튜더가 리
　　처드 3세의 군대를 누르고 승리하여 헨리 7세로 등극하면서 튜더 왕조가 열렸다.

나 했는지는 논란의 여지가 있다. 당대 연대기에는 리처드 3세의 왕관이 발견되어 헨리 튜더가 즉석에서 대관식을 했다고 기록돼 있으나 나무는 등장하기 않기 때문이다. 승리한 헨리 7세는 주저하지 않고 산사나무를 자신의 새로운 상징에 통합시켰고, 산사나무 위에 왕관이 묘사된 이 상징 덕에 왕관과 산사나무의 전설이 산사나무처럼 즉각 뿌리를 내렸다. 보즈워스 전투가 8월 22일에 벌어졌고 그레고리력*이 도입된 이래 우리의 계절 감각이 조금 달라진 것을 감안했을 때, 그 무렵 지역의 산사나무는 아마 환한 열매로 뒤덮여 있었을 것이다.

1485년의 날씨와 관계없이 양식화된 산사나무는 승리를 기념하는 상징이 되었다. 가지에 가시가 돋고 피가 튄 산사나무는 전장의 나무였다. 왕위 계승 근거가 자신이 바라는 만큼 튼튼하지 않았던 헨리 7세는 새로운 변화를 개방적으로 수용하도록 산사나무를 선택했음이 틀림없다. 해마다 흰 꽃을 피우고 빨간 열매를 맺는 산사나무는 전쟁을 벌였던 요크 가문과 랭카스터 가문의 상징 색을 결합한다. 따라서 이 강인한 토종 나무는 두 가문을 모두 계승한 왕조에 접붙일 건강한 혈통을 제공했다. 산사나무 위 왕관 문양은 그리스도의 가시면류관이라는 강력한 상징을 끌어와 국왕의 신성함을 상징하

• 　1582년 교황 그레고리우스 3세가 그동안 사용했던 율리우스력의 누적된 역법상 오차를 수정하여 공포한 것으로, 오늘날 거의 모든 나라에서 사용하는 태양력이다. 영국은 1752년이 되어서야 그레고리력을 채택했다. 그레고리력과 율리우스력은 현재 14일쯤 차이가 난다.

고, 새롭고 더 나은 통치를 약속했다. 게다가 산사나무는 가시로 유명하기 때문에 어떤 도전자가 나서더라도 이 새로운 왕이 자신의 왕권을 지킬 준비가 되어 있음을 잉글랜드 사람들에게 상기시켰다.

산사나무와 그리스도의 수난은 산사나무의 뚜렷한 자연적 특성 때문에 더 튼튼하게 연결되었다. 바로 봄마다 하얀 꽃을 갑자기 풍성하게 터트리는 모습이다. 해마다 봄이면 아주 칠칠한 요리사가 엄청난 밀가루 더미를 가지마다 흘린 것처럼 보인다. 술이 가득 달린 산사나무의 봄 초록빛이 거의 하룻밤 사이에 짙은 흰빛으로 달라진다. 산사나무는 떠나는 겨울을 놀리기라도 하듯 흰 눈으로 몸을 뒤덮고 봄의 도착을 선포한다.

1943년의 암울한 상황에서 화가 스탠리 스펜서는 해마다 반복되는 생명의 부활에 대한 믿음을 자신의 그림 〈습지 초원Marsh Meadow〉으로 표현했다. 그림에서 반짝이는 하얀 산사나무 세 그루가 쿠컴의 들판을 환하게 만든다. 몇몇 지역에서는 이 나무를 '오손 Awe● Thorn'이라 부르기도 하는데, 지역 사투리에서 나왔다고 치부할 수만은 없는 이름이다.

한 해에 걸친 요크서 풍경 변화를 묘사한 데이비드 호크니에게 산사나무의 갑작스러운 개화는 '행동 주간action week'을 의미한다. 2012년 왕립미술아카데미에서 열린 그의 획기적 전시에서는 전시

● 숭고하거나 장대한 것 앞에서 느끼는 경외감. '오손'은 산사나무의 영어 이름 '호손 Hawthorn'과 발음이 유사하다.

실 전체가 커스터드를 바른 듯한 거대하고 괴이한 나무들 그림으로 가득 찼다. 〈로만 로드의 산사나무 꽃May Blossom on the Roman Road〉에서 산사나무의 형태는 웅장하고 괴기스럽다. 크림을 덮은 듯한 잔가지들이 거대한 초록 시체를 온통 뒤덮은 큼직한 애벌레, 심지어 구더기처럼 보인다. 그러나 예상치 못했던 색상의 과잉은 겨울의 절제를 몰아내며 모든 것이 생명으로 튀어오르는 순간의 갑작스러운 흥분을 잘 전달한다. 호크니의 기념비적인 그림은 길가의 흔한 존재를 확대하고 가시나무의 오랜 힘을 해방시켜, 이 흔하디 흔한 나무를 그 누가 짐작했던 것보다 천 배는 더 사랑스럽고 더 위험한 존재로 표현했다.

산사나무의 신비로운 힘은 예측 불가능성에서 나오기도 한다. 끝나지 않을 것 같던 겨울이 끝나고 찾아온 2013년의 심술궂은 봄에는 6월 초가 되어서야 산사나무가 버킹엄서 시골 들판을 환하게 수놓았다. 자연의 달력은 철저하게 날씨에 의존한다. 그래서 산사나무 꽃은 펜잰스*에서는 4월쯤 서둘러 필 수도 있지만 애버딘**에서는 한여름 아침에도 피지 않을 수 있다. 언제 피든 꽃은 그 예측 불가능성 때문에 더욱 매혹적이다. 산사나무의 변덕스러움이 언제나 큰 혼란을 일으킨다는 것은 《한여름 밤의 꿈*A Midsummer Night's Dream*》에서 테세우스와 히폴리타가 오월제 의식을 하러 숲속으로 들어가는 장면에서 분명히 드러난다.

산사나무 꽃의 개화가 얼마나 예측 불가능한지 알고 나면 해마다 크리스마스에 한 번, 다시 봄에 한 번 꽃을 피우는 오래된 글래스턴베리 가시나무Glastonbury thorn가 숭배받는 이유를 이해할 수 있을 것이다. 전설에 따르면 아리마테아의 요셉***은 예수가 십자가에 못 박힌 뒤 영국까지 머나먼 길을 와서 웨스트 컨트리에서 생을 마감했는데, 그가 글래스턴베리에 있는 위럴Weary-All 언덕에 지팡

-      Penzance. 영국 남서부 끄트머리의 항구도시.
-     Aberdeen. 스코틀랜드 북동부에 있는 북해 연안의 도시.
-     예수의 비밀 사도로 여겨지며, 예수의 시신을 십자가에서 내려 장례를 치렀다고 알려져 있다.

이를 꽂자 지팡이가 갑자기 가시나무로 피어났다고 한다.

여러 세기 동안 이 신성한 가시나무는 성탄절 무렵에 한 번, 부활절 무렵에 또 한 번 꽃을 피웠다. 마치 수도원 교회의 일정에 맞춰 변함없이 기적을 행하는 것처럼 보였다. 영국 내전 기간에 크롬웰의 새로운 청교도 이상을 충실히 따르는 병사 하나가 미신적인 우상숭배의 여지가 있는 모든 것에 치를 떨며 글래스턴베리 가시나무에 도끼질을 했다. 그러나 남겨진 밑동에서 자란 잔가지 몇 개를 누군가 조용히 꺾꽂이용 가지로 잘라 다시 심었더니 가시나무가 다시 제때에 자라서 영생의 능력을 유감없이 과시했다. 해마다 크리스마스에 이 나무가 꽃을 피우면 가지 하나를 잘라서 여왕에게 보낸다(2010년까지는 그랬다). 2010년, 이 오래된 가시나무는 다시 참수되었는데 이번에는 전기톱으로 잘렸다. 그 뒤로 원래 나무에서 자라난 새로운 가시나무가 다시 심겼지만 거듭 파손당했다. 글래스턴베리 가시나무를 둘러싼 전쟁이 지속적으로 뉴스에 등장하면서 나무를 둘러싼 일화들도 이어지고 있다.

글래스턴베리 가시나무가 자라는 오래된 수도원은 그리스도교 부지이고, 그리스도의 탄생과 부활을 기념하기 위해 꽃을 피우는 오래된 가시나무의 습성은 교회력과 딱 들어맞는다. 이런 기적은 산사나무 중에서도 특정 품종의 특성으로 설명할 수 있다. 겨울과 봄에 꽃을 피우는 크라타에구스 모노지나 '비플로라'*Crataegus monogyna* 'Biflora' 품종으로 아마 오래전에 접붙이기로 탄생한 듯하다.

또한 글래스턴베리 가시나무는 자연종교와 오랜 계절순환과 연결된 토속신앙의 성지이기도 하다. 낮이 짧은 계절에 갑자기 꽃과 향기의 기쁨을 선사하는 이 나무는 예상치 못했던 부활을 목격하는 사람들에게 경외감을 일으킨다. 그러니 이 가시나무가 거듭 훼손되는 것을 보는 것은 기독교도와 이교도 모두에게 무척 괴로운 일이다. 하지만 언론에서 이따금 추측하는 것처럼 양쪽의 호전적인 성향을 지닌 사람들이 나무를 훼손하고 있는지는 확실치 않다. 왜 오래된 성지나 아름다운 자연 형상을 파괴하려는 건지 잘 이해되지 않는다. 어쩌면 꽃을 피우는 이 가여운 가시나무는 너무 많은 의미를 지녔기 때문에 고통을 받는지도 모른다. 그런 의미들이 막연하지만 깊은 편견이나 질투, 공포를 자극하고 결국 파괴적 행동을 불러일으킬 수도 있다.

글래스턴베리 가시나무가 여전히 강렬한 감정을 자극하는 것을 보면 더 오래된 구전전통이 떠오른다. 한때 ―그리고 많은 사람에게는 여전히― 산사나무 꽃을 집 안에 들여놓는 것은 지극히 무모한 일로 여겨졌다. 아름답긴 하나 산사나무 꽃이 가족에게 불운과 죽음까지 가져온다고 생각했기 때문이다. 꽃에서 시신 썩는 냄새와 전염병 냄새가 났다(지금은 이 독특한 냄새가 트리메틸아민 때문인 것으로 밝혀졌다. 부패하는 인체에서 생산되는 화학물질이기도 하다). 그러니 꽃꽂이할 때 산사나무 꽃이 인기 없는 게 당연하다. 리처드 메이비는 이 나무의 하얀 꽃에서 성적인 냄새가 난다고 언급했는데, 어쩌면 그런 탓에 공기에 짙게 감도는 이 냄새를 사람들이 좋아하지 않는 건지도 모르겠다. 구석구석 배어드는 가시나무 꽃향기를 두려워하는 데는 다른 이유도 있다. 가시나무를 집 밖에 두려는 마음은 산울타리 일꾼들이 가시나무를 지나치게 자라지 못하게 다듬으려는 마음과 그리 다르지 않을지도 모른다.

가시나무는 수백 년을 살 수 있으며, 흐르는 세월과 함께 이야기와 미신도 쌓인다. 노퍽 와이몬덤 근처 헤델Hethel의 교회 묘지에는 영국에서 가장 오래된 산사나무 하나가 13세기부터 쭉 서 있다. 19세기 초반에 이 교구를 방문했던 식물학자 제임스 그리거와 나중에 영국의 오래된 가시나무를 연구한 본 코니시에 따르면, 이 산사나무는 가지들이 워낙 오래되고 텅 비어 있어서 남자의 두 팔도 안으로 쑥 집어넣을 수 있으며 '헤델의 마녀'라 불린다고 한다.

그러나 이 이상한 노퍽 산사나무가 아리마테아의 요셉이 남긴 유산이라는 주장도 있다. 지역 설화는 나름의 진실을 품고 있을 때도 많지만 항상 믿을 만한 역사적 사실을 제공하지는 않는다. 거듭 등장하는 요셉의 지팡이 이야기는 기독교가 옛이야기를 어떤 방식으로 흡수했는지 보여준다. 신성한 가시나무 이야기는 그곳이 기독교가 전파되기 이전 사회에서 중요한 의미를 지녔으며, 여전히 자연숭배적 신앙을 지닌 사람들을 유혹하는 장소임을 암시할 것이다.

〈요정 가시나무The Fairy Thorn〉라는 아일랜드 민요에서 오래된 산사나무는 무시무시한 힘을 내뿜는다. 옹이 진 오래된 산사나무는 그 둘레에서 춤을 추는 소녀들에게 마법을 걸어, 시슬리 메리 바커°가 그린 어여쁜 '꽃 요정들'보다 훨씬 이상하고 위협적인 요정들이 그들 가운데 하나를 잡아가게 돕는다. 이런 요정들을 존중하는 표시로 아일랜드의 골프 클럽들은 늙은 산사나무를 항상 자리에 남겨둔다. 오모Ormeau의 골프 클럽이 그런 곳이다.

아일랜드의 도로 건설자들도 이 위험한 나무를 베어내는 일을 무척 꺼린다. 더 안전한 방법은 가시나무 둘레로 도로를 내는 것이다. 앤트림Antrim과 밸리미나Ballymena 사이의 고속도로와 연결된 진출입로 중 하나의 위치가 조금 이상해진 것도 그런 탓이다. 아일랜드에서 가장 유명한 산사나무는 에니스Ennis 근처 서쪽에 있는데, 먼스터 요정들의 집합장소를 표시한다. 골웨이와 리머릭 사이에 난 새 고속도로는 지역의 도시 계획 설계자들이 오래된 산사나무를 뽑아내지 않고 길을 내는 방법을 찾아내느라 거의 10년간 건설이 늦어졌다. 결국 새 도로가 지나갈 길이 합의되었지만 이 가시나무 주변 5마일까지는 어떤 교통수단도 지나가서는 안 된다는 단서가 붙어서 나무는 자신만의 보호구역을 뽐내게 됐다.

산사나무를 둘러싸고 오랫동안 이어진 의혹은 워즈워스의 기이한 시 〈가시나무The Thorn〉에 더욱 생생한 느낌을 더한다. '옹이 진 관절 덩이'에 불과한 오래된 가시나무가 '저주받은 외로운 것'으로 소

°   Cicely Mary Barker. 영국의 삽화가로, 꽃과 요정 그림으로 유명하다.

개되지만, 나무는 동정심을 유발하는 게 아니라 누가 봐도 불길한 기운을 내뿜는다. 워즈워스는 콴탁 힐스 산마루에 서 있는 왜소한 나무에서 영감을 얻었으나, 시에서는 이 보잘것없는 나무가 흥미진진한 수수께끼를 지닌 형상으로 그려진다. 시의 말 많은 화자는 가시나무 곁에 빨간 외투를 입고 홀로 앉아 '아, 고통이여! 아, 고통이여!' 하고 울부짖는 여인 마사 레이에 초점을 맞추지만, 시는 가시나무 아래 이끼 더미의 신비로운 색깔에 주목하며 더 강력한 힘이 작용하고 있음을 시사한다.

존재한 적 있던 모든 색깔들,
그리고 이끼 망도 그곳에 있지.
아름다운 여인의 손길로
작품을 짠 것처럼
그리고 컵들, 눈에 넣어도 아프지 않은 사랑스러운 것들,
그들의 주홍색이 짙기도 짙어라.

아아! 얼마나 사랑스러운 색조가 그곳에 있는가!
황록색과 밝은 주홍색으로
꽃차례에, 가지에, 별에
초록과 빨강과 진줏빛 하양으로.
당신이 보는 가시나무 바로 옆

온갖 어여쁜 색으로 너무도 상큼한,

이끼 덮인 이 흙더미는

크기로는 아기 무덤을 닮았네.

닮아도 너무 똑 닮았지.

꼭 아기 무덤만 한 이상한 작은 둔덕은 번성하는 산사나무에서 보임직한 여러 색깔들로 반짝인다. 그 작은 둔덕 위에 서 있는 왜소한 나무는 늙고 잿빛이며 이파리가 없지만 말이다. 미신적인 화자는 마사가 자기 아이를 살해했을지 모른다는 소문에 사로잡혀 있지만 워즈워스는 시에 산사나무의 끔찍한 힘에 대한 원시적 두려움을 가득 채웠다. 그의 산사나무 아래 묻힌 보물은 아무도 찾아내고 싶지 않을 만큼 두려운 것이다.

산사나무는 고대 토속 신화에 등장하는 흰 여신의 나무였다. 매혹적이며 황홀하게 하지만 치명적일 수 있다. 너무나 부드럽고 너무나 매혹적이지만 너무나 호감이 가지 않는 산사나무의 우유처럼 흰 꽃은 사람을 미치게 만든다. 산사나무는 피와 전투, 장벽을 연상시키는 여러 특징을 지녔지만 산사나무를 둘러싼 진짜 공포는 이 무시무시한 나무 안에 숨어 있는 두려운 여성적 힘과 관련 있다. 아니, 오히려 이 나무의 자연적인 아름다움에 너무나 위협을 느끼는 사람들의 마음과 관련 있다. 아무리 자르고 얽어매도 산사나무를 제대로 굴복시킬 수는 없다.

고대 켈트의 벨테인 축제는 계절의 변화를 기념하고 태양을 환영하기 위해 5월 초에 벌어졌다. 밝은 조가비와 리본, 꽃들을 시*에게 바치는 제물로 가시나무 관목에 걸어둔다. 시는 변덕스럽고 살짝 악의적인 초자연적 존재로, 이 세상과 그들의 세상 사이에 놓인 요정의 둔덕을 통과한다. 고대 켈트인들이 가시나무를 자신을 안전하게 지켜주는 나무로 여겼는지, 아니면 노여움을 가라앉히기 위해 제물을 바쳐야 하는 나무로 여겼는지는 확실치 않으나 그들의 가시투성이 가지에는 불길한 전조의 느낌이 걸려 있다. "5월에 결혼하면 영원히 후회한다"는 유명한 경고는 5월과 5월의 나무인 산사나무의 관능적인 아름다움을 생각해보건대 놀랍도록 널리 퍼져 있다. 즉각적인 도움을 요청하는 프랑스어 '메데m'aidez'에서 비롯한 국제조난신호가 '메이데이, 메이데이mayday, mayday'라고 빠르게 영어화된 것도 의미심장하다.

벨테인 축제는 5월의 나무인 산사나무와 5월에 대한 생각에 오래도록 흔적을 남겼다. 그러나 5월제의 순결한 특징은 계절의 열정을 억제하려는 집단적인 노력을 보여주는 듯도 하다. 5월의 첫날은 이른 아침 합창과 꽃 행렬, 오월제 아침식사로 시작되어 축제를 건전한 가족 행사 분위기로 이끈다. 아이들은 키 큰 메이폴**에 연결

-       Sidhe. 아일랜드에 사는 요정.
- •   maypole. 오월제 축제 때 광장에 세워 꽃이나 리본 등으로 장식하는 기둥으로, 꼭대기에 여러 색의 긴 리본을 감아 사람들이 리본 끝을 잡고 돌면서 춤을 춘다.

된 밝은 색상의 긴 리본을 들고 앞뒤로, 안팎으로 들락거리며 춤을 추면서 리본으로 격자 무늬를 엮는 법을 배운다. 춤은 격자 무늬를 꼭대기에 얹은 거대한 컵케이크를 닮을 때까지 이어진다. 산사나무는 오월제의 중심이다. 5월의 여왕과 집을 장식하는 데도 쓰이지만 기이한 냄새가 나는 흰 산사나무 꽃으로 장식된 키 큰 오월제 기둥들은 더 야생적인 기운을 내뿜는다.

산사나무의 힘은 여전히 남아 있다. 현대적인 도시에도 더 오래된, 완전히 사라지지는 않은 세상의 흔적이 남아 있다. 교구에서 가장 오래된 산사나무의 위치를 기준으로 모임 장소를 정하던 시절이 있었다. 이처럼 오래전 표지로 쓰이던 나무들은 영원한 유산을 남겼다.

런던에는 사라진 산사나무에서 유래한 거리 이름이 수십 곳이 된다. 손 스트리트Thorn Street, 손턴 스트리트Thornton Street, 손힐 Thornhill 같은 곳이다. 브리스틀대학교에서는 학생과 교직원들이 매일 '호손스Hawthorns'라는 펍에서 모이지만 그곳에 남은 산사나무는 더 이상 한 그루도 없다. 웨스트 브롬위치 앨비언 구단 팬들도 '호손스'*에 정기적으로 간다. 그들의 홈그라운드가 산사나무 들판이었던 곳에 지어졌기 때문이다. 앨비언 구단의 독특한 휘장에는 노래지빠귀가 산사나무 잎 무리에 앉아 있는 모습이 묘사돼 있다. 헬프스

* Hawthorns. 웨스트 브롬위치에 있는 축구 전용 경기장.

턴 근처의 유명하고 오랜 산사나무인 랭글리 부시Langley Bush가 파괴됐을 때 존 클레어는 아쉬워하면서 집시와 양치기들이 이 나무에 대해 들려준 이야기를 썼다. 그 역시 '나무의 기억이 잊히기까지 오래' 걸리리라는 걸 알고 있었다. 산사나무는 완전히 뿌리 뽑혔을 때조차 무언가가 그 자리에 여전히 남아 있는 것처럼 보인다.

소나무
Pine

우리는 서랍장을 '바이올렛'이라 불렀다. 우리 집 가구에는 대개 이름이 있었는데 숨은 보물을 찾아 동네 중고가게를 뒤지던 우리 어머니 눈에 띈 이 서랍장은 짙은 자주색 광택 도료가 발려 있어서 '바이올렛'이라는 이름을 얻었다. 1970년대 중반, 길고 무더운 여름에 표면이 녹아내리기 시작했고 사람들은 옷을 벗기 시작했다. 어머니는 발가벗고 공원을 달려가거나 크리켓 위킷*을 폴짝 뛰어넘는 스트리커**의 새로운 흐름과는 무관했지만 가구의 새로운 유행을 선도한 인물이었다. 바이올렛이 산세척을 받고 돌아왔을 때 다들 깜짝 놀랐

- wicket. 크리켓에서 필드 중앙에 약 20미터 간격으로 세우는 세 개의 막대 기둥이다.
- streaker. 공공장소에서 발가벗고 달리는 스트리킹streaking을 하는 사람. 스트리킹은 1970년대 미국에서 처음 시작되었다.

다. 바이올렛은 깨끗해졌고 도료가 벗겨져 황갈색 나뭇결이 드러나니 아름다웠다. 새로운 이름이 필요했다.

자연과 가까운 삶이 새로운 이상으로 떠오르면서 스트립트 파인®을 찾는 사람들이 생겨났다. 자족하는 삶이란 도시 생활을 겹겹이 둘러싼 불필요한 층을 벗겨내고 본질적인 자연스러움을 되찾는 삶이다. 탁자, 서랍장, 선반, 식기선반, 침대틀, 옷장, 램프 스탠드, 수건걸이, 심지어 칫솔꽂이에 이르기까지 소나무로 만들지 못할 것이 거의 없다. 1970년대 자연소재의 부활은 폴리에틸렌, 플라스틱, 폴리에스테르로 공간을 채운 시대에 대한 반발의 신호였다. 현대가 인공소재와 고층건물의 시대였다면 이제 분명 소나무를 위한 시대가 열렸다. 도심의 아주 비좁은 아파트에도 시골풍 부엌을 꾸밀 수 있다. 누구든 리놀륨이나 나무를 흉내 낸 포마이카 대신에 진짜를 원했고, 이전 세대가 너무나 기쁘게 갈아치웠던 오래된 세탁봉과 머리가 둥근 나무집게가 장식용품으로 되돌아왔다. 꾸밈없는 스칸디나비아 스타일을 꿈꾸는 사람들을 만족시키기 위해 새로운 가구점들이 생겨났다.

10년이나 20년쯤 지나자 이 반짝이는 소나무 가구들이 인공 선탠을 지나치게 많이 한 사람처럼 보이게 됐다. 더 정교한 광택제를 바르거나 다시 도료를 칠하는 흐름이 생겼다. 스트립트 파인 책장을

●　　　stripped pine. 광택제나 도료를 모두 벗겨내고 다듬어 자연스러움을 살린 소나무 목재나 가구.

근사한 톤의 흰 분필색이나 오리알색으로 다시 칠하는 사람들도 여전히 소나무의 덕을 본다. 유화도료에도, 고된 DIY 작업으로 하루를 보낸 뒤 도료로 엉킨 붓을 씻는 테레빈유에도 소나무 추출물이 들어가기 때문이다. 그 쓰임새가 놀랍도록 다양하다.

소나무는 영국의 가장 오래된 토착종 나무에 속한다. 만 년 전쯤 빙하기가 끝나 빙하가 후퇴할 무렵 소나무가 스칸디나비아에서 북반구를 가로질러 멀리 시베리아까지 퍼질 때 잉글랜드와 웨일스를 거쳐 북쪽으로 퍼졌고, 스코틀랜드에 튼튼히 뿌리를 내렸다. 소나무의 종류는 백 가지가 넘지만 영국에 정착한 지 가장 오래된 종류는 구주소나무*Pinus sylvestris*로, 스코틀랜드 소나무Scots Pine라는 적절한 속칭으로 불린다. 이 나무는 스코틀랜드 고지대의 바위 지형과 메마른 산성 토양에서 잘 자란다.

빅토리아 시대에 자부심 넘치는 사유지마다 소나무 정원을 꾸미는 것이 갑자기 유행할 때 스코틀랜드 소나무는 빼어난 아름다움 탓에 무척 인기 있는 존재였다. 소나무의 너그러운 솔방울은 너무나 쉽게 씨를 뿌리기 때문에 주변 지역에 야생 묘목이 빨리 돋아났고, 소나무는 영국 곳곳에서 사람들에게 친숙한 나무가 되었다. 영국의 공원이나 오래된 교구 목사관 정원에서 한 무리의 스코틀랜드 소나무를 종종 볼 수 있다. 더 작고 무성한 동료 나무들 위로 툭 튀어나온 모습이 어쩌다 하늘로 불쑥 솟아나와 다소 당황해하는 굴뚝청소부의 솔처럼 보인다. 가끔은 시골길 옆에서 스코틀랜드 소나무를 마주치기도 한다. 군데군데 복숭아색을 드러낸 몸통을 높이 쭉 뻗은 모습이 마치 시끌벅적한 홍학들이 무리 지어 털 망토를 차려입고 서 있는 것 같다.

스코틀랜드 소나무를 보기에 단연 좋은 장소는 그들의 자연서식지다. 텅 빈 호수를 굽어보며 바위 위로 가지를 높이 뻗고, 짙고 숱 많은 머리를 곧추세운 채 우뚝 서 있는 키 크고 강인한 모습을 볼 수 있다. 고지대의 황량한 절벽에 홀로 위엄 있게 서 있든, 우아하게 우거진 숲을 이루어 사람들을 왜소해 보이게 하든 소나무는 위풍당당하다. 갤러웨이 숲의 호숫가 소나무들은 바람 없는 날이면 수면에 멀리 몸을 뻗는 듯한 모습으로 비친다. 수면에 반사된 모습으로는 뒤편 언덕보다 더 커 보인다.

소나무는 분명 스코틀랜드 나무로 뽑힐 후보자가 될 만하다. 2013년의 마지막 몇 달 동안 스코틀랜드 자치권 확대 열기가 활기를 띠는 상황에서 스코틀랜드 숲 위원회는 스코틀랜드 사람들이 좋아하는 나무를 널리 조사했다. 스코틀랜드 소나무가 52퍼센트를 얻어서 가까운 경쟁자인 주목과 호랑가시나무를 훨씬 앞섰다. 물론 전례 없는 결과는 아니었다. 스코틀랜드 사람들의 뜨거운 애국심 덕택에 덩켈드Dunkeld에서 물수리들에게 안전한 보금자리를 제공해 유명해진 우아한 스코틀랜드 소나무, 레이디스 트리Lady's tree는 2014년 올해의 스코틀랜드 나무 선발대회에서 다른 고귀한 경쟁자들보다 우위를 점할 수 있었다.

소나무는 영국의 다른 지역에서도 오랫동안 없어서는 안 될 존재였다. 2014년 새해 몇 달을 뒤흔든 대규모 폭풍에 영국 해안이 부서지고 달라졌다. 가장 놀라운 변화는 카디건 만의 보스Borth 근처 물속에 잠겨 있던 오래전 숲이 다시 드러난 일이다. 거대한 파도가 물러나기 시작하자 기이하고 어둡고 앙상한 형태가 해변 위로 드러났다. 처음에는 물고기 지느러미처럼 보였다. 그러나 차츰 수백 년 잠에서 깨어나 유령 같은 말과 투구를 갖춘 대군 같은 모습이 진흙탕에서 서서히 드러났다. 지금의 웨일스를 한때 뒤덮었던 선사시대 숲의 잔재였다. 오래된 참나무와 소나무 둥치가 지난 수천 년간 토탄에 보존된 것이다. 오래전 웨일스 왕족의 부주의로 물에 가라앉았다는 카인트레프 구아일로드*에 대한 옛이야기가 신화에서 역사로 갑자기 바뀌었다.

21세기 영국에서 오래된 전설이 그렇게 구체적 모습으로 나타나는 일은 드물지만, 숲은 우리의 상상력에 깊숙이 뿌리를 내리고 수수께끼 같은 두려움을 먹고 자란다. 많은 동화에서 울창한 소나무 숲은 대개 모호한 위협의 장소로 등장한다. 들어가기는 쉽지만 탈출하기는 불가능해 보인다. 어두운 숲을 조심하라는 교훈은 헨젤과 그레텔, 빨간 모자, 미녀와 야수 이야기를 듣는 어린아이의 기억에 남는다. 이야기는 행복하게 끝날 때가 많지만 숲속에 끔찍한 위

•   Caintref Gwaelod. 웨일스 서쪽 해안에 있는 카디건 만의 물 아래 가라앉았다는 전설 속의 고대 왕국으로 '웨일스의 아틀란티스'라 불린다.

험이 도사리고 있다는 막연한 느낌은 잊히지 않는다. 북유럽의 많은 지역에는 머크우드Mirkwood와 아이언우드Ironwood, '슈바르츠발트 Schwarzwald', 곧 검은 숲에 대한 오랜 전설이 무성하다. 러시아의 소나무 숲에는 바바 야가*도 살고, 프로코피에프Prokofiev의 음악동화 〈피터와 늑대〉에서 피터의 오리를 집어삼킨 늑대도 산다. 마녀와 마법사, 늑대 모두 어두운 숲에서 위력을 발휘하지만 소나무에는 특별한 위험이 있다. 왜냐하면 소나무의 검정 머리 아래 줄기들은 서로 간격을 두고 떨어져 있어서 그 틈새로 들어오라고, 거의 손에 닿을 듯 가까운 거리에 해가 비치는 공터와 오두막이 있다고 손짓하는 것처럼 보이기 때문이다.

숲은 곰과 늑대의 자연서식지다. 앨버타의 온화한 산악림부터 러시아의 타이가**에 이르기까지 불곰이 살며 사냥하고 새끼를 키운다. 키 큰 소나무의 주름진 몸통은 곰들에게 몸을 긁는 기둥이 된다. 늑대들은 여러 다양한 서식지에서 자연적으로 번성하지만 늑대의 주된 포식자가 인간이므로 숨기에 가장 좋은 곳, 곧 으슥한 숲이 우거진 산맥으로 들어갔다. 깊은 숲에서조차 늑대가 꾸준히 제거되다보니 한때 시골 농민들에게 공포의 대상이던 늑대는 동정의 대상이 되었고, 이제는 늑대가 살아남은 많지 않은 유럽 국가에서 보호

- •   Baba Yaga. 러시아 민담에 등장하는 요괴. 숲속에 살며 좁고 긴 절구를 타고 다니는 노파의 모습을 하고 있다.
- ••   taiga. 북미와 아시아의 툰드라 지역과 접하고 있는 침엽수림지대.

받는 생물종이 되었다(그러나 오래전에 늑대나 곰이 살던 곳에 다시 그들을 방사하자는 운동은 여전히 반대에 부딪힌다. 사라지지 않은 불안이 머리를 들기 때문이다). 영국의 마지막 늑대는 18세기에 살해되기까지 스코틀랜드의 소나무 숲을 어슬렁거린 것으로 유명하다. 이 죽음으로 늑대는 두려운 포식자에서 신비한 동물로 지위가 바뀌었다.

한때 스코틀랜드 소나무는 고산지대의 너른 땅을 뒤덮었다. 그러나 전설적인 칼레도니아 숲은 우리가 상상하는 것보다 실제로는 덜 광활했을 것이다. 랜녹 호수Loch Ranoch나 글렌 애프릭Glen Affric, 스페이사이드Speyside, 마리 호수Loch Maree에는 여전히 오래된 소나무들이 남아 있는 작은 지역이 있다. 빙하 시대 이래 거의 변하지 않고 남은 이 자연림은 붉은날다람쥐와 소나무담비, 스코틀랜드솔잣새 같은 아주 희귀한 몇몇 토착종 생물의 안식처다.

인간의 손길이 닿지 않은 장소는 많은 사람을 매혹시키지만, 그런 장소를 상상하는 행동 자체가 적어도 한 사람의 인간 관찰자는 있다는 것을 가정한다. 이런 종류의 '자연으로 돌아가기'는 결코 존재한 적 없는 것에 대한 실현 불가능한 환상이다. 알다시피 좀처럼 사그라지지 않는 환상이긴 하다. 영국 제도처럼 사람이 많이 사는 곳에서 완전한 고립이란 있을 수 없다. 그러나 사람들과 어울려 현대를 살아가며, 대개 도시에 사는 사람들에게 북부의 오랜 소나무 숲을 꿈꾸는 일은 선사시대 영국의 원시적 모습에 되도록 가까이 다가가는 일이기도 하다.

소나무는 그 타고난 아름다움을 가만히 바라볼 만큼 운이 좋은 사람들에게 깊은 감탄을 자아냈다. 17세기 위대한 나무 관찰자 존 이블린은 스코틀랜드의 몇몇 오래된 소나무의 초연한 자태에 크게 경탄했다. 그는 이 나무들을 틀림없이 하느님이 심었으며, 아직까지 다 이해할 수 없는 '축복'으로 가득하다고 생각했다.

선구적인 환경운동가 존 뮤어는 캘리포니아의 산맥을 혼자 처음 여행했을 때 웅장한 사탕소나무*Pinus lambertiana*를 처음 보고 깊이 감동했다. '햇빛 속에 말없이 생각에 잠겨 있거나 폭풍에 활짝 깨어 솔잎 하나하나 떨면서 흔들리는' 모습에 말이다. 은빛 머리를 이고 선 이 거인들은 높이가 약 76미터에 이른다. 뮤어는 이들의 다부진 동료 황소나무yellow pine를 보고는 '식물 왕국의 신들' 같다고 느꼈다. 뮤어는 스코틀랜드에서 태어났지만 어린 시절 미국으로 이민 간 뒤 제2의 조국의 놀라운 자연 현상을 탐구하고 찬양하는 데 온 삶을 바쳤다. 그는 미국의 탁 트인 너른 지역에 신의 존재가 흘러넘친다고 느꼈고 시에라 산맥의 드넓은, 숲으로 덮인 가파른 비탈에서 '소나무들의 설교'에 귀 기울이며 '산맥의 강론'을 받아썼다. 여러 세기에 걸쳐 캘리포니아에 살았던 애코마위족*도 그만큼 사탕소나무를 숭배했다. 그들에게 사탕소나무의 씨앗은 만물을 창조한 조물주의 손에서 떨어진 인류의 기원을 상징했다.

•   Achomawi. 현재 캘리포니아 북동부에 거주하던 아메리카 원주민.

1860년대 뮤어가 처음으로 방문했을 때 요세미티는 오염되지 않은 자연 그대로의 지역이었다. 그러나 19세기 말이 되자 뮤어는 목양산업과 법규, 목재산업이 요세미티를 파괴한다고 한탄하며 이 지역 자연의 아름다움을 보존하기 위해 국립공원을 만들자는 운동을 벌였다. 북대서양 연안에 있던 너른 흰소나무*Pinus strobus* 숲이 몇십 년 만에 거의 사라진 사실이 알려지자 시에라 산맥의 광활한 사탕소나무 숲에 대한 뮤어의 경외감은 점점 깊어졌다. 북대서양 연안의 흰소나무 숲은 이로쿼이족●이 신성하게 여기던 나무들로 가장 두드러진 토착식물이었지만 19세기에 무자비한 도끼와 제재소 때문에 베어나갔다. 국가 간 해전과 철도 시대의 희생자들이었다.

소나무 목재는 무척 가치 있는 상품이었다. 뮤어가 산악 삼림지대의 숭고함을 경험할 무렵 몬터레이 반도의 캘리포니아 소나무들은 이미 배에 실려 새로운 영국의 식민지에 심기기 위해 뉴질랜드로 떠나고 있었다. 시에라네바다 산맥의 눈부시게 아름다운 사탕소나무는 웅장했지만 상처받기 쉬웠다. 소나무는 망가지지 않은 에덴동산의 살아 있는 상징인 동시에 상업적 관심을 가장 많이 받는 대상이기도 했다. 소나무가 있는 낙원은 바로 소나무가 그곳에 있다는 이유로 파괴되기 쉬웠다. 국립공원 운동은 결국 상업적인 벌목회사의 손에서 요세미티를 구했지만, 자연보호구역으로 지정된 뒤에도

●　　　Iroquois. 북아메리카 동부 삼림지대에 거주하던 아메리카 원주민.

요세미티의 유명한 아름다움은 인간의 손이 닿지 않은 풍경을 직접 보길 갈망하는 수많은 관광객을 끌어모았다.

스코틀랜드에 남아 있는 자연림도 규모는 작지만 이상할 정도로 비슷한 아이러니를 일으켰다. 이 오래된 고지대 소나무 숲은 이제 목재상들의 벌채로부터는 벗어났지만 다른 종류의 관심을 끌고 있다. 이들에 감탄하는 사람들이 더 많이 찾아올수록 허약한 서식지가 파괴될 가능성이 늘어나고, 수줍음 많고 희귀한 생물들이 겁에 질려 더 깊숙한 숲으로 들어갈 확률도 높아진다. 오래된 삼림지대의 아름다움에 대한 인식은 이들이 살아남도록 도왔지만, 한편으로는 여행사와 개발업자 들을 더 외진 지역까지 끌어들이는 자극제가 되기도 했다. 그러나 오래된 소나무 숲의 중요성을 무시했다면 그 결과는 훨씬 더 파괴적이었을 것이다. 양떼 목장이 캘리포니아의 황야를 잠식해 들어갈 때 뮤어가 목격했던 것처럼 말이다.

자연보호주의자들은 일상적인 딜레마에 부딪힌다. 삼림지대를 가만히 놔두는 것만으로도 많은 생태적 이점이 있을 수 있다. 쓰러진 나무는 재생에 필요한 양분을 공급할 뿐 아니라 곤충 군집과 균류의 서식지가 되기 때문이다. 그러나 몇몇 종들이 자유롭게 돌아다니도록 놔둘 때 생기는 문제도 있다. 이를테면 사슴이 천적 없이 숲에 산다면 초목을 지나치게 먹어치워서 결국 굶주리게 될 위험이 있다. 책임 있는 숲 관리는 요즘 우리가 맞닥뜨린 큰 과제다. 물론 관리되는 숲을 오래된 자연림이라 부르는 것은 다소 억지스러워 보인다.

사람들은 오랫동안 삼림지대에 영향을 미쳤고, 특히 소나무는 쓸모가 다양하다보니 사람들의 이런저런 개입에 노출되기 쉬웠다. 어떤 면에서 자연림은 가장 매혹적으로 보존된 곳이지만 소나무가 자라는 환경으로서는 가장 자연스럽지 못하다고 할 수 있다.

사실, 사람과 소나무의 관계는 워낙 친밀하고 오래돼서 그런 관계를 '자연적'이지 않다고 보기도 어렵다. 세계에서 가장 오래 사는 소나무들은 잎이 거의 없고 줄기가 비틀린 브리스틀콘 소나무*Pinus longaeva*로, 5천 년쯤 살았고 '므두셀라'●라는 애정 어린 이름으로 가장 잘 알려져 있다. 프랑스 아르데슈의 유명한 쇼베 동굴에 있는, 세계에서 가장 오래된 벽화를 보면 기원전 18세기에 그림을 그린 신석기 시대 예술가들이 3만2천 년쯤 전에 살고 있었을 소나무 숲을 이용했음을 알 수 있다. 사람들은 적어도 2천 년간 소나무를 벌목하고 재배한 것으로 보인다. 이토록 오랜 공생 관계다보니 '자연적' 관계란 어떤 것인지 묻지 않을 수 없다.

소나무의 역설은 이것이다. 모든 나무 가운데서 가장 키가 크고, 가장 품위 있고 우아하며 신비로운 이 나무가 사람들이 가장 하찮은 일에 일상적으로 쓰는 나무이기도 하다는 것이다. 소나무는 겉보기에는 혈통 좋은 말처럼 보이지만 알고 보면 짐말이다. 켈트 민담부터 현대 삼림지에 이르기까지 소나무는 항상 심미성보다는

●　　Methuselah. 창세기에 등장하는 노아의 할아버지로, 969세까지 살았다고 한다.

유용성으로 찬양되었다. 소나무는 최고의 멀티태스커다. 소나무의 길고 곧은 몸통은 때가 되면 큰 배의 돛대, 수직갱도의 갱목, 전봇대, 울타리 기둥, 서까래, 침목이 된다. 소나무 묘목은 빠르게 성장해 키 크고, 튼튼한 우뚝 솟은 나무가 되어 벌목되고 쌓여 있다가 운송된다.

세계 곳곳의 많은 지역에서 소나무는 가장 쉽게 구할 수 있는 건축 재료다. 건축을 위해 만들어진 재료처럼 보일 정도다. 나는 한때 스코틀랜드 고지대의 통나무 오두막에 머문 적이 있는데, 마룻장이나 나무 벽이나 지붕이나 아주 비슷해서 포장상자 안에서 사는 느낌이 들기도 했다. 침대에 누워 있으면 천장 위에 떠서 바닥을 내려다보는 듯했다. 추위를 쫓기 위해 술 한두 잔을 마시면 더 그랬다. 이런 통나무 오두막은 자연과 가까워지려는 또 다른 시도에 속하는데, 이 역시 세계적 산업에 대한 생각으로 쉽게 이어진다. 나중에 나는 온통 얼음으로 뒤덮인, 사람 없는 노르웨이 도로를 따라 북극권으로 간 적이 있다. 그 여행에서 북극광만큼이나 잊히지 않는 것은 마주 오는 거대한 목재 트럭들과 줄줄이 마주친 기억이다.

세계의 여러 큰 강들은 큼직한 통나무 뗏목이 지나는 주요 통로였던 적이 있다. 위스콘신의 도시들이나 미시시피 강을 따라 늘어선 도시들은 원래 흐르는 물로 동력을 공급했던 강변 목재 저장소와 제지 공장 주변에서 성장했다. 제지공장은 주요 재료인 목재 펄프를 소나무에 의존한다. 소나무 목재는 부드럽고 가느다란 조각으로 찢

을 수 있으며 비교적 싸기 때문이다. 제지업자들은 여러 해 전에 소나무에서 나온 송진을 가열해서 만든 고형물질 로진rosin을 종이에 바르면 종이가 최대한 매끄러워지고 흡수성이 최소한으로 줄어든다는 사실을 발견했다. 또한 송진을 추출한 소나무를 태우면 검댕이 훨씬 건조하고 잉크를 제조하는 데 더 잘 맞는다.

로진은 한때 콜로폰colophon이라고도 불렸다. 가장 좋은 로진이 에게 해 콜로포니의 소나무에서 나왔기 때문이다. 로진은 요즘에도 고전음악계에서 필요하다. 로진을 현악기의 활에 문지르면 현에서 덜 미끄러지도록 돕는다. 발레화에 바르면 민망한 실수를 줄여준다. 바이올린의 광택도 소나무에서 나온 광택제 덕택이다. 그러니 시벨리우스의 바이올린 협주곡을 들으며 핀란드의 소나무 숲으로 실려 가는 느낌이 든다면 제대로 느낀 것이다. 음악은 첫눈에 보기보다 소나무와 더 가깝게 연결돼 있다. 로진은 껌에 당밀을 입힐 때도 쓰일 수 있다. 그렇다고 클래식 음악회에서 심심풀이로 껌을 씹으라는 말은 아니다.

종이에 로진을 먹이는 것은 빅토리아 시대에 발명된 방법으로, 인간과 소나무의 오랜 역사에서 비교적 최근의 일이다. 사람들은 배를 만들기 시작했을 때부터 물이 배 안으로 스미는 것을 막기 위해 피치pitch를 발랐다. 영국에서 선원들을 '잭 타르Jack Tar'라 부르는 이유도 소나무에서 추출한 타르를 상선의 밧줄과 삭구에 정기적으로 발랐기 때문이다. 소나무는 송진을 뚝뚝 흘리기 때문에 나무와 뿌리가 천천히 타면서 숯으로 변하는 과정에서 타르와 피치(찐득하고 검고 톡 쏘는 냄새를 풍기는 비스코스 물질로, 수액이 증류될 때 흘러나온다)가 생산된다. 타르와 피치는 따뜻할 때 가단성이 좋으며 마르기 전에는 거의 모든 형태와 질감의 표면에 딱 달라붙는다. 이것은 선박회사와 통 만드는 사람들에게 무척 소중한 자원이며, 아마 고대 이집트에서 시신을 방부처리 했던 사람들도 미라에 물이 들지 않도록 이용했을 것이다. 울퉁불퉁하고 흙먼지 날리는 도로에 타르를 눌러 바를 수 있다는 발견은 초기 운전자들에게 큰 영향을 미쳤다. 그들의 차는 타맥*으로 포장된 길에서 훨씬 잘 달렸다. 물론 소나무 타르는 이내 더 견고한 유성 타르로 대체되었다.

소나무 타르는 종종 금색을 띠며 비교적 부드러워서 여전히 나무 지붕과 배, 정원 가구를 처리하는 데 좋다. 그리고 비듬을 없애는 데도 쓰이지만 효과는 확실치 않다. 노스캐롤라이나는 광활한 숲에서 소나무를 생산하여 얻는 높은 수익 덕택에 '타르 힐 스테이트Tar Heel State'란 속칭을 얻었다. 노스캐롤라이나의 야구팀은 선수들이 야구 방망이를 놓치지 않도록 지역 생산품을 사용한다. 타르는 몇몇 약용비누에도 끈적이는 성분을 제공한다. 소나무의 걸쭉하고 풍부한 송진은 접착제와 광택제, 용제와 껌에 무궁무진한 재료를 제공하는 듯 보인다. 사람들은 소나무 수액으로 테레빈유와 테이프도 얻고 여행도 한다.

타르의 감촉은 훨씬 더 잔인한 관습에도 영향을 미쳤다. 그중에는 '타르와 깃털 붓기tarring and feathering'도 있다. 집단적 반감을 산 불행한 희생자에게 액체 타르를 들이부은 다음 깃털을 쏟아붓는 관습이다. 셰이머스 히니는 〈처벌Punishment〉이라는 시에서 덴마크의 토탄 늪에서 발굴된 오래된 시신의 '타르처럼 까만' 얼굴을 묘사하면서 이 이름 모를 여인의 운명과 현대 벨파스트에서 '더 트러블스'**

●　　　Tarmac. 도로를 포장할 때 쓰는 재료로 타르가 주요 성분임.
●●　　The Troubles. 1960년대 말부터 1990년대 말까지 북아일랜드에서 아일랜드와 통합을 원하는 가톨릭교도 주민과 영국 영토로 남길 바라는 신교도 주민 사이에 벌어진 분쟁 기간을 일컫는 말. IRA는 아일랜드와의 통합을 위해 활동했던 반군사조직이다.

기간에 IRA로부터 비슷한 처벌을 받은 사람들의 운명을 연결했다.

《위대한 유산*Great Expectations*》에서는 타르의 공포가 조금 덜 잔인하게 그려진다. 소설에서 디킨스는 타르 물을 어린 핍이 먹기 싫지만 먹어야 하는 치료약으로 등장시켰다. 소나무 타르를 희석해서 만든 타르 물은 전통적인 만병통치약으로, 아이에게 떠먹이면 아이를 위협할지 모를 거의 모든 질병으로부터 보호할 수 있다고 여겨졌다. 철학자이자 만물박사이며 대단히 독창적 사상가였던 클로인의 주교 조지 버클리는 타르 물로 자기 가족의 열병을 치료한 적이 스물다섯 차례나 있다고 주장했다. 이 주제를 다룬 그의 논문 〈쟁점: 타르 물의 미덕에 대한 철학적 탐구와 성찰〉은 날개 돋친 듯 팔려서 차츰 전 국민을 위한 처방으로 확장되었다.

버클리에게 영감을 주고 어린 핍을 두렵게 한 타르 물의 맛은 이제 다소 완화되긴 했으나 핀란드에서는 여전히 감미료와 맥주, 아이스크림, 사탕에 이용된다. 살균성이 있고 냄새가 상쾌한 소나무는 인후염과 기관지염 치료제로 쓰인다. 에드워드 시대 잉글랜드에서 소비자들은 PEPS—'기침과 감기를 위한 솔향 치료제A Pine Air Treatment for Coughs and Colds'—를 사라는 광고의 종용을 받았다. 이 상품의 효능을 보증한 사람은 다름 아닌 해리 로더*로, 누구나 알다시피 목소리를 잘 관리해야 하는 사람이었다.

---

*   Harry Lauder. 20세기 초반에 명성을 떨친 스코틀랜드의 가수이자 코미디언으로, 영어권 국가에서 큰 인기를 모았다.

솔잎 우린 물은 류머티즘 통증을 줄이는 목욕물로 여전히 쓰이지만, 솔잎이 어디로 들어갈지 모르니 작은 구멍이 있는 주머니에 담아 목욕물에 넣는 게 좋다. 소나무의 향은 강하고 매혹적이다. 그러니 상큼한 소나무 향이 난다고 광고하는 배스오일이 나올 만하다. 이 모두는 우리의 집단적 환상의 일부다.

소나무는 상업적으로 가장 많이 이용되면서도 여전히 '자연스러움'을 뜻하는 나무다. 우리는 화장실에서 솔향이 나길 바란다. 소나무유pine oil는 여러 살균제에 주요 성분으로 쓰이기도 하니, 화장실의 솔향은 더 자연적이지만 덜 환영받는 냄새를 감추는 문제만은 아니다. 소나무 베개는 가공된 향을 주입했든, 신선한 솔잎을 가득 채웠든 잠을 상쾌하게 잘 수 있게 돕는다. 향긋하고 눅눅한 북부 소나무 숲의 공기가 느껴지는 듯하다. 아니면 소나무에 둘러싸여 바닷물에도 솔향이 스며 있는, 따뜻한 지중해 연안의 공기가 느껴지는 듯도 하다.

어둡고 우아하며 가장자리가 처진 남유럽의 우산소나무stone pine는 이탈리아부터 동지중해 지역에 이르기까지 요리에 등장하는 식용 잣의 원천이기도 하다. 진짜 페스토●는 가장 좋은 바질과 잣이 자라는 제노바 주변에서 나온다. 잣은 올리브유, 페코리노, 파르메산 치즈와 함께 빻아서 이탈리아 파스타와 생선 요리에 걸쭉한 소스

●　　pesto. 으깬 바질 잎과 잣, 마늘, 파마산 치즈, 올리브유로 만든 소스. 주로 파스타 요리에 활용한다.

로 쓰인다. 그리스와 레바논에서는 구운 잣을 샐러드와 짭짤한 요리에 뿌려 먹고 토스카나와 터키에서는 비스킷과 케이크, 타르트를 구울 때 쓴다. 잣을 으깨서 우유 같은 것을 만들고 물과 흔들어 섞으면 다른 음료보다 훨씬 영양가 높은 혼합음료를 만들 수 있다. 소나무는 건강에 좋은 요리를 제공할 뿐 아니라 요리를 익히는 자연수단이 되기도 한다. 큼직한 솔방울을 뿌려서 해변에서 바비큐도 즐기고 향긋한 야외 장작도 피울 수 있다.

솔방울은 전통적인 날씨예보의 단골손님이기도 하다. 기온이 오르면 느슨해지기 때문이다. 장갑을 두른 듯 단단하게 조인 주먹을 느슨하게 풀어 벌어진 틈새로 목질의 잎을 층층이 드러낸다. 이제 기상학자들은 솔잎도 그만큼 흥미로운 정보를 드러낸다는 사실을 깨달았다. 살충제와 오염물질이 솔잎의 반짝이는 초록 외피에 내려앉으면 뚜렷한 패턴이 남는데, 여러 달에 걸쳐 관찰하면 서서히 달라지는 대기질의 변화를 정확하게 기록할 수 있다.

흡수력과 적응력이 좋은 소나무는 진정한 생존자다. 1986년 체르노빌 핵 재앙 이후 우크라이나의 몇몇 소나무는 방사능 겨울에도 살아남는 놀라운 능력을 보여줬다. 이들은 새로운 유해 환경에 맞춰 DNA를 변형시켰고, 그렇게 해서 조금씩 생명력을 회복할 수 있었던 것 같다. 이런 현상의 진화론적 중요성은 아무리 강조해도 지나치지 않는다. 훨씬 더 흥미로울 수 있는 현상은 상쾌한 솔향이 공기 입자를 자극해 팽창시켜서 공기가 상승할 때 냉각 에어로졸 효과

cooling aerosol effect를 만들어낸다는 것이다. 소나무 숲은 스스로 구름덮개를 만들어낼 수 있는 것 같다. 이런 구름덮개는 거대한 자연 거울로 태양광선 일부를 과열된 지구로부터 먼 성층권으로 되돌려보낸다. 신비로운 소나무를 가만히 살펴보면 이 나무가 우리를 굽어살피고 있다는 걸 알게 된다.

이 모든 것이 무엇을 뜻하게 될지 완전히 알기는 아직 이르다. 그러나 오랫동안 사람을 돕고 치유한 소나무의 특성이 다시 한번 인류에게 도움이 될 듯하다. 위대한 미국 삼림을 지킨 영예로운 존 뮤어는 지구에는 지구가 치유하지 못할 슬픔은 없다고 확신했다. 소나무의 가르침을 존중하는 그의 태도가 무척 근거 있었음이 밝혀지고 있다. 자연으로 돌아가는 것은 어쩌면 영원한 환상인지 모르겠으나, 우리는 여전히 소나무로부터 배워야 할 것이 많은 듯하다.

사과나무
Apple

사과나무는 나무계의 알파α다. 항상 모든 나무의 처음에 있다. 서양 문화는 에덴동산으로 거슬러 올라가든 고대 그리스로 되돌아가든 사과와 함께 시작했다. 〈창세기〉에는 사실 나무 이름이 구체적으로 나오지 않았지만 르네상스 시대 화가와 시인들은 우리 할머니의 할머니의 할머니 이브를 그토록 사로잡고 기쁘게 한 나무가 무엇인지 확신했다. 밀턴은 뱀 모양을 한 사탄이 지식의 나무Tree of Knowledge(선악과)의 '이끼 낀 몸통'을 감고 올라가 '그 아름다운 사과를 맛보려는… 맹렬한 욕망을 만족시키려' 했다고 상상했다. 또한 뒤러, 크라나흐, 티치아노, 루벤스의 매혹적인 그림에서는 최초의 남자와 여자 사이에 사과나무가 매끄럽고 통통한, 탐스러운 동그란 열매를 매달고 곧게 서 있다. 그런데 왜 사과나무일까?

다 자란 사과나무를 9월에 보면 왜 그런지 짐작할 수 있을 것이다. 가지는 햇사과 무게 때문에 땅으로 구부러져 있고 싱그러운 색깔로 붉어진 매끄럽고 통통하고 보조개 파인 신선한 사과들이 튼튼한 잎맥이 도드라진, 반짝이는 초록 나뭇잎 사이로 보이는 모습이 드레스 위로 노출된 가슴골처럼 매혹적이다. 게다가 낮게 자란 가지들 덕택에 이 금단의 열매를 따기가 '무척' 쉽다. 사과나무는 시작의 나무이지만 유혹의 나무이기도 하다. 무슨 일이든 잘못될 때마다 비난받는 나무다. 〈솔로몬의 노래The Song of Solomon〉●에서 사과나무는 숲에서 가장 매혹적인 나무로, 숨결에서 사과 향이 나는 연인들의 보금자리이자 식량저장실이다. 그리스인들에게 사과나무는 사랑과 불화의 나무다. 황금 사과가 당연히 자기 것이라 생각하는 세 여신 가운데 하나를 선택해야 했을 때 파리스가 사랑의 여신 아프로디테의 손을 들어줬기 때문이다. 거부당한 여신 헤라와 아테네의 복수는 곧이어 모든 것을 파괴하는 전쟁으로 발전했다. 파리스는 트로이의 헬레네를 얻었지만 참담한 트로이 전쟁에서 다른 모든 것을 잃고 말았다.

사과나무는 사랑과 미움을 키운다. 이는 사과가 일반적으로 자라는 모습에서도 드러난다. 통통한 한쪽 뺨은 늦여름 태양의 따뜻한 숨결에 빨갛게 달아오르지만, 거친 가지에 눌린 반대쪽은 초록빛으

●   구약성경의 일부. 우리나라에서는 '아름다운 노래'를 뜻하는 아가雅歌라 불린다.

로 창백하게 남는다. 사과는 익어가는 태양의 절친한 친구로 태양의 축복을 가지에 잔뜩 매달기도 하지만 억눌린 분노와 질투가 가득 찬 마음에서 너무나 빨리 자라나는 독 나무의 열매이기도 하다. 우리가 백설공주 이야기에서 일찍이 알고 있듯 흠잡을 데 없이 동그랗고 손바닥만 한 열매를 매단 이 나무에는 깊은 감정을 자극하는 무엇인가가 있다. 사랑스럽고 반짝이는 빨간 껍질 밑에서 우리는 가끔 벌레먹은 구멍과 집게벌레, 완전히 썩은 속을 발견하기도 한다. 사과를 베어 무는 한 입 한 입이 모두 약속처럼 달콤하지만은 않다.

떨어지는 사과는 막 피어나는 아름다움의 끝인 것처럼 보인다. 모든 것이 미래에 대한 약속을 멈춘 완성의 순간처럼 보인다. 사실 떨어지는 사과는 시작이기도 하다. 1665년 아이작 뉴턴은 전염병 때문에 케임브리지에서 공부를 중단하고 링컨셔의 가족 농장으로 돌아와야 했다. 과수원에서 무겁게 열매를 달고 서 있는 사과나무는 계절의 일상적인 모습이지만 그해 뉴턴에게는 그 모습이 완전히 새로운 시각에서 보였다. 왜 사과는 땅으로 떨어질까? 왜 하늘로 휘돌며 올라가거나 옆으로 들판을 가로질러 날아가지 않을까? 명석한 젊은 수학자에게 사과나무 아래서 보내는 평화로운 시간은 계시와 혁명의 순간이었다. 그것은 지식의 나무이자 복 받은 추락의 나무였다. 제철에 바람에 흔들려 떨어지는 사과에서 태양계 전체의 움직임이 갑자기 모습을 드러냈으니 말이다.

뉴턴의 나무는 아주 오래 살다가 1820년 중력에 굴복했다. 하지만 그 과수원은 사과나무의 생명력을 증명하는 살아 있는 기념비로 남았다. 쓰러진 나무의 가지 하나가 몸통 굵은 노목으로 자라 여전히 가을이면 불그레한 황금색 과일을 어마어마하게 생산한다. 켄트의 꽃Flower of Kent이라 불리는 이 오래된 품종의 열매는 초록에서 오렌지색, 빨간색의 스펙트럼을 거치며 익는다. 뉴턴이 관찰했던 원래 나무의 작은 목재 조각이 코담배갑 형태로 살아남아 신성한 성물처럼 장원 저택에 전시되고 있다. 한편, 근처 그랜섬Grantham의 아이작 뉴턴 쇼핑센터에 있는 거대한 시계는 정각마다 빨간 플라스틱 사과가 종을 쳐서 잠자는 사자와 무심히 지나던 방문객들을 깜짝 놀라게 한다(쇼핑센터가 전면 개조될 때 이 시계 나무의 생존이 심각하게 위협받았지만 사자와 사과, 시계는 여전히 남았다).

지식의 나무라는 사과의 지위는 잎사귀가 하나 달린 무지개색 사과가 첫번째 개인용 컴퓨터의 상징이 되어 기가바이트 시대와 뉴턴의 위대한 과학 혁명을 연결하면서 더욱 튼튼해졌다. 애플 사의 사과 상징은 또한 앨런 튜링에 바치는 헌사로도 여겨진다. 암호 해독자이자 컴퓨터과학의 선구자였던 앨런 튜링은 1954년 자살했는데, 당시 영국에서 불법으로 간주되었던 동성애와 관련된 견딜 수 없는 압박 때문이었다. 그의 시신은 백설공주의 사과처럼 반쯤 베어 먹은 독이 든 사과 옆에 누워 있었다. 애플 사의 상징은 어쩌면 1960년대 청년 혁명에 더러 빚졌는지도 모른다. 스티브 잡스가 열세 살일 때 그가 좋아하는 밴드가 애플 음반회사를 설립했다. 애플 사

Apple Corps를 설립한 비틀스 덕택에 사과는 청년 문화의 상징이 되었다. 디제이들은 그래니스미스* 로고가 가운데 박힌 애플 사의 첫 음반을 사랑했다. 〈헤이 주드Hey Jude〉는 그때까지 제작된 싱글곡 중에서 가장 길었다. 연주 시간이 7분이 넘었으므로 '나-나-나-나-나-나-나-'가 차츰 희미해질 때까지 디제이들은 커피 한 잔을 얼른 마실 수 있었다. 사과의 잘린 면이 그려진 B면에 실린 노래는 〈레볼루션Revolution〉이었다. 자신들의 정신을 해방하려는 의지가 하늘을 찔렀던 비틀스 팬들은 베이커 가에 있는 환각적인 애플 부티크**로 몰려들었지만 그곳에서 판매하는 상품들을 돈 주고 사지는 않았다. 사업적인 관점에서 보면 실패였다.

영원히 젊음을 누리는 신화의 땅에서 모든 사람은 사과를 먹고 산다. 적어도 고대 켈트 신화에서는 그렇다. 사과는 테니슨의 시에서 죽어가는 아서 왕이 애통한 상처로부터 치유될지 모를 안식처이자 '과수원 잔디밭과 함께 행복하고 잔잔한 깊은 초원'으로 상상한 아발론 섬에 번창한 과일이었다. 바이킹 신화에서도 강력한 우두머리 수컷 신들은 노화와 죽음을 물리치기 위해 여신 이둔***의 어여쁜 사

---

*   Granny Smith. 19세기 호주에서 유래한 사과 품종이며, 녹색을 띤다. 이 품종을 퍼트린 메리 앤 스미스Mary Ann Smith의 이름을 땄다.

**   Apple Boutique. 1967년 12월 비틀스가 베이커 가에 연 소매점으로, 주로 의류와 장신구를 팔았다. 손님들이 돈을 지불하지 않고 물건을 그냥 들고 가는 일이 잦아 결국 1968년 7월에 문을 닫았다.

*** Idunn. 북유럽 신화에서, 먹으면 늙지 않는 사과를 관리하는 여신.

과를 먹었다. 사과나무는 오래도록 젊음과 연결되었다. 이는 사과나무의 비교적 짧은 생애와 관련 있다. 참나무, 주목과 달리 사과나무는 30년 넘게 살지 못할 때가 많다. 천천히 자라는 동료 나무들이 생을 진짜 시작하기도 전에 사과나무는 싹을 틔우고 쓰러진다. 놀랍도록 빨리 노화되며 사과나무부란병과 검은별무늬병 같은 불운한 질환에도 걸리기 쉽다. 건강한 나무도 뭉툭해진 갈색 껍질에, 눈에 띄게 이상한 각도로 뻗은 가지들 때문에 너무 이른 나이에 몸이 구부정해진 것처럼 보인다. 나무의 모든 좋은 것이 흠 없는, 장밋빛 볼을 지닌 열매로 가버린 것처럼 보인다. 80년이나 백 년 넘게 사는 사과나무가 더러 있지만 이렇게 나이 들고, 다소 기운이 빠진 나무들은 열매가 열리지 않고 가지가 축 처지기 시작하면 대개 오래 살지 못한다.

2002년 나무위원회가 엘리자베스 2세 재임 50주년을 기념해 선정한 '위대한 영국 나무 50'에 등재된 사과나무 노목은 딱 두 그루뿐이다. 울즈소프Woolsthorpe에 있는 뉴턴의 역사적인 사과나무와 노팅엄셔의 사우스웰Southwell에 있는 첫번째 브램리• 사과나무다.

영국에서 가장 사랑받는 요리용 사과인 브램리 사과는 나폴레옹 전쟁 기간에 씨앗을 심어 사과나무를 처음 키운 메리 앤 브레일스퍼드가 아니라, 메리의 오두막 텃밭을 사서 빅토리아 여왕 즉위년에 초록 사과가 처음으로 가지에서 열리는 모습을 지켜본 도살업자 브

•   Bramley. 시큼한 맛 때문에 요리용으로 사용하는 큼직한 사과 품종.

램리의 이름을 땄다. 이 나무의 진정한 잠재력을 재빨리 알아본 이들은 지역 묘목장을 소유한 메리웨더스 가족이었다. 이들은 도살업자의 나무에서 가져온 꺾꽂이용 가지로 얼른 과수원을 만들었다. 이 큼직한 사과는 크기만큼이나 대성공이었다. 지금까지도 그 이름이 우리에게 친숙한 것을 보면 사과나무가 불멸을 누리는 방식은 다양한 것 같다. 그러나 브램리 사과의 명성도 첫 브램리 나무를 보존해주지는 못했다. 원래의 나무는 몇 년 뒤에 쓰러졌다. 하지만 오래된 몸통에서 새로운 뿌리와 싹이 돋아났고 조금 더 헌신적인 주인을 만난 덕에 상당한 명성과 행운을 다시 누리고 있긴 하다.

사과나무가 워낙 빨리 번성하고 빨리 쓰러지기 때문에 쉽게 번식하리라 생각하기 십상이다. 사실, 씨로 재배되는 사과나무는 거의 없다. 사과나무는 이형접합체*이기 때문에 어린 나무는 대개 어머니 나무와는 전혀 다른 모습으로 자란다. 메리 앤 브레일스퍼드는 크게 성공했지만 씨에서 자란 사과나무가 열매를 맺는 건강한 어른 나무로 자라기는 힘들다. 나는 원에 실험으로 이 사실을 깨달았다. 대단한 열의로 사과 씨앗 몇 개를 심고 자라는 모습을 지켜봤다. 처음에는 예쁘고 작은 묘목이었던 것이 차츰 성장을 멈추더니 뒤틀리고 우스꽝스러운 나무로 변해갔다. 한 그루는 살아남아서 어른 나무가 되기는 했으나 꼿꼿이 자라지도, 내가 바라던 대로 열매를 맺지도 못했다.

●   상동염색체에서 짝이 되는 대응형질의 유전자가 서로 다른 경우로, 자가수정을 통해 얻어지는 후대가 다양하게 분리된다.

경험 많은 재배자들은 사과나무를 키울 때 어린 가지 또는 작은 잔가지를 잘라서 그 가지를 원줄기에 접붙여야 사과가 잘 열린다는 것을 안다. 서로 다른 품종을 이종교배하면 새로운 사과 품종을 계속 만들어낼 수 있다. 2013년에는 폴 바넷의 놀라운 사과나무가 뉴스거리가 되었다. 바넷의 사과나무는 붙임성 좋은 가지들에 다른 가지를 신중하게 접붙인 결과 무려 250종류나 되는 사과를 맺을 수 있었다. 반짝이는 열매를 가득 매단 데다 각 품종을 표시한 작은 삼각 깃발들까지 펄럭이는 무성한 머리를 몸통이 감당하기엔 너무도 벅차 가지마다 지지대를 세우다보니 생명력 넘치는 나무 아래로 이상하고 각진 그늘이 생겼다.

사과나무는 영국 문화의 변함없는 부분이기는커녕 이런저런 끊임없는 변화를 겪었다. 셰익스피어의 오래된 큼직한 코스타드˙는 1820년 리처드 콕스˙˙가 양조업에서 은퇴해 슬라우Slough 근처 자신의 사유지에서 사과 재배에 몰두하기 시작할 무렵 거의 멸종됐다. 많은 유명한 사과나무의 운명이 그러하듯 콕스 오렌지 피핀Cox's Orange Pippin의 원래 나무도 1911년에 쓰러졌다. 그 무렵에는 이 맛있는 후식용 사과의 수요가 급증해서 무척 많은 후손이 무럭무럭 자라고 있었다. 서로 다른 사과 품종을 전시해놓으면 가족모임과 비슷

˙ costard. 영국의 오래된 큼직한 사과 품종을 일컫는 말. 속어로 '머리'를 뜻하기도 하고, 셰익스피어의 희극 《사랑의 헛수고Love's Labour's Lost》에 등장하는 광대의 이름이기도 하다.

˙˙ Richard Cox. 콕스 오렌지 피핀 품종을 개발한 양조업자이자 원예가.

하다. 스터머 피핀Sturmer Pippin은 아마 립스턴 피핀Ribston Pippin과 난퍼레일Nonpareil의 후손일 것이다.

사과는 오두막 텃밭에서나 큰 사유지에서나 잘 자라기 때문에 사과 재배는 평등을 추구한다. 블레넘 오렌지 품종은 이름이 근엄하게 들리지만 처음에 옥스퍼드셔의 노동자가 키웠다. 과수원이 아니면 어디에서 척후병Gredadier과 데본셔 공작Duke of Devonshire, 램본 경Lord Lambourne, 벌리 경Lord Burghley, 웨일스 공Prince of Wales이 애니 엘리자베스Annie Elizabeth와 윌리엄 크럼프William Crump, 윌크스 목사Reverend Wilkes, 스미스 할머니(그래니스미스)와 뺨을 맞대고 있는 모습을 볼 수 있을까? (영국 과수원에서 자란 그래니스미스는 좀 시큼할지 모른다. 더 달콤한 맛이 나려면 호주의 태양이 필요하다.) 이 모든 독창적인 재배방식에도 운 좋은 발견이 늘 있다. 베스 풀Bess Pool 품종은 어느 날 숲에서 어린 나무를 우연히 발견한 여관 주인 딸의 이름을 땄다. 사과의 역사는 고된 접붙이기와 우연으로 가득하다. 하지만 볼품없는 어린 나무에서 잠재력을 발견한 누군가의 이야기가 대개 들어 있다. 사과 이름에도 숨겨진 역사가 가득하다. 하지만 조심해야 한다. 애덤스 페어메인Adams Pearmain은 인류 최초의 정원사와는 아무 관계가 없다. 로버트 애덤스의 이름을 땄을 뿐이다. 뉴턴스 원더Newton's Wonder가 아이작 뉴턴 경과 관계가 있으리라 생각한다면 틀렸다. 이 사과는 더비셔의 킹스 뉴턴 마을에서 처음 재배되었다.

사과나무에는 사실 '자연적'이랄 게 하나도 없다. 다 자란 사과나무의 형태조차 사람이 만든 것일 때가 많다. 사람들은 사과나무를 '훈련'시키길 좋아한다. 마치 조금만 인내심 있게 훈련시키면 재주 하나둘쯤은 가르칠 수 있다는 듯 말이다. 정말 그렇다. 노련한 손길로 보살핌을 받은 사과나무들은 무척 놀라운 형태로 자라기도 한다. 피라미드 형태나 와인잔 모양, V자형, 공작 꼬리 모양으로 자라기도 한다. 커다란 초록 시소처럼 가지를 쭉 뻗은 가지시렁* 사과나무는 '어깨'에서 이름이 유래했다. 지나치게 자란 팔을 가장 많이 지탱해야 하는 곳이 어깨일 테니 말이다. 이처럼 신중하게 훈련된 습성은 단지 즉흥적인 선택으로 탄생하지 않는다. 과일을 따기 쉽게 해주고 과일이 더 골고루 자라고 사과 하나하나가 햇빛을 흡수해 고른 색이 나게 돕기 위해 선택된 습성이다.

사과는 나무에서 따서 바로 먹든 파이와 퍼프,** 앰버,*** 덤플링으로 굽든 늘 기본적이고 구하기 쉬운 음식이었다. 영국에서는 오븐을 갖출 수 없는 사람들이 동네 빵집에 사과 요리를 들고 가서 익혀달라고 부탁하곤 했다. 물론 푸딩을 둘러싼 난동을 피하려면 자기 것을 확실하게 표시해야 했다.

---

* espalier. 벽이나 시렁을 타고 자라도록 가꾼 나무나 그런 나무가 타고 자라게 만든 틀. '어깨'를 뜻하는 라틴어에서 유래했다.

** puff. 층층이 쌓은 반죽층 사이에 버터나 기름을 넣어 부풀도록 만든 페이스트리에 사과나 다른 과일을 얹어 굽는 디저트.

*** amber. 영국의 전통 디저트. 갈아서 구운 사과 위에 달걀 흰자위와 설탕을 섞은 머랭을 덮어 구운 파이.

심지어 아름다운 토종 야생사과나무에 열리는 쌉쌀한 야생사과
마저 계절의 특별 선물이다. 이런 야생사과는 젤리로 만들어 샌드위
치에 넣거나 고기와 함께 먹을 수 있다. 나는 어린 시절에 맡았던 젤
리 냄새를 아직도 기억한다. 9월 말, 학교에서 집으로 돌아오던 길이
었다. 어머니는 흰 목제 의자를 뒤집은 뒤 다리에 오래된 베개 주머
니를 임시방편 젤리 주머니로 단단히 붙들어 맨 다음 잘 익은 야생
사과를 끓여서 만든, 진한 핑크색으로 반짝이는 걸쭉한 과육을 천천
히 걸러냈다. 사과에는 채식주의자들이 좋아하는 고형화제의 원료

인 펙틴이 풍부해서 야생사과의 과육은 불투명한 노을빛 젤리로 병에 잘 굳는다. 사과 펙틴은 또한 자두와 블랙베리, 풋토마토를 잼과 처트니로 굳히는 데도 도움이 된다.

토마토를 익히는 오래된 방법은 토마토를 가득 담은 자루에 사과 하나를 넣는 것이다. 아마 사과에서 나오는 천연 식물 호르몬인 에틸렌이 도움이 되는 모양이다. 그러나 사과 중에는 정반대의 효과를 사람에게 내는 품종도 더러 있다. 희귀한 스위스 사과 품종의 줄기세포는 요즘 인간의 피부성장을 증진하고 주름을 줄이는 데 사용되고 있다. 특정 암과 관다발병 예방을 연구하는 학자들이 사람의 노화를 막는 사과의 능력을 검토하고 있다. '매일 사과 한 알'이 어쩌면 21세기 치료법이 될지 모른다.

매끈한 피부와 아프지 않는 몸에 대한 꿈은 영원히 늙지 않는 땅에 대한 현대식 버전이다. 그리고 사과는 여전히 나무에 매달려 우리에게 낙원에 이르는 새로운 방법을 시도해보라고 속삭인다. 장래 배우자의 이름 첫 글자를 알아내기 위해 사과 껍질을 어깨 너머로 던질 때 누군들 언젠가 다소 다른 상황에서 그 사과 껍질에 항암 화학물질인 트리테르페노이드가 함유되었음이 드러나리라 짐작이나 했을까?

건강에 좋고 활력을 주는 사과는 참으로 영국적인 과일로 보이지만 식용 과일나무는 로마인들과 함께 영국 제도에 도착했다. 로마인들은 가는 곳마다 달콤한 열매가 열리는 과수원을 만들었다. 사과는 뉴욕 사람뿐 아니라 미국인의 정체성에도 토대를 제공한다. 전설적인 조니 애플시드는 동부 주 곳곳에 묘목을 심으며 강인하고 튼튼하며 열심히 일하는 전형적인 미국 농부의 신화를 만들었다. 그는 모성과 애플파이로 가득한 가정의 이상적인 아버지 형상이었다. 그러나 우리는 이제 사과 유전체를 추적한 결과 모든 재배 사과의 조상이 중국과 카자흐스탄 국경지대에 있는 톈산산맥에서 유래했다는 것을 알게 됐다. 카자흐스탄의 수도 알마티는 '사과의 도시'라는 뜻이다. 알마티를 둘러싼 산비탈의 오래된 야생 과수원은 이제 곧 공식적인 세계유산으로 인정될 듯하다.

변화하는 소비자 트렌드를 기록한 세계 사과지도에는 이제 수천 종의 다양한 사과가 있다. 입맛이 달라지면 상업적인 과일 작물도 변한다. 영국에서 가장 인기 있는 사과는 이제 갈라Gala 사과로, 뉴질랜드에서 왔고 맛이 무척 달다. 최근 매혹적인 과일맛 발효주가 유행하면서 대규모 나무 심기 계획이 생기고 있다. 어쩌면 우리는 전통적인 사과 발효주 제조자들을 상상하고 싶을 것이다. 그림에 나올 법한 압착기를 과수원마다 끌고 다니며 땀과 무르익은 사과의 강렬한 향이 가득한 헛간에서 여름의 마지막 진액을 짜내는 한편, 사과 따는 사람들은 사과주로 품삯을 받으니 일을 빨리 하는 데 좀처럼 도움이 되지 않는 그런 풍경 말이다. 반대로 요즘 과일재배는 무척이나 상업적이고 효율적으로 기계화된 작업이다.

2012년 국제 경쟁으로부터 지역 특산품을 보호하려는 새로운 유럽연합 법이 제정되었다. 따라서 '헤리퍼드셔 사이다Herefordshire cider'는 이제 지정된 대로 브라운 스나우트Brown Snout나 불머스 노먼Bulmer's Norman, 치즐 저지Chisel Jersey, 킹스턴 블랙Kingston Black 같은 지역의 나무 품종에서 자란 달콤쌉싸름한 사과즙으로만 만들 수 있다. 이 품종들을 프랑스 사과주 품종과 구분하지 못할 리는 없다. 불머스 노먼이라는 이름은 공동의 유산을 상기시키긴 하지만 말이다.

변화하는 입맛과 상업적 압력 때문에 이름도 다채로운 오래된 품종들이 영국에서 많이 사라졌지만 전통적인 과수원을 지키려는 움직임이 일어나고 있다. 런던은 사과 운동이 일어날 만한 장소처럼 보이지 않겠지만 1990년 10월 최초의 애플데이를 열었다. 흥에 겨운 몇 시간 동안 커먼 그라운드Common Ground가 코번트 가든을 활기차게 만들었다. 커먼 그라운드는 공동체와 자연의 연결을 회복하고 지역색을 강조하는 자선단체다. 애플데이는 옛 영국과 반쯤 잊힌 민속행사를 생각나게 하는 행사로, 과수원에 대한 관심을 높이기 위해 만들어졌다. 과일을 키우는 사람들, 그림 같은 전원생활을 사랑하는 사람들, 건강한 음식을 먹고 자연과 가까이 살기를 꿈꾸는 사람들을 위한 축제다.

애플데이는 새 시대의 성 조지 축일이다. 정치적, 사회적으로 다양한 사람들이 일 년에 한 번씩 모여 애플파이와 사과주를 나눠 먹는 날이다. 사과는 지역 품종이 워낙 다양해서 공동의 경험뿐 아니라 지역색을 드러내는 완벽한 상징이 된다. 그래서 애플데이가 영국 곳곳에 우후죽순처럼 생겨났다. 날짜는 지역의 품종과 수확 시기에 따라 조금 다르다. 웨일스 중부 지방에서는 레이어더Rhayader 근처에서 9월 중순에, 스코티시보더스에서는 10월 초에 열린다. 베어낸 사과나무에서 나온 나뭇조각까지 사과향 나는 바비큐에 쓰인다. 사과나무 목재로 훈제된 베이컨은 온갖 채식 위주 판매대와 씨앗을 얹은 고상한 '사과 크럼블'에 덜 열광하는 사람들을 행복케 할 만한 가공식품이다. 이렇게 떠들썩한 전통의 창조에 미심쩍게 눈살을 찌푸릴 사람도 있겠지만, 사과 재배자들의 마케팅 감각과 요즘 소비자들에게 일상적으로 먹는 음식이 어디에서 왔는지 상기시키려는 그들의 결의는 분명 감탄할 만하다.

아이들은 이제 '애플'이라는 단어를 들으면 IT를 먼저 떠올린다. 그러나 사과와 이름이 같은 전자기기의 도움으로 아이들은 카슈미르나 칠레에서 사과 따는 사람들을 볼 수 있고, 슈퍼마켓 선반에 놓인 탐스러운 여섯 개들이 사과 세트를 생산하는 데 어떤 노동이 들어가는지 생각해볼 수 있다. 한 개의 사과가 지구 맞은편 사람들을 직접 연결해준다. 남아프리카공화국이 극단적인 인종차별 정책인 아파르트헤이트apartheid 체제를 고수하는 동안 남아프리카산 그래니스미스 사과는 많은 유럽의 식탁에서 포모나 논 그라타*가 되었

●　　Pomona non grata. 달갑지 않은 사람을 뜻하는 '페르소나 논 그라타Persona non grata'에서, 사람을 뜻하는 페르소나 대신 로마 신화에 등장하는 과실나무의 여신 '포모나'를 넣은 표현이다. '환영받지 못하는 과일'을 의미한다.

다. 과일 구매 거부가 남아프리카공화국의 과수원 노동자들에게 도움이 되는지, 해가 되는지에 대한 의문은 여전히 풀리지 않지만 말이다. 전자제품이 아닌 애플로부터 거둘 것이 여전히 많다. 사과'나무' 아래에서 보낸 한 시간은 농부와 정원사뿐 아니라 미래의 식물학자, 화학자, 물리학자, 화가, 작가, 경제학자, 정치가, 재계 인사가 싹틀 씨앗을 뿌리기도 한다.

일단 과일이 자라는 것을 한번 본 사람은 냉장고의 과일이 진짜 과수원에서 왔다는 것을 이해하기가 훨씬 쉽다. 사과가 딸 때가 되었는지는 살짝 비틀어보면 알 수 있다. 잘 익었다면 줄기가 떨어지면서 사과를 손에 놓아줄 것이다. 적절한 때에 수확하지 않으면 사과는 크리켓 공처럼 아래로 곤두박질치면서 땅에 닿는 순간 멍이 든다. 그렇게 떨어진 사과는 길게 자란 풀에 숨어 있다가 누군가의 발아래 걸쭉한 갈색 즙으로 으깨지기도 한다. 사과나무는 자연의 알파벳을 이해하는 방법을 제공한다. 그래서 그 나무는 우리의 모든 감각에 말을 건다. 우리는 사과나무의 거친 나무껍질을 만져볼 수 있고 잘 익은 열매의 냄새를 맡거나 꿀벌이 윙윙거리는 소리를 듣거나 딱따구리가 죽은 가지를 두드리는 소리를 들을 수도 있다. 오래된 과수원은 무척 드물고 무척 매혹적인 생물종들의 안식처다. 큰갈기영원이나 꽃무지딱정벌레는 몸을 감추고 있겠지만 갈색 나무발바리 작은 무리가 나무 몸통을 천천히 오르내리고 있을지 모른다. 달이 뜬 9월 밤에는 바람에 떨어진 사과를 먹고 있는 오소리의 창백한 굽은 등을 볼 수도 있고, 길고 우아한 코를 쭉 뻗어 낮은 가지에 매달린 사과를 먹으려는 여우를 볼 수도 있다.

물론 사과의 매력은 단지 가을에만 빛나지 않는다. 반 고흐에게 중요한 것은 꽃이었다. 매력 없고 못난 가지의 갑작스러운 변신은 그에게 창의성의 축복을 뜻한다. 숨 막히게 아름다운, 옅은 깃털처럼 활짝 벌어진 꽃잎이 옹이 진 늙은 나무에게도 찬란하게 아름다운 구름 화환을 씌운다. 해가 좀 더 일찍 뜰 무렵이면 나무들이 기지개를 켜며 몸을 잡아당기고 잔가지를 흔들며 깨어나는 모습을 볼 수 있을 정도다. 새순은 처음에는 조금 머뭇대는 듯 보인다. 그러나 여전히 맴도는 서리의 위협을 견뎌내며 가지 하나하나가 차츰 환해진다. 그 모습이 마치 잠이 덜 깬 미소가 우렁찬 '예스!'로 변모하는 것 같다. 이런 계절의 동요 같은 것이 반 고흐의 〈사과꽃Apple Blossom〉에 있다. 나비 모양 꽃들이 청록색 하늘빛을 배경으로 비틀린 잔가지들과 함께 춤을 추는 듯하다.

카미유 피사로[•]는 피카르디의 사과나무를 거듭 그렸다. 그는 사과나무의 봄철 변신만큼이나 여름의 풍요로움과 벌거벗은 겨울 실루엣에도 매혹되었다. 봄의 하얀 면 슈미즈드레스가 얼룩덜룩한 살구와 따뜻한 가을의 기와색만큼이나 전체적인 분위기와 잘 어울린

[•] Camille Pissarro. 남태평양의 생토마 섬에서 태어나 프랑스에서 활동한 화가. 풍경화를 주로 그렸고 전원 풍경을 잘 표현했다. 대표작으로 〈빨간 지붕〉〈과수원에서〉〈사과를 줍는 여인들〉이 있다.

다. 피사로가 그린 사과의 세계는 노동하는 전원이다. 그는 욱신거리는 팔다리와 무거운 수레에도 관심을 기울인다. 그러나 에라니 Éragny 근처 들판을 그린 그의 그림에서 지역의 진짜 인물은 두드러지게 개성적인 과일나무들이다.

1917년 영국의 전쟁 화가 폴 내시가 북프랑스에 도착했을 무렵 풍경은 완전히 달랐다. 그는 참호에서 아내에게 쓴 편지에서 '환한 나무들과 남겨진 과수원 사이 여기저기에 벽돌 더미와 불에 타고 너덜거리는 지붕들, 반으로 쪼개진 집들'로 남아 있는 한 프랑스 마을을 묘사했다. 폭파된 과수원을 그린 내시의 그림은 충격적이다. 윗부분이 날아가고 유리잔 파편 같은 몸통으로 남은 사과나무들은 검게 그을린 채 태양을 향해 절망적으로 손을 뻗는 비틀린 형상을 보여준다. 그의 강렬한 이미지는 제1차 세계대전의 끔찍한 공포를 무척 잘 드러냈으며, 사과나무가 진짜 무엇을 의미하는지에 대한 깊은 집단적 인식에 기대고 있다. 사과나무는 젊은 세대가 그들의 아버지와 할아버지가 그랬던 것처럼 열매를 수확하고 먹고 마시게 될 프랑스와 영국, 독일의 정원에서 계속 평화롭게 자라야 하는 나무였다. 사과나무는 생명의 나무이지만 지식의 나무, 선과 악을 맛보는 원천, 저항할 수 없는 욕망의 나무다. 파괴된 과수원은 셸쇼크*를 앓는 생존자들이 말하지 못한 것을 보여준다. 이 끔찍하고 황폐한 황무지

●   shell-shock. 전투, 특히 폭격에 장기간 노출됐을 때 나타나는 심리 장애. 제1차 세계대전에 참전한 일부 군인들에게 나타나면서 알려졌다.

에서 어떤 새로운 시작이 가능했을까?

그러나 마음 깊은 곳에는 낙원을 회복하려는, 다시 시작하려는 영원한 욕구가 있다. 영국의 시인 딜런 토머스는 제1차 세계대전이 일어난 직후인 1914년에 태어났다. 그러나 그는 자신의 유년기를 되돌아보며 '사과나무 가지 아래에서 어리고 편안했던' 목가적인 어린 시절에 '심장이 벅찰 만큼 행복'했다고 기억한다. 시인이 애플타운의 군주로 군림하던 어린 시절을 아쉽게 회상하는 이 시를 쓴 때가 1945년이니, 그는 시대의 족쇄를 너무나 잘 알고 있었다. 그래도 그는 잃어버린 유년기의 영원한 빛 속에서 빛나고 있는 사과나무를 조금도 원망하지 않았다.

1920년대 코츠월드에서 보낸 어린 시절을 기록한 로리 리의 회고록 《로지와 함께 사과술을Cider with Rosie》의 제목은 그가 처음 맛본 '황금 불, 그 계곡과 그 시간의 과즙, 야생 과수원의 적갈색 여름, 통통한 붉은 사과로 담근 술과 로지의 타오르는 뺨'에서 나왔다. 이는 소년기와 낙원의 매혹적인 사과에 대한 생생한 개인적 기록이다. 그러나 전후 세대도 여전히 에덴동산을 되찾고 싶은 똑같은 충동을 보여준다. 젊음과 순수를 회복하길 원하고, 어떤 고난을 겪든 어떤 대가를 치르든 아무리 철저하게 손상되었더라도 다시 시작하길 바란다.

1939년 유럽은 전쟁으로 다시 크게 흔들렸지만 총과 공습 사이렌 소리에도 사람들은 조용히 나무를 심고 열매를 수확했다. 에이드리언 벨의 《애플 에이커Apple Acre》는 작은 서퍽 농장이 독일의 영국 대공습을 견뎌낸 기록이자 언제나 싱싱하고 저항력 있는 사과의 기록이다. 배급제가 시행되자 집에서 키운 과일이 생존에 꼭 필요했고 저장 능력이 좋은 사과는 특히 소중했다. 눈과 불확실한 전황 속에서 영국이 얼어붙은 동안 사과 저장상자에서는 포장될 때보다 더 선명해지고 더 붉어진 사과들이 나왔다. 한여름을 떠올리게 하는 이 반짝이는 사과들은 더 나은 날이 오리라는 약속이기도 했다.

사과나무는 처음과 유년기, 에덴동산을 의미하지만 계몽과 경험, 미래를 뜻하기도 한다. 사과가 인간의 불운에 대한 비난을 종종 짊어질지라도 사과나무는 계속 자라고, 우리에게 새 출발을 선사하는 비길 데 없는 능력을 지녔다.

참고문헌

Addison, Josephine, *The Illustrated Plant Lore* (London: Sidgwick and Jackson, 1985)

Anon., *English Forests and Forest Trees* (London: Ingram, Cooke and Co., 1853) Andrews, Malcolm, *Landscape and Western Art* (Oxford: Oxford University Press, 1999)

Ballantyne, I. and J. Eastland, *H. M. S. Victory* (London: Leo Cooper, 2005)

Baron, Michael and Derek Denman, *Wordsworth and the Famous Lorton Yew Tree* (Lorton and Derwent Fells Local History Society pamphlet, September 2004) Barrell, John, *The Idea of Landscape and the Sense of Place* (Cambridge: Cambridge University Press, 1972)

Bate, Jonathan, *The Song of the Earth* (London: Picador, 2000)

Bates, H. E. and Agnes Miller Parker, *Through the Woods*, 2nd edn (London: Gollancz, 1969)

Bean, W. J., *Trees and Shrubs Hardy in the British Isles*, 6th edn, 3 vols (London: John Murray, 1936)

Beer, Gillian, *Darwin's Plots*, rev. edn (Cambridge: Cambridge University Press, 2009)

Bell, Adrian, *Apple Acre* (Wimborne Minster: Little Toller, 2012)

Beresford-Kroeger, Diana, *The Global Forest* (New York and London: Penguin, 2010)

Berger, Stefan, *Germany (Inventing the Nation)* (London: Bloomsbury, 2004)
Bishop, Edward, *The Wooden Wonder*, 3rd edn (Shrewsbury: Airlife Publishing, 1995)

Bonehill, John and Stephen Daniels, *Paul Sandby (1731-1809): Picturing Britain* (London: Royal Academy, 2009)

Breslin, Theresa, *Whispers in the Graveyard* (London: Egmont, 1994)

Breuninger, Scott, 'A Panacea for the Nation: Berkeley's Tar-Water and Irish Domestic Development', *Études Irlandaises* 34. 2 (2009), 29-41

Brooks, David, 'Napoleon's Trees', *Kenyon Review* 25 (2003), 20-28

Brownell, Morris R., 'The Iconography of Pope's Villa: Images of Poetic Fame', in G. S. Rousseau and Pat Rogers, eds, *The Enduring Legacy: Alexander Pope Tercentenary Essay* (Cambridge: Cambridge University Press, 1988), 133-50

Burns, Robert, *The Poems and Songs of Robert Burns*, ed. James Kinsley, 3 vols (Oxford: Clarendon Press, 1968)

Busch, Akiko, *The Incidental Steward* (New Haven and London: Yale University Press, 2013)

Campbell-Culver, Maggie, *A Passion for Trees: The Legacy of John Evelyn* (London: Eden Project Books, 2006)

—, *The Origin of Plants* (London: Headline, 2001)

Cannizzaro, Salvatore and Gian Luigi Corinto, 'The Role of Monumental Trees in Defining Local Identity and in Tourism: A Case Study in the Marches Region', *Geoprogress Journal*, vol. 1, n. 1 (2014)

Capote, Truman, *Breakfast at Tiffany's* (New York: Random House, 1958)
Cardinal, Roger, *The Landscape Vision of Paul Nash* (London: Reaktion, 1989) Carmichael, Alexander, *Carmina Gadelica*, 2nd edn. 6 vols (Edinburgh and London: Oliver and Boyd, 1928-1971)

Carey, Frances, *The Tree: Meaning and Myth* (London: British Museum, 2012)
Carson, Ciaran, *The Irish for No* (Oldcastle: Gallery Press, 1987)

—, *Belfast Confetti* (Oldcastle: Gallery Press, 1989)

—, *The Star Factory* (London: Granta, 1997)

Clare, John, *The Natural History Prose Writings*, ed. Margaret Grainger (Oxford: Clarendon Press, 1983)

—, *The Poems of the Middle Period 1822-1837*, ed. Eric Robinson, David Powell and P. M. S. Dawson, 5 vols (Oxford: Clarendon Press, 1996; 1998; 2003)

—, *By Himself*, ed. Eric Robinson and David Powell (Manchester: Carcanet, 1996) Clifford, Sue and Angela King, *England in Particular* (London: Hodder and Stoughton, 2006)

Coleridge, S. T., *The Complete Poetical Works*, ed. E. H. Coleridge, 2 vols (Oxford: Clarendon Press, 1912)

Common Ground, www.commonground.org.uk

Coombes, Allen J., *The Book of Leaves*, ed. Zsolt Debreczy (London, Sydney, Cape Town, Auckland: New Holland, 2011)

Cornish, Vaughan, *Historic Thorn Trees of the British Isles* (London: Country Life, 1941)

Cowper, William, *The Poems of William Cowper*, ed. John D. Baird and Charles Ryskamp, 3 vols (Oxford: Clarendon Press, 1980-95)

Crichton Smith, Iain, *New Collected Poems*, rev. edn (Manchester: Carcanet, 2011) Culpeper, Nicholas, *The Complete Herbal* (London, 1653)

Daniels, Stephen, *Humphry Repton* (New Haven and London: Yale University Press, 1999)

Darwin, Charles, *On the Origin of Species*, ed. J. W. Burrow (Harmondsworth: Penguin, 1968)

Darwin, Erasmus, *The Botanic Garden* (London, 1791)

Davidson, Alan, *The Oxford Companion to Food*, 2nd edn (Oxford: Oxford University Press, 2006)

Davidson, Thomas, *Rowan Tree and Red Thread* (Edinburgh and London: Oliver and Boyd, 1949)

Deakin, Roger, *Wildwood: A Journey Through Trees* (London: Hamish Hamilton, 2007)

DEFRA, Independent Panel on Forestry, *Final Report*, 2012, www.defra.gov.uk/forestrypanel/reports

—, *Product Specification*, 'Herefordshire Cider', www.gov.uk/government/uploads/system/uploads/attachment_data/file/317262/pfn-herefordshire-cider.pdf

East, Helen and John Madden, *Spirit of the Forest* (London: Frances Lincoln, 2002) Edlin, H. L., *Collins Guide to Tree Planting and Cultivation* (London: Collins, 1970)

Ehn, Mikael, Joel A. Thornton, Einhard Kleist et al., 'A Large Source of Low-volatility Secondary Organic Aerosol', *Nature* (2014), 506 (7489): 476

Evelyn, John, *Sylva* (London, 1664)

—, *Sylva*, edited with additional notes by A. Hunter (London, 1776)

Everett, Nigel, *The Woods of Ireland, A History, 700-1800* (Dublin: Four Courts, 2014)

Fauvel, J., R. Flood, M. Shortland and R. Wilson, eds, *Let Newton Be!* (Oxford: Oxford University Press, 1988)

Frank, Anne, *The Diary of Anne Frank*, ed. C. Martin (Harlow: Pearson, 1989)

Frost, Robert, *The Collected Poems of Robert Frost*, ed. Edward Connery Lathem (London: Vintage, 2001)

Fulford, Timothy, 'Cowper, Wordsworth, Clare: The Politics of Trees', *The John Clare Society Journal* 14 (1995), 47-59

Gayford, Martin, *A Bigger Message: Conversations with David Hockney* (London: Thames and Hudson, 2011)

Gerard, John, *The Herball or General History of Plants* (1597); *Gerard's Herbal*, ed. Marcus Woodward (London: Senate, 1994)

Gibbs, J., C. Brasier and J. Webber, *Dutch Elm Disease in Great Britain* (Farnham: The Forestry Authority, 1994) www.forestry.gov.uk

Gilpin, William, *Remarks on Forest Scenery*, 2 vols (London, 1791)

Gordon, R. and S. Eddison, *Monet the Gardener* (New York: Universe, 2002) Graeme, Kenneth, *The Wind in the Willows*, illustrated by E. H. Shepard (London, Graham-Dixon, Andrew, *A History of British Art* (London: BBC Books, 1996) Graves, Robert, *The White Goddess* (London: Faber, 1948)

Gray, Thomas, *The Poems of Gray, Collins and Goldsmith*, ed. Roger Lonsdale (London: Longman, 1969)

Grieve, M., *A Modern Herbal*, ed. C. F. Leyel, rev. edn (London: Cape, 1973)

Grigor, James, *The Eastern Arboretum or Register of Remarkable Trees, Seats, Gardens, etc., in the County of Norfolk* (London, 1841) Groom, Nick, *The Seasons* (London: Atlanta, 2013)

Guyatt, Mary, 'Better Legs: Artificial Limbs for British Veterans of the First World War', *Journal of Design History* 14, no. 4 (2001), 307-25

Hadfield, Miles, *British Trees* (London: Dent, 1957)

Hageneder, Fred, *Yew: A History*, rev. edn (Stroud: The History Press, 2011) Hardy, Thomas, *The Woodlanders* (London, 1887)

—, *Tess of the D'Urbervilles* (London, 1891)

Hawkins, C., *Rowan: Tree of Protection* (privately printed, 1996)

Haycock, David Boyd, *A Crisis of Brilliance* (London: Old Street Publishing, 2009)

Heaney, Seamus, *Death of a Naturalist* (London: Faber, 1969)

—, *North* (London: Faber, 1975)

—, *Field Work* (London: Faber, 1979)

—, *Preoccupations: Selected Prose 1968-78* (London: Faber, 1980)

—, *Sweeney Astray* (London: Faber, 1984)

—, *Opened Ground; Poems 1966-1996* (London: Faber, 2000)

Hemery, Gabriel and Sarah Simblet, *The New Sylva* (London: Bloomsbury, 2014) Hight, Julian, *Britain's Tree Story* (London: National Trust Books, 2011)

Hoadley, R. Bruce, *Understanding Wood: A Craftsman's Guide to Wood Technology*, 2nd edn. (Newtown, CT: Taunton Press, 2000)

Hobson, D.D., 'Populus Nigra L. in Ireland: An Indigneous Species?', *The Irish Naturalist's Journal* 24 no. 6 (1993), 244-7

Hockney, David, *A Bigger Picture* (London: Royal Academy of Arts, 2012) Hopkins, G. M., *The Poems of Gerard Manley Hopkins*, ed. W. H. Gardner and N. Mackenzie, 4th edn (Oxford: Oxford University Press, 1970)

Hoskins, W. G., *The Making of the English Landscape* (London: Hodder and Stoughton, 1955)

Housman, A. E., *The Collected Poems*, rev. edn (London: Cape, 1960) Hughes, Ted, *Collected Poems* (London: Faber, 2003)

Hur, M., Y. Kim, H-R Song, J. M. Kim, Y. I. Choia and H. Yin, 'Effect of

Genetically Modified Poplars on Soil Microbial Communities during the
Phytoremediation of Waste Mine Tailings', *Applied and Environmental
Microbiology* (November 2011) vol. 77, no. 217611-19

Jackson, Kenneth, *A Celtic Miscellany*, rev. edn. (Harmodnsworth: Penguin,
1971) Jamie, Kathleen, *The Tree House* (London: Picador, 2004)

Jellicoe, G., S Jellicoe, Patrick Goode and Michael Lancaster, *The Oxford
Companion to Gardens* (Oxford: Oxford University Press, 1986)

Jenkins, David Fraser, *Paul Nash: The Elements* (New York: Scala Press, 2010)
Johnson, Hugh, *Trees*, rev. edn (London: Mitchell Beazley, 2010)

Jones, Gareth Lovett and Richard Mabey, *The Wildwood: In Search of Britain's
Ancient Forests* (London: Aurum, 1983)

Keats, John, *The Complete Poems*, ed. Miriam Allott (London and New York:
Longman, 1970)

Kilvert, Francis, *Kilvert's Diary 1870-1879*, ed. William Plomer (London: Cape,
1944)

Knight, Richard Payne, *The Landscape*, 3 vols (London, 1794)

Lawrence, D. H., *Sons and Lovers*, ed. David Trotter (Oxford: Oxford
University Press, 1995)

Lippard, Lucy, *The Lure of the Local*, rev. edn. (New York: The New Press,
2007) Leslie, C. R., *Memoirs of the Life of John Constable*, 2nd edn (Oxford:
Phaidon, 1980) Long, Richard, *Heaven and Earth*, ed. Clarrie Wallis
(London: Tate Gallery, 2009) Longley, Michael, *Collected Poems* (London:
Jonathan Cape, 2007)

Loudon, J. C., *Observations on the Formation and Management of Useful and
Ornamental Plantations* (Edinburgh, 1804)

—, *Arboretum et fruticetum britannicum*, 8 vols (London, 1838)

—, *In Search of English Gardens: The Travels of John Claudius Loudon and his
Wife, Jane*, ed. Priscilla Boniface (London: Lennard Books, 1988)

Mabey, Richard, *Plants with a Purpose* (London: Collins, 1977)

—, *Gilbert White* (London: Century Hutchinson, 1986)

—, *Flora Britannica* (London: Sinclair-Stevenson, 1996)

—, *Nature Cure* (London: Pimlico, 2006)

—, *Beechcombings* (London: Vintage, 2008)

—, *Weeds* (London: Profile, 2010)

McAllister, H., *The Genus Sorbus: Mountain Ash and Other Rowans* (London: Kew, 2005)

McCracken, David, *Wordsworth and the Lake District* (Oxford: Oxford University Press, 1985)

Macfarlane, Robert and Dan Richards, with illustrations by Stanley Donwood, *Holloway* (London: Faber, 2013)

Maclean, Sorley, *Collected Poems, White Leaping Flame* (Edinburgh: Birlinn, 2011) McNeill, F. Marian, *The Silver Bough* (Edinburgh: Canongate, 1989)

McNeillie, Andrew, *Now, Then* (Manchester: Carcanet, 2002)

Macpherson, James, *The Poems of Ossian*, ed. Howard Gaskill (Edinburgh: Edinburgh University Press, 1996)

Mahood, Molly, *The Poet as Botanist* (Cambridge: Cambridge University Press, 2008)

Manuel, F. E., *A Portrait of Isaac Newton* (Cambridge MA: Harvard University Press, 1968)

Marvell, Andrew, *The Poems of Andrew Marvell*, ed. Nigel Smith (London: Routledge, 2006)

Mason, Laura, *Pine* (London: Reaktion, 2013)

Miles, Archie, *A Walk in the Woods* (London: Frances Lincoln, 2009)

Mills, A. D., *A Dictionary of British Place Names*, rev. edn (Oxford: Oxford University Press, 2011)

Milne, A. A., *Now We Are Six* (London: Methuen, 1927)

Milne-Redhead, E. W. B. H., 'The B. S. B. I. National Poplar Survey', *Watsonia* 18 (1990), 1-5 Milton, John, *The Complete Poems*, ed. J. Carey and A. Fowler, 2nd edn (London: Longman, 1998)

Mitchison, Rosemary, *Agricultural Sir John. The Life of Sir John Sinclair of Ulbster. 1754-1835* (London: Geoffrey Bles, 1962)

Morton Parish Council, 'Trees of Morton', http://mortonparishcouncil.org.uk/ history/trees-of-morton/golden-jubilee-horse-chestnut

Mountford, Charles, *The Dreamtime* (Rigby: Gumtree, 1965)

Muir, John, 'The National Parks and Forest Reservations', Proceedings of the Meeting of the Sierra Club, 23 November 1895, *Sierra Club Bulletin* (1896)

—, *Journeys in the Wilderness: A John Muir Reader*, ed. G. White (Edinburgh: Birlinn, 2009) Nash, Paul, *Outline. An Autobiography and Other Writings* (London: Faber, 1949) National Hedgelaying Society, *35th National Hedge Laying Championships, Waddesdon Estate* (2013)

National Trust, *Powis Castle* (National Trust, 1987)

Natural England, 'Traditional Orchards: Orchards and Wildlife', 2nd edn (October 2010), n. TIN020, www.naturalengland.org.uk

Newing, F. E., R. Bowood and R. Lampitt, *Plants and How they Grow. A Ladybird Book* (Loughborough: Wills and Hepworth, nd)

Nicholson, B. E. and Clapham, A. R., *The Oxford Book of Trees* (London: Oxford University Press, 1975)

Norton, Peter, 'The Lost Yew of Selborne' (2013), www.ancient-yew.org/userfiles/file/selborne.pdf

Oak Processionary Moth (Thaumetopoea processionea), www.forestry.gov.uk/oakprocessionarymoth (accessed 29 March 2016)

O'Brien, David, 'Antonio Canova's *Napoleon as Mars the Peacemaker* and the Limits of Imperial Portraiture', *French History*, 18, no. 4 (2004), 354-78

Orchard Network, 'Apple Day', www.orchardnetwork.org.uk Oswald, Alice, *Woods etc.* (London: Faber, 2005)

Pakenham, Thomas, *Meetings with Remarkable Trees* (London: Weidenfeld and Nicholson, 1996)

Paterson, Leonie, *How the Garden Grew: A Photographic History of Horticulture at the Royal Botanic Garden Edinburgh* (Edinburgh: Royal Botanic Garden History, 2013) Plath, Sylvia, *Ariel* (London: Faber, 1965)

Pliny, *Natural History*, 10 vols, vol. 4, libri xii-xvi, translated H. Rackham, rev. edn. (London and Cambridge, MA.: Heinemann and Harvard University Press, 1968)

Press, Bob and David Hosking, *Trees of Britain and Europe* (London: New Holland, 1992)

Price, Uvedale, *An Essay on the Picturesque* (London, 1794)

Rackham, Oliver, *Trees and Woodland in the British Landscape*, rev. edn (London: Dent, 1990)

—, *Ancient Woodland: Its History, Vegetation and Uses in England*, rev. edn

(Castlepoint Press, 2003).

—, *The Ash Tree* (Toller Fratrum: Little Toller, 2014)

Richens, R. H., *The Elm* (Cambridge: Cambridge University Press, 1983)

Rice, Matthew, *Village Buildings of Britain* (London: Little, Brown and Company, 1991)

Robinson, John Martin, *Felling the Ancient Oaks* (London: Aurum, 2011)
Robinson, Phil, *Under the Punkah* (London: Sampson Low, 1881)

Roebuck, P., and B. S. Rushton, *The Millennium Arboretum* (Coleraine: University of Ulster, 2002)

Rosenthal, Michael, *British Landscape Painting* (Oxford: Phaidon, 1982)

Rosenthal Michael and Michael Myrone (eds), *Gainsborough* (London: Tate, 2002) Sanders, Rosanne, *The English Apple* (London: Phaidon, 1988)

Shelley, P. B., *Shelley's Poetry and Prose*, ed. D. Reiman and S. Powers (New York: Norton, 1977)

Shenstone, William, *The Works in Verse and Prose, of William Shenstone, Esq.*, 2 vols (Edinburgh, 1765)

Sheppard, J., *On Trees and their Uses* (London, 1848)

Smit, Tim, *The Lost Gardens of Heligan* (London: Gollancz, 1997)

Soar, Hugh D. H., *The Crooked Stick: A History of the Longbow* (Yardley, PA: Westholme, 2009)

Squire, Charles, *The Mythology of the British Islands* (London: Gresham, 1905)

Stafford, Fiona, *The Last of the Race: The Growth of a Myth from Milton to Darwin* (Oxford: Clarendon Press, 1994)

—, *Starting Lines in Scottish, Irish and English Poetry From Burns to Heaney* (Oxford: Oxford University Press, 2000)

—, *Local Attachments* (Oxford: Oxford University Press, 2010)

Straw, Nigel and Alice Holt, 'Insects of Oak and their Role in Oak Decline', Forestry Research www.forestry.gov.uk/pdf/fhd_22Jun10_insects_of_oak. Accessed 29 March 2016

Strutt, Jacob, *Sylva Britannica: Or Portraits of Forest Trees* (1822), enlarged edn (London, 1830)

Summerfield, Chantel, 'Trees as Living Museum: Arborglyphs and Conflict on Salisbury Plain', in Nicholas Saunders, ed., *Beyond the Dead Horizon:*

Studies in Modern Conflict Archaeology (Oxford: Oxbow Books, 2012), 159-71

Sweetman, Bill and Rikyu Watanabe, *Mosquito* (London: Jane's Publishing Company Ltd, 1981)

Syme, Alison, *Willow* (London: Reaktion, 2014)

Taplin, Kim, *Tongues in Trees: Studies in Literature and Ecology* (Bideford: Green Books, 1989)

Tayler, M. and D. Harris, *Batsford Aboretum* (Box-3, nd)

Tennyson, Alfred, *The Poems*, ed. Christopher Ricks, 2nd edn (London: Longman, 1969)

The Ancient Yew Group, www.ancient-yew.org

The Scottish Literary Tour Company, *Land Lines: An Illustrated Journey through the Landscape and Literature of Scotland* (Edinburgh: Polygon, 2001)

The Tree Council, www.treecouncil.org.uk

The Woodland Trust, *Broadleaf*, 2005-15, www.woodlandtrust.org.uk The Wood Database, www.wood-database.com

Thomas, Edward, *Collected Poems* (London: Faber, 1920)

—, *A Literary Pilgrim in England* (Oxford: Oxford University Press, 1980) Thomas, Keith, *Man and the Natural World* (London: Allen Lane, 1983) Train, John, *The Olive Tree of Civilisation* (London: ACC Art Books, 1999) Tudge, Colin, *The Secret Life of Trees* (London: Allen Lane, 2005)

Turner, Roger, *Capability Brown and the Eighteenth Century English Landscape*, 2nd edn (Chichester: Phillimore, 1999)

Virgil, *Eclogues, Georgics, The Aeneid*, tr. H. R. Fairclough, 2 vols, rev. edn (Cambridge, MA, and London: Harvard University Press, 1923)

Warren, Piers, *British Native Trees: Their Past and Present Uses* (United Kingdom: Wildeye, 2006)

Watkins, Charles, *Trees, Woods and Forests* (London: Reaktion, 2014)

— and Cowell, Ben, *Uvedale Price (1747-1829): Decoding the Picturesque* (Woodbridge: Boydell, 2012)

Wells, Diana, *Lives of the Trees* (Chapel Hill: Algonquin, 2010)

Westwood Jennifer and Simpson, Jacqueline, *The Lore of the Land* (London:

Penguin, 2005)

Whelan, Kevin, *The Tree of Liberty* (Cork: Cork University Press, 1996)

White, Gilbert, *The Natural History of Selborne*, ed. Anne Secord (Oxford: Oxford University Press, 2013)

White, John, *Black Poplar: The Most Endangered Native Timber Tree in Britain* (Farnham: Forestry Authority, 1993) www.forestry.gov.uk Wilcox, Timothy, *Francis Towne* (London: Tate Gallery, 1997)

Withering, William, *Arrangement of British Plants*, 3rd edn, 4 vols (London, 1796) Wordsworth, Dorothy, *The Journals of Dorothy Wordsworth*, ed. Ernest De Selincourt, 2 vols (Oxford: Clarendon Press, 1941)

Wordsworth, William and S. T. Coleridge, *Lyrical Ballads*, ed. Fiona Stafford (Oxford: Oxford University Press, 2013)

—, *Guide to the Lakes*, ed. Ernest de Selincourt, preface Stephen Gill (London: Frances Lincoln, 2004)

—, *William Wordsworth: Twenty-first Century Oxford Authors*, ed. Stephen Gill (Oxford: Oxford University Press, 2011)

Wullschleger, Stan D., D. J. Weston, S. P. DiFazio and G. A. Tuskan, 'Revisiting the Sequencing of the First Tree Genome: *Populus trichocarpa*', *Tree Physiology* (2013), 4-23

Yeats, W. B., *The Poems*, ed. Daniel Albright, rev. edn. (London: Dent, 1994) Young, John, *Robert Burns: A Man for All Seasons* (Aberdeen: Scottish Cultural Press, 1996

길고 긴 나무의 삶

문학, 신화, 예술로 읽는 나무 이야기

1판1쇄 펴냄 2019년 5월 22일
1판4쇄 펴냄 2020년 11월 2일

지은이 피오나 스태퍼드 │ **옮긴이** 강경이
일러스트 장선영

펴낸이 김경태 │ **편집** 홍경화 성준근 남슬기 / 여성희 │ **디자인** 박정영 김재현 │ **마케팅** 곽근호 전민영
펴낸곳 (주)출판사 클
출판등록 2012년 1월 5일 제311-2012-02호
주소 03385 서울시 은평구 연서로26길 25-6
전화 070-4176-4680 │ 팩스 02-354-4680 │ 이메일 bookkl@bookkl.com

ISBN 979-11-88907-68-7 03900

이 도서의 국립중앙도서관 출판예정도서목록(CIP)은 서지정보유통지원시스템 홈페이지
(http://seoji.nl.go.kr)와 국가자료공동목록시스템(http://www.nl.go.kr/kolisnet)에서
이용하실 수 있습니다.(CIP제어번호: CIP2019016960)